U0451398

陈顾远文集
第2卷

中国婚姻史

陈顾远 著

商务印书馆
The Commercial Press

图书在版编目(CIP)数据

中国婚姻史/陈顾远著. —北京:商务印书馆,2021
(陈顾远文集;第2卷)
ISBN 978-7-100-20279-4

Ⅰ.①中… Ⅱ.①陈… Ⅲ.①婚姻制度—历史—中国 Ⅳ.①K892.22

中国版本图书馆 CIP 数据核字(2021)第 163748 号

权利保留,侵权必究。

本书根据商务印书馆《中国文化史丛书》1937 年版排印

陈顾远文集
第 2 卷
中国婚姻史
陈顾远 著

商 务 印 书 馆 出 版
(北京王府井大街 36 号 邮政编码 100710)
商 务 印 书 馆 发 行
北京通州皇家印刷厂印刷
ISBN 978-7-100-20279-4

2021 年 11 月第 1 版　　开本 710×1000　1/16
2021 年 11 月北京第 1 次印刷　印张 15¾　插页 2
定价:82.00 元

陈 顾 远
(1895—1981)

目　　录

序 …………………………………………………………… 1
第一章　婚姻范围 ………………………………………… 3
　　一　就语义的范围上为婚制之观察 ………………… 4
　　　　(甲)婚姻之语源 ………………………………… 4
　　　　(乙)婚姻之目的 ………………………………… 8
　　二　就礼法的范围上为婚制之观察 ………………… 12
　　　　(甲)婚姻与礼制之关系 ………………………… 13
　　　　(乙)婚姻与法制之关系 ………………………… 15
　　三　就择偶的范围上为婚制之观察 ………………… 20
　　　　(甲)以族系为标准之婚制 ……………………… 20
　　　　(乙)以阶级为标准之婚制 ……………………… 28
第二章　婚姻人数 ………………………………………… 31
　　一　多夫多妻制之推测 ……………………………… 32
　　　　(甲)与群婚有关之礼俗 ………………………… 32
　　　　(乙)与群婚有关之称谓 ………………………… 35
　　　　(丙)与群婚有关之故事 ………………………… 36
　　二　一夫一妻制之承认 ……………………………… 38

（甲）礼制上之一夫一妻制 …………………………… 39
　　　（乙）法制上之一夫一妻制 …………………………… 42
　三　一夫多妻制之演变 …………………………………… 44
　　　（甲）双娶及二嫡 …………………………………… 45
　　　（乙）媵嫁及同嫁 …………………………………… 48
　　　（丙）贵妾及贱妾 …………………………………… 51
　四　一妻多夫制之偶见 …………………………………… 58
　　　（甲）关于一妻多夫之奇例 ………………………… 58
　　　（乙）关于一妻多夫之边俗 ………………………… 59

第三章　婚姻方法 ……………………………………………… 60
　一　早期型之嫁娶方法 …………………………………… 61
　　　（甲）掠夺婚之始末 ………………………………… 61
　　　（乙）买卖婚之前后 ………………………………… 66
　　　（丙）交换婚之观察 ………………………………… 69
　　　（丁）服役婚之推测 ………………………………… 70
　二　后期型之嫁娶方法 …………………………………… 71
　　　（甲）纯正的聘娶婚之确定 ………………………… 72
　　　（乙）混合的聘娶婚之种类 ………………………… 74
　　　（丙）继兴的志愿婚之源流 ………………………… 78
　三　特殊型之嫁娶方法 …………………………………… 81
　　　（甲）选婚与罚婚 …………………………………… 82
　　　（乙）赠婚与赐婚 …………………………………… 84
　　　（丙）收继与续嫁 …………………………………… 85
　　　（丁）赘婿与养媳 …………………………………… 88

	（戊）招夫与典妻		89
	（己）虚合与妍度		91
第四章	婚姻成立		94
一	婚姻之年龄问题		95
	（甲）定婚年龄		95
	（乙）成婚年龄		98
	（丙）夫妇年龄		101
二	婚姻之故障问题		103
	（甲）干分嫁娶		103
	（乙）非偶嫁娶		107
	（丙）违时嫁娶		110
三	婚姻之意责问题		112
	（甲）主婚		112
	（乙）媒妁		117
四	婚姻之程序问题		120
	（甲）礼制方面之六礼		121
	（乙）法制方面之婚约		125
	（丙）结婚方面之仪文		128
第五章	婚姻效力		133
一	婚姻与配偶关系		133
	（甲）夫妇之地位问题		133
	（乙）夫妇之一体问题		136
	（丙）夫妇之顺从问题		139
	（丁）夫妇之贞操问题		142

(戊)夫妇之能力问题 …………………………………… 143
　二　婚姻与家族关系 …………………………………………… 145
　　　(甲)关于入家问题 …………………………………… 145
　　　(乙)关于同居问题 …………………………………… 149
　　　(丙)关于财产问题 …………………………………… 151
　　　(丁)关于妇道问题 …………………………………… 156
　　　(戊)关于主名问题 …………………………………… 157
　三　婚姻与亲属关系 …………………………………………… 160
　　　(甲)由婚姻而生之亲属称谓 ………………………… 161
　　　(乙)由婚姻而生之亲属服制 ………………………… 165
　　　(丙)由婚姻而生之亲属则例 ………………………… 168

第六章　婚姻消灭 ……………………………………………………… 170
　一　婚姻之自然的消灭——再婚问题 ……………………………… 171
　　　(甲)妻死与再娶 ……………………………………… 171
　　　(乙)夫死与再嫁 ……………………………………… 173
　二　婚姻之人为的消灭——离婚问题 ……………………………… 179
　　　(甲)离婚之意义 ……………………………………… 180
　　　(乙)离婚之原因 ……………………………………… 185
　　　(丙)离婚之效力 ……………………………………… 191

陈顾远先生学术年表 …………………………………………………… 196
法学家陈顾远笔下的《中国婚姻史》 …………………… 尤陈俊 202

序

愚于多年前，曾写《中国古代婚姻史》一稿，由商务印书馆出版，并归入《万有文库》中。今次再承商务印书馆之约，写《中国婚姻史》一稿。初因搜集材料较夥，已成三十余万言，为编五，为章十五。继乃删烦去冗，存其要端，《中国古代婚姻史》所详者，兹亦从简，其结果仅占初稿三分之一，即此作也。此作共分六章，曰婚姻范围，曰婚姻人数，曰婚姻方法，曰婚姻成立，曰婚姻效力，曰婚姻消灭；系本梁任公纵断为史之法，与前作《中国法制史》同其体例。盖必如是，始可对于我国过去婚姻之观察，得其纲领，明其统系，不致支离散漫，偏于数斑耳。何以言之？

婚姻为社会现象之一，而又法律现象之一，社会学家及法学家均甚重视其问题，详为探讨，求有所明。是故进而序其史实，即应兼备两义，不能依意甲乙而定取舍也。按我国向之所谓婚礼，无论在婚义或婚仪方面，除有类于现代民事法者外，实即当时代社会意识之结晶，此与社会现象为有关者。我国向之所谓婚律，虽于明刑弼教一大目的之下，为婚礼之辅，但婚姻之民事规定亦在其中，此与法律现象为有关者。他如涉及婚姻之政令学说，又多本此两种现象立义为说；而在婚礼婚律范围以外，其涉及婚姻之事实习惯等等，并恒见焉。如此复杂之内容，起源变迁不皆一致，前后交错莫能划分，倘纯依朝代之兴亡，以为论断，则削足适履之讥，难乎免矣！

然则纯依主观上之或种见解而分时代，不亦可乎？斯虽较前一方法为优，惜乎或只能就一部分之史实而作说明，仍不易罗列全豹于内也。且见仁见智，各人自有评量，则于泛为婚姻之史的叙述中，更未便以个人主观上的或种见解，被于客观的史实之外，喧宾夺主，应为避也。故此作惟就有关婚姻之各种主要问题，分别从其本身，考其因果变迁，以所谓纵断方法，供纯粹史实于读者之前而已！

夫为《中国婚姻史》之作，既不可囿于一隅，则关于各种问题之选择，自不能仅以社会学或法学之立场为限，有如上述。即涉及法律方面之问题，其内容之分配，亦不能拘泥于现行法令之体例，盖就史言史，不得不然耳。譬诸现代民法上以同居问题为婚姻及于夫妻身分方面之效力，以财产问题为就夫妻之财产制度而言。然在中国往昔，视婚姻为结两姓之好，而家的组织又较个人为重，此种种问题实为婚姻效力与家族方面之关系，殊难尽依今义，求古之合也。此例在本文中，屡见不一，用特明之于兹。

虽然，此次材料之搜集固夥，经删削结果，颇多舍弃，其实纵全用之，究因史籍浩繁，涉猎未遍，所遗漏者当不在少。且愚于经学有志研究，愧无深造，而文字学版本学亦为治中国古代史者不可缺乏之知识，故关于《中国婚姻史》之详，尚有待于异日。此作不过就中国过去之婚姻史实择要为论已耳。是为序。

陈顾远序于南京
民国二十五年（1936）双十节之夜

第一章　婚姻范围

《易·序卦》云,"有天地然后有万物,有万物然后有男女,有男女然后有夫妇,有夫妇然后有父子,有父子然后有君臣,有君臣然后有上下,有上下然后礼仪有所错"。描写社会进化之阶段,层次划然不紊,莫能否认。顾生民之初,男女虽有性的结合,实基于人类保种之自然法则所致,尚不得遽以夫妻名,亦不得即以婚姻论。此种两性关系之表现,与其称为社会现象,无宁称为自然现象也。迨人类知识发展以后,男女结合渐有轨范,乃构成婚姻上之种种制度,或可称曰婚俗;于此,有男女然后始确有夫妇矣。社会学家所谓"婚姻乃经过某种仪式之男女结合,为社会所许可者,此种制度必以社会之许可为其特征,到处皆然"云云是也。[①] 由社会现象更进一步,而有法律现象,对于确定的婚制之保障,与所谓婚外的两性结合之取缔,固甚有力,但其所表现之范围,不无狭小。盖社会现象上之婚制,不必皆可归纳而为具体之条文,则惟有让其习惯之自然存在;反之,虽在社会现象上不失为一种婚制,而法律或竟否认之,亦恒有也。故仅依法律现象观察一社会中之婚姻范围,殊不易窥其全豹,以其为义较狭耳。法律学家所谓"婚姻乃具备法定要

---

① 见〔芬兰〕味斯忒马克(E. Westermarck),《婚姻》,岑步文译,第一页。

件之一男一女，以终生的共同生活为目的之结合关系"云云是也。① 然则于两性关系中，欲确定其孰为婚姻，孰非婚姻，以及嫁娶之限度若何，择偶的对象若何，须兼从社会及法律两现象方面定其范围也可知。依此标准，就中国之史实，将有关婚姻范围各端，择要罗列于首，藉明中国数千年来婚制之中心观念，实亦中国婚姻之史的叙述所必然者。

一　就语义的范围上为婚制之观察

中国开国之历史既甚悠远，而又逐渐并合各族以成汉族，疆土亦随而推展之；则关于婚制之繁，婚俗之杂，当可想见。第自周之兴，一皆折衷于礼，自秦之后，渐又辅之以律；礼也者防之于未然，律也者禁之于已然，盖树其中心观点于此，使婚姻之范围归于确定焉。此从婚姻之语源及婚姻之目的方面，即可知其梗概。

（甲）婚姻之语源　婚姻称谓与礼相辅，其主旨在确定聘娶婚之正当，其起源当后于有嫁娶之事实。

何以言其主旨在确定聘娶婚之正当？社会进展由母系而父系，既各有其婚俗，即在父系社会中，嫁娶方法亦系依次演变，非出一途；中国自难外例。此种种婚俗虽于周兴以后之聘娶婚中，不无留有遗迹，而婚姻之称为婚姻者，则实以聘娶婚之表示为主也。盖

---

① 参照黄右昌，《罗马法与现代》，第一六三页；胡长清，《中国婚姻法论》，第二页；及陶汇曾，《民法亲属》，第三四页（《实用法律丛书》）。

婚姻本作"昏姻",或"昏因",①为义有三:其一,以婚姻指嫁娶之仪式而言。汉郑玄曰:

"婚姻之道,谓嫁娶之礼。"(《诗·郑风·丰·笺》)

唐孔颖达《疏》谓"男以昏时迎女,女因男而来,……论其男女之身谓之嫁娶,指其好合之际,谓之婚姻,其事是一,故云婚姻之道,谓嫁娶之礼也"。据此,则婿于婚时迎妻,妻因之而入夫家,所谓"娶妻之礼以昏为期,因名焉"是。② 历代之重视形式婚,除去仪式则非婚姻,本诸此也。其一以婚姻指夫妻之称谓而言。郑玄曰:

"婿曰昏,妻曰姻。"(《礼记·经解·注》)

孔颖达《疏》谓"……《尔雅》据男女父母,此据男女之身,婿则昏时而迎,妇则因而随之,故云婿曰昏,妻曰姻";是又婚姻用语之一解,乃基于婚礼一义而生也。其一,以婚姻指姻亲之关系而言。故:

"婿之父为姻,妇之父为婚,……妇之父母,婿之父母相谓为婚姻,……妇之党为婚兄弟,婿之党为姻兄弟。"(《尔雅·释亲》)

---

① 昏字亦有作昬字者,于是又有"婚""婚"之别,此涉及版本问题;或称昏为昏旦之昏,昬为昬因之昬,昏嫁宜作昏,婚姻宜作昬,失之细矣。
② 见《礼记·昏义疏》引郑《昏礼目录》云。

所谓"女氏称昏,婿氏称姻","妇党称婚,婿党称姻",①即此之谓,盖表明夫妻一方与他方所生之亲属关系耳。不过后世渐破此例,凡非同姓之亲因缘而及者,皆曰姻亲,不以妇党婿党为别也。凡此诸义,皆与数千年来之聘娶婚,有其呼应。盖男于昏时娶妇,妇因男而来,并随而定夫妻与戚属之关系,虽于一聘一娶之间,不无存有掠夺婚购买婚之痕迹,但既依礼而行,必娶而后得妻,称以婚姻云云,实不啻承认由聘娶方法而成之两性结合为正当也。

何以言其起源当后于有嫁娶之事实?婚姻用语既与礼相辅而兴,有如前述。但礼起于祭,或肇于殷;以礼为治,实始于周;且婚姻意义又以聘娶婚为主要对象,而聘娶婚之兴也亦较迟:故知婚姻称谓,为时当后也。然在聘娶婚之先,各种嫁娶之事实,为例甚多,则嫁娶用语或更先于婚姻也。②《尔雅·释诂》谓嫁,如也,适也,之也,徂也,逝也,往也;《易·蒙卦》《咸卦》屡言取女,藉示娶意:则嫁娶用语,在掠夺婚购买婚方面亦可用之,不限于聘娶婚始然,即一证也。我国往时学者似亦承认嫁娶事实先于婚姻称谓,故《史记·补三皇纪》《礼记》《世本》,及《外传》与夫《昏义·疏》引谯周语,皆称太昊伏羲制嫁娶,以俪皮为礼,不啻以嫁娶事实为有婚姻制度之始源,而开婚姻礼仪之先河也。唐杜佑《通典》并详曰:

"人皇氏始有夫妇之道;伏羲氏制嫁娶,以俪皮为礼;五帝

---

① 见《昏义》郑《注》及《郑风》孔《疏》。
② 参照〔日〕东川德治,《中国法制史研究》,"中国法与婚姻之预约"一篇,中有"婚姻之称,似始于周代,周代以前称嫁娶,不称婚姻"云云。廖维勋有译文,登《中华法学杂志》各期。

驭时，娶妻必告父母；夏时亲迎于庭；殷时亲迎于堂；周制，限男女之年，定婚姻之时，六礼之仪始备。"

其想像婚姻制度之始为嫁娶，更甚昭然。然依吾人观之，嫁娶用语或早于婚姻称谓，亦必在母系社会婚制衰落以后，伏羲制嫁娶云云，自系托古之言而已！迨婚姻之称谓确定，此嫁娶二字，则专指男女之身之结合而言，孔颖达所谓"嫁谓女适夫家，娶谓男往娶女"，与婚姻两字互相表里者也。于是嫁娶云云，又与"丈夫生而愿为之有室，女子生而愿为之有家"，①发生意义上之关联，而以聘娶婚之缔结，为其所称嫁娶之对象矣。盖夫以妻为室，则必娶女于其家而后可，左桓六年所谓"受室以归"，《礼记·曲礼》所谓"三十曰壮有室"即是；聘而取之之义斯为重，数千年来莫之改也。妻谓夫曰家，则指女子生有外成之象，以夫为家，故《说文》云"嫁，女适人也，一曰家也，故妇人谓嫁曰归"。②《诗·周南·桃夭》章所谓"之子于归，宜其室家"，《易·泰卦》所谓"帝乙归妹，以祉元吉"，即本此义谓"嫁"曰"归"，以"归"示"嫁"。且女子生以父母为家，嫁以夫为家，《扬子方言》遂又称"自家而出谓之嫁"。汉何休《公羊》隐二年《注》并谓"谓嫁曰归，明有二归之道"；二归之道云者，"礼，妇人谓嫁曰归，反曰来归"；归则明有外属，来归则因其为夫家所遣，明从外至，来而不反也。③然二归之道实以外属为主，见绝而出，以

---

① 见《孟子·滕文公》章句下。
② 《公羊》隐二年亦有"妇人谓嫁曰归"之语。
③ 参照《谷梁》隐二年成五年传文并晋范甯《注》，《左》庄二十七年传文并孔颖达《疏》，及《公羊》庄二十七年传文。

来归为辞,乃其变焉。据此,则因嫁而归夫家,一反母系社会婚居之道;并将赘婚等等视为例外,则亦与数千年来聘娶婚之结果相同,遂使此种婚制又赖其表示而确定矣。

(乙)婚姻之目的　支配婚姻之动机,依社会学家言,初以经济居先,生殖次之,恋爱又次之;次以生殖居先,经济次之,恋爱仍次之;最后始以恋爱居先,生殖次之,经济再次之。[①] 中国自周以来,宗法社会既已成立,聘娶形式视为当然,于是婚姻之目的,遂以广家族繁子孙为主,而经济关系之求内助,反居其次。至于两性恋爱之需要,虽在事实上不无发现,然往时学者既以婚礼有无,衡度两性之结合正确与否,则在所谓别男女之目的下,非仅轻视,抑或否认也。此外,由齐家而治国而平天下,与夫伦常之原造端乎夫妇,恒为先哲所重,故又视婚姻为社会组织之基础,所谓定人道之一目的是也。

何以言广家族耶？周创宗法,以合族属,后世承其余绪,重视家族组织。故婚姻虽不能离开男女之身而行,但论男女之身仅为嫁娶之称,而婚姻所示好合之事,实为旧家族之扩大或延续,新家庭并不因是而成立也。观于

　　　　"昏礼者,将合二姓之好。"(《礼记·昏义》)

云云,盖可知矣。既视婚姻为两姓之事,则嫁女之家受于六礼,布

[①]　参照〔德〕缪勒利尔(F. Müller-Lyer),《婚姻进化史》,叶启芳译,第二章"婚姻动机之变化";及《婚姻》,第二章"野蛮人婚姻之需要"。

席于庙,以告祖先,用示为一姓之祖宗嫁其后裔,非仅父母个人之嫁女,乃当然也。① 娶妇之家,依《礼记·文王世子》云:"五庙之孙,祖庙未毁,虽为庶人,冠,取妻必告",后世婚礼恒于祖先位前行之,兼师此意;而以治祭祀之玄冕亲迎,又所以示与祖先同婚礼也。② 所以然者,为族娶妇是重,为个人娶妻是轻,自必如此耳。是故在婚礼中,成妻之礼仅有"共牢而食,合卺而酳"而已,且其夕施席于正寝,正寝为祭祢祭祖之重地,虽曰示交接之有渐,实仍含有共承宗庙之义在也。③ 成妇之礼,则于共承祖先之义外,而以舅姑为其直接所尊。于是合卺之次日,谒见舅姑,称曰盥馈;舅姑没,则三月而庙见,称曰奠菜;乃正式成为家族之一员,故女未庙见而死,"不迁于祖,不祔于皇姑,婿不杖不菲不次,归葬于女氏之党,示未成妇也"。④ 夫既以广家族为婚姻主要目的之一,则昔也以婚姻称谓兼示姻亲之关系,魏、晋、南北朝以门第高下为婚姻之限制,唐、宋各律之禁止良贱为婚,与夫近代之父母为子娶妻,仍抱息妇主义,只求其对己恭顺即为已足,无非本此目的而然也。

何以言繁子孙耶?由广家族之目的再进一步即为繁子孙,《礼记·昏义》之解释婚礼,于"将合二姓之好"以下,即接言"上以事宗庙而下以继后世也"可知。盖居于客观地位之"男女构精,万物化生",一变而为继承本族血统,繁衍一家子孙之见解矣。是故《礼

---

① 参照《礼记曲礼》《注》《疏》,并《郊特牲》"齐戒以告鬼神"云云。
② 玄冕而亲迎之,见《礼记·哀公问》及《郊特牲》。
③ 参照《仪礼·士昏礼》,"御衽于奥,媵衽良席在东,皆有枕北止"《注》《疏》。
④ 见《礼记·曾子问》。

记·哀公问》以大昏为万世之嗣,《孔子家语》以无子列为七出条件之一,《孟子》以不孝有三,无后为大：皆本传宗立代之观念而来。降至后世,汉、晋、北周每有无子听妻入狱之例,①又斯意之引伸也。且因此种目的之存在,古者贵族方面遂藉口而一娶多女,藉广胤嗣,媵妾之制即由此起,《白虎通·嫁娶篇》言之详矣。降至后世,如北魏元孝友请对于无子而不纳妾者科以不孝之罪；明张学敬请世宗博求淑女为子嗣计；②宋明民年四十以上无子者亦得置妾皆是。③ 至于清世,纳妾生子更为一般人之口头语焉。

何以言求内助耶？此本为初期婚姻之主要目的,但以后妇女工作范围限于家庭,而宗法社会又已形成,经济关系遂居于广家族繁子孙之次。其在贵族方面并由劳动的协助一变而为精神的协助,如正位宫闱,以听内治,共承祭祀,以奉宗庙,躬桑献茧,以劝农事,自天子至于诸侯,自周代迄于明、清,皆然。④ 观于《礼记·祭统》所谓"既内自尽,又外求助,婚礼是也";《魏志·郭皇后传》所谓"古者帝王之治天下,不惟外辅,亦有内助,治乱所由,盛衰从之";即可知矣。至于劳动的协助,如《易·家·人》"无攸遂,主中馈";《诗·魏风·葛屦》"掺掺女手,可以缝裳";《豳风·七月》"女执懿筐,……爰求柔桑";《礼记·昏义》"妇顺者,顺于舅姑,和于家人,而后当于夫,以成丝麻布帛之事";《后汉书》"专心纺绩,不好戏笑,洁齐酒食,以奉宾客,是谓妇功";《魏书·列女传》"妇人之事,存于

---

① 参照程树德,《九朝律考》,第一四二页。
② 详《魏书·临淮王传》及《明史·后妃传》。
③ 见郑氏《家范》及明《律·名例·附例》。
④ 参照陈顾远,《中国古代婚姻史》,第七—九页及第一四页。

织纴组䌖酒浆醯醢而已",均此之谓。今日乡野间,男子早婚而娶年长之妻,亦所以收其劳动力也。故虽在宗法社会之继嗣一大目的下,此种求助之目的依然有相当地位:所谓

"娶妻非为养也,而有时乎为养";(《孟子·万章》下)
"亲操井臼,不择妻而娶。"(《列女传·贤明篇》)

究亦未能完全排除经济方面之目的也。

至于别男女定人道之两目的,则系基于礼义伦常之观念而引伸者。盖往时学者曾主原始乱婚说,并视为不正,《吕氏春秋·恃君览》所谓"其民聚生群处,知母不知父,无亲戚兄弟夫妇男女之别";王充《论衡·书虚篇》所谓"夫乱骨肉,犯亲戚,无上下之序者,禽兽之性,则乱不知伦理"是也。故《通鉴外纪》曰:"上古男女无别,太昊始设嫁娶,以俪皮为礼,正姓氏,通媒妁,以重人伦之本,而民始不渎。"且认为聘娶婚以外之一切两性结合,概为非道,遂又有婚礼防淫之见解,①如《礼记·坊记》所谓"夫礼坊民之淫,章民之别,……故男女无媒不交,无币不相见,恐男女之无别也;以此坊民,民犹有自献其身"是也。故社会学家虽谓恋爱亦婚姻动机之一,然在礼之别男女一目的下,纵有其事实,究非礼之所许,恒以"淫",以"私"称焉。此关于"别男女"之目的者。天地为万物之本,夫妇为人伦之始,由此始有父子之亲,君臣之分,上下之义,而构成

---

① 参照《礼记·经解》"昏姻之礼所以明男女之别也。……故昏姻之礼废,则夫妇之道苦,而淫辟之道多矣"云云。

社会国家之集体，此又往时学者之通论。① 因而《白虎通·号》篇曰："古之时未有三纲六纪，民但知其母，不知其父，卧之诂诂，行之吁吁，于是伏羲仰观象于天，俯察法于地，因夫妇，正五行，始定人道"；陆贾《新语》曰："于是先圣仰观天文，俯察地理，图画乾坤，以定人道，民始开悟，知有父子之亲，夫妇之道，长幼之序"。夫妇既为人伦之始，《诗》遂以《关雎》为首，用之乡人，用之邦国，所以风天下而正夫妇，亦即家齐而后国治之意；②而《大雅·思齐》"刑于寡妻，至于兄弟，以御于家邦"，《中庸》"君子之道，造端乎夫妇，及其至也，察乎天地"云云，更显示夫妇为伦常之本原，婚姻乃万事之基点也。此关于定人道之目的者。

二　就礼法的范围上为婚制之观察

中国最早之婚姻，或本自然之趋势渐次成俗，则在客观地位上，殊与后世之礼法无异；即后世边族之俗，乡鄙之风，亦往往于礼法外，另有婚姻习惯，依纯然社会现象观之，亦未可一律否认其为婚姻。然礼究系代表当代社会意识大量上之同，且或有现代民事法之用；法则在昔用以辅礼，或济之以政，或齐之以律：不特将所视为正则之婚姻，纳入礼法范围之内，并予以各种保障，故礼也，法也，与所谓确定的婚制之关系，甚为密也。愚依礼法根据，从婚姻语源及目的方面，证明中国数千年来婚制之中心观念既竟，再从礼

---

① 参照《礼记·郊特牲》"男女有别然后父子亲"一节，《易·序卦》及《咸卦》程《传》。
② 参照《诗序》；及［清］崔东壁，《读风偶识·周南十有一篇》。

法之本身方面而观察之。

（甲）婚姻与礼制之关系　世界各国关于婚姻之立法主义，不出事实婚主义与形式婚主义两途，而以后者为占最大多数。其中操权于教会者为宗教婚，操权于国家者为法律婚。中国自有礼制之后，非当于礼者不视为婚姻，即不能谓其采事实婚主义。但礼有五经固重于祭，礼为民纪亦近于法，而究非所谓纯粹之宗教婚或法律婚可比。① 盖中国向对婚姻，束之以礼者，实另成一形式婚主义耳。

先就婚礼之存在言：礼之为数，或以五计，或以六计。就礼之全体而言，则有五礼之说，《周礼·春官·大宗伯》文所称吉、凶、宾、军、嘉是也；其中嘉礼之别有六，"以昏冠之礼亲成男女"，即其一也。后世各史《礼志》及其他言礼典籍，多本此目，如《五礼·通考》之类即然。就礼之要端而言，则有六礼之说，《礼记·昏义》所谓"礼始于冠，本于昏，重于丧祭，尊于朝聘，和于射乡，此礼之大体也"；《王制》"司徒修六礼以节民性"，《疏》所谓"六体谓冠一、昏二、丧三、祭四、乡五、相见六"是也。后世以冠昏丧祭顺称，当本于此。② 在此基本之六礼中，依《昏义》所示，礼虽重于丧祭，始于冠，而究以婚为本，盖"敬慎重正而后亲之，礼之大体而所以成男女之别，而立夫妇之义也；夫妇有义而后父子有亲，父子有亲而后君臣有正，故曰昏礼者，礼之本也"。是故往时学者言礼，每即提及婚姻以示其用，经籍具在，不难考也。班固于《汉书·外戚传》有言曰：

---

① 参照胡著《中国婚姻法论》，第二九至三二页；陶著《民法亲属》，第四二至四三页；〔日〕栗生武夫，《婚姻法之近代化》，胡长清译，第五至八页。

② 《王制》孔《疏》并称"此六礼七教并是殷礼，周则五礼十二教也"，其说不可靠；盖五礼六礼之异，乃计算标准不同耳。

"《易》基《乾坤》,《诗》首《关雎》,《书》美厘降,《春秋》讥不亲迎,夫妇之际,人道之大伦也。礼之用,唯婚姻为兢兢。夫乐调而四时合,阴阳之变,万物之统也,可不慎欤?!"

则其对于婚礼存在地位之重视为何如耶! 此一问题与《婚姻之目的》尤为相关,可互证焉。

　　次就婚礼之对象言:婚姻须合于礼,乃不为其排斥,第合礼云云,自周以来实指经过聘娶之方式而言耳。其始也,婚礼下达,以男求女,《易》虽不否认男女互相感应一事,然如《咸》卦之"娶吉",则因柔上而刚下,男下于女,然后女乃应于男,故吉;反之,《蒙卦》之"勿用娶女",则因女见刚夫而先求之,乃童蒙之时,阴求于阳之道,故无攸利。① 降至近世,两家缔婚,纵各默许,亦必男家发媒,盖以男下女乃得其正也。然仅由男求之,再不经过聘娶程序,则仍目为私诱,为淫荡;《诗·国风》所咏男恋女之事甚多,而不能如《关雎》一章独见称者此耳。婚礼之用,礼为"坊民之淫,章民之别,使民无嫌,以为民纪",即所以纳之于聘娶婚范围内焉。故男女无媒不交,无币不相见;而声伯之母不聘,遂为穆姜所轻,《召南》申女以夫家礼不备而欲迎之,"虽速我讼,亦不女从"。② 降至后世,所谓仕宦时礼之家,尤能秉承此旨以行。苟遇危难之际,不少女子竟以身殉之者;难曰女贞是重,逼而出此,而不备婚礼之结合,无媒妁,无仪注,为世指责,亦一原因。此一问题与《婚姻之语源》尤为相

---

① 参照《蒙卦》魏王弼《注》及《咸卦》[唐]孔颖达《疏》。
② 见《左》成十一年;及《列女传》,卷四《贞顺传》。

关，可互证焉。

再就婚礼之内容言：礼以"义"起而以"仪"明，但不必有其义即有其仪，合于仪即合于义；古时"礼"与"仪"甚有分别，其所谓"礼"者，就婚姻论之，实即婚之"义"耳。① 婚义乃婚礼之抽象的表现，为意较泛，如周之同姓不婚，南北朝之重视门第，宋以后之鄙视再嫁皆是。顾在古昔，律条未备，一皆归之于礼，后世礼律兼行，或就其违反之行为，有认为必须制裁者，则示之于法，故颇与现代民事法上所谓婚姻之实质要件相当。婚仪乃婚礼之形式的表现，狭义之婚礼即指此也。顾礼之兴于周也，原在定"分"，则婚仪遂因阶级不同而有其等，惟《仪礼》所存者仅士昏礼一种，他则散见各经，莫知其详矣。自汉以后，帝室婚仪与士庶人婚仪仍属异致，正史《礼志》所载概限于前一种婚仪，惟《宋史》《明史》所载兼及后一种焉。虽其细节不特因时而异，抑且因地而别，但若依大体而论，究莫离乎《昏义》所谓纳采、问名、纳吉、纳征、请期、亲迎与夫盥馈或奠菜之范围也。唐、明等律，视婚书为婚姻缔结之要件，仍不过保障礼制上之形式要件——六礼——之一而已；故颇与现代民事法所谓婚约及婚姻之形式要件相当。

（乙）婚姻与法制之关系 以婚礼亲成男女，婚姻遂有所本，然礼之各种内容节目，固因时而变，且有时不免失之繁琐，需时孔多，或非质家所愿遵，或为时势所未许，而旷夫怨女现象之救济，又或礼之所穷，莫能为计。于是在学说与设治上，遂认为应有因时制宜之婚政矣。同时，礼防于未然，惟赖社会之信力以收其效，故当礼

---

① 参照陈顾远，《中国国际法溯源》，第一二页。

教初成时代，越礼之事所在多有，观于儒家所谓春秋淫乱之事实，与夫《国风》所述男女热恋之事实，①即知其概。降至后世，礼教之基础虽归确定，越礼之事较初或减，而仍莫能纯依礼制划一婚制。故在周世，对于出乎礼者，往往入乎于刑；秦汉以后，并赖律以达"明刑弼教"之目的，为反礼者之制裁，此又婚律之所以渐兴，日趋于详也。

先就关于婚姻之政言：婚姻之统制与行政，为现代国家新政策之一，然在中国向以婚姻为社会成立之基点，夫妇为人类伦常之始源，则对婚政之注意，用以辅礼并济其穷，固甚早也。《周礼》所述虽不必为周公佐周之设制，《管子》所述虽不必为管仲治齐之政策，而亦必为战国或汉初之学者，认为社会有此需要，而应为施设也。且或与当日实际之施设不无多少之关系也。依《周礼》之记载，地官大司徒掌建邦之土地之图与其人民之数，既掌人民之数，自须免除男旷女怨之现象。故在其所施十有二教中，第三教即为"以阴礼教亲，则民不怨"；阴礼谓男女之礼，教其婚姻以时，则无旷怨而相亲矣。在其以荒政十有二聚万民中，第三政即为"多昏"，凶荒为昏，不必备礼，使有女之家得减口数，有男之家易得其妻，于是昏娶者多矣。此外，春官大宗伯掌邦礼，"以昏冠之礼亲成男女"，乃礼仪之主持者；地官遂人，掌邦之野，"以乐昏扰甿"，乃婚姻之劝导者；皆与婚政有关。然其详尽尤莫如地官中"媒氏"一职，盖为婚政之主管官司也。所谓：

---

① 参照陈东原，《中国妇女生活史》，第二五至二九页。

"媒氏,掌万民之判,凡男女自成名以上,皆书年月日名焉,令男三十而娶,女二十而嫁,凡娶判妻入子者皆书之。中春之月,令会男女,于是时也,奔者不禁,若无故而不用令者罚之。司男女之无夫家者而会之。凡嫁子娶妻,入币纯帛无过五两。禁迁葬者与嫁殇者。凡男女之阴讼,听之于胜国之社,其附于刑者归之于士。"

此不特登名书事于官司,使婚姻当事人取得公证之效力,与现代之婚姻登记及官吏证婚相类,且进一步为婚姻之统制,使已及婚年尚无匹配之男女,与已有匹配而鳏寡者,会于仲春,一反奔者为妾之例;苟无丧祸之变而不用令者,并须罚之。至于纳币之数,冥婚之禁,行政处分之先于司法裁判,又其余也。此外,并依《管子·入国篇》之记载,"凡国都皆有掌媒,丈夫无妻曰鳏,妇人无夫曰寡,取鳏寡而和合之,予田宅而家室之,三年然后事之,此谓之合独";而牧民者更负有"使士无邪行,女无淫行"之职责焉。凡此不特行救济婚配之策,且设管理婚事之职矣。后世,虽无专设婚姻行政之官,如媒氏掌媒之类,但婚俗之纠正,帝王或有诏令,婚仪之制定,礼官各有执掌也。有若汉代各帝屡次诏禁嫁娶之僭侈过制;①南朝梁武帝大同五年以七事祷雨,其第六事即为会男女,恤怨旷;北朝魏孝文帝诏男女失时者以礼会之;周武帝诏男年十五,女年十三以上,爰及鳏寡,所在军民,以时嫁娶,务从节俭,勿为财币稽留:皆其

---

① 参照邓之诚,《中华二千年史》,第二九八页。

著者。① 降而至唐，若贞观元年二月诏，男女达及婚年龄；妻丧达制之后，孀居服纪已除而非自愿守志或有男女者，除鳏寡年老者外，有司皆须申以婚媾，令其好合，免生旷怨之情，或致淫奔之辱；而以准户口之增减，定有司之考成云云。六年六月又诏禁卖婚，以挽魏、齐之敝风云云，又其续也。② 自唐以后，关于婚政诏令，时多有之，惟合独之因再醮问题严重，由宋迄清，皆认为非应提倡者，遂与隋、唐以前又有其异。

次就关于婚姻之律言：刑之起源虽早，律之成文实迟，春秋时，郑有《刑书》，晋铸刑鼎，战国时，魏李悝撰次诸国法，著《法经》，商君受之以相秦，乃有成文法律可言；③其中尚无关于婚事之直接规定，惟奸淫事例入于《法经》之《杂律》，④后世因之，不啻开现代《刑法》关于妨害风化罪及妨害婚姻罪规定之先河。汉萧何本《法经》六篇而加《兴》《废》两章外，并有《户律》一章，为后世附婚事于户律之本，是曰《九章律》。其外副律杂律为名甚多，婚律究何所居不尽可考；而司徒鲍公撰嫁娶辞讼决为《法比都目》，凡九百六卷，世有增损，集类为篇，结事为章，仅当于婚姻判例汇编而已！就佚文可考之处刑最重者，如继子以母为妻，与姊妹奸，禽兽行，私为人妻，三男共娶一女等事，皆与婚制有直间接之关系也。⑤ 魏律十八，晋律二十，皆存《户律》，而依《晋书·刑法志》载，"崇嫁娶之要，一以

---

① 参照《中国妇女生活史》，第六五页。
② 两诏原文见王溥，《唐会要》，卷八十三《嫁娶》。
③ 参照陈顾远，《中国法制史》，第九九页。
④ 见《晋书·刑法志》。
⑤ 参照杨鸿烈，《中国法律发达史》，第一二八至一二九页。

下聘为正，不理私约；峻礼教之防，准五服以制罪"则又其著者。南朝对于晋律或沿用，或增损，而《户律》仍存也。北朝，北魏律远承汉律，当亦存有《户律》，并依《魏书·刑罚志》云，"男女不以礼交皆死"，则刑禁之最重者，或莫过此也。北齐律以婚事附于户，曰《婚户》，乃其首创，并以重罪列为十条，不在所谓八议论赎之列；其中如居父母丧，自身嫁娶，闻夫丧匿不举哀及释服从吉而改嫁，与夫禽兽其行，朋淫其家之内乱，皆系与婚事有关者。隋、唐以后各律之所谓十恶，即本于此。① 北周律分《婚户》为《婚姻》《户禁》两篇，隋开皇律又合而为《户婚》，大业律复分为《户律》及《婚律》。唐律仍称《户婚》，除关于定婚、重婚、和娶、离异、居丧嫁娶、以妻为妾等事外，并有五种限制，即同姓不婚、近亲不婚、良贱不婚、逃女不婚、官民不婚是。但在末叶，诏敕变律，集而成"格"，《大中刑律统类》即系依门别类，而将格敕编入者。五代一仍唐旧，编敕之风盛行，《婚律》自亦附入其中。宋初，定有《刑统》，范围莫离唐律，并于《户令》中重申良贱不婚及在任官不得与部下百姓交婚等事；但至神宗时，"敕"遂正式取律而代之矣。辽之《条制》，金之《制书》，元之《新格》，皆系律而不以律名，关于婚事者自随其变而附入之。且依《元史·刑法志》所载，仍有《户婚》一门，关于定婚、结婚、婚姻之成立及解除，与夫纵妻妾为倡诸规定在焉。明兴，复以律称，列有《吏》《户》《礼》《兵》《刑》《工》六《律》之名，于《户律》之下，分设《户役》《田宅》《婚姻》等七篇；而以历代列入《杂律》中之犯奸，归入《刑律》。《婚姻篇》所规定者为《男女婚姻》《典雇妻妾》等十

---

① 参照《唐律疏义》，第一卷《名例》。

八条。① 惟明之变律精神者，又有并行之"例"耳。清因明旧，《婚姻篇》仅删去"蒙古色目人婚姻"一条，并附其例于律之后，故有《大清律例》之称；此外在《刑部现行则例》中，亦有关于婚姻之目；《理藩院则例》中，并有关于蒙、藏人婚姻之规定，婚事亦非皆统于婚律也。清末变法以迄今日，民刑两法各为发展，于是民事法上之婚姻与刑事法上之妨害婚姻罪，始两不相混矣。

三 就择偶的范围上为婚制之观察

从对方之选择方面，得将婚姻制度分为内婚制与外婚制两种，内外云者，乃假定有一界限，在此界限以内择偶者曰内婚，在此界限以外择偶者曰外婚，故此界限实决定内婚外婚之标准，或以图腾，或以部落，或以阶级，或以种族，或以国别当之是也。就大体而论，母系社会以族内婚制为主，父系社会以族外婚制为主，然如依阶级国别或其他标准为言，则母系社会中亦或存有一种外婚，父系社会中又恒发现他种内婚之制度也。就中国史实而言，在内婚制外婚制问题上，实以族系阶级两标准为著，且能概括一切；此亦与婚姻之范围一事有关，故并及焉。

（甲）**以族系为标准之婚制** 中国往时学者倾向于宗法制度，首以父系社会为最合理，遂假定自三皇五帝以来，即已如此，将母系社会存在之事实，掩之务欲其尽，并将与母系社会俱起之族内婚制，一律与原始之乱婚，视为同途。原始人类是否经过乱婚时代，

---

① 详郑竞毅，《法律大辞书》，上册，第一二二七页，"婚姻篇"条。

在社会学家之见解固不一致,①而中国学者似承认有此经过,如《礼记·曲礼》所谓"夫唯禽兽无礼,故父子聚麀,是故圣人作为礼以教人,使人以有礼,知自别于禽兽";即认定礼之始源,在制止乱婚也。然更进一步,不问男女结合有无一定规则,凡同族内之婚姻,皆认为反礼教之行为,观于十恶中"内乱"之称,即知其然,是乱婚之范围固甚广也。周采族外婚制,即系以附远厚别之道自许,以远于禽兽之道见称。② 所谓:

"系之以姓而弗别,缀之以食而弗殊,虽百世而婚姻不通者,周道然也。"(《礼记·大传》)

即是。此种原则,不特周世著之于礼,抑且后世严之于律,数千年来视之为当然也。顾此之族系云者,仅系以姓氏为别,若夫尚未同化于汉族之异族,在后世是否与其通婚,则又因时代而异,或则视为非所应当,或则视为有其必要,不能一概而论也。

关于母系社会之族内婚制者:往时学者虽不直接承认母系社会之存在,然如《管子·君臣篇》《商君书·开塞篇》及《吕氏春秋·恃君览》等,皆有太古之民,兽居群处,未有夫妇匹配之合,当此之时,民知其母而不知其父……一类之言,不啻间接承认曾有母系社会,且为血族内婚也。其次又有时商颂所谓"天命玄鸟,降而生

---

① 上古乱婚之说,莫尔干(Morgan)、恩格斯(Engles)等主张之;味斯忒马克、爱尔乌德(Ellwood)等否认之。

② 《礼记郊特牲》云"娶于异姓,所以附远厚别也"。《御览》引《礼外传》"夏殷五世之后,则通婚姻;周公制礼,百世不通,所以别禽兽也"。

商"等等之感生说,①谓古圣人,皆无父,感天生云云,实即族内婚制之所致。盖所感之龙鸟巨人迹大星虹等,不见其皆有何神灵之示,故此种传说,设非谶纬家所臆造,而有一为真者,其象当为同族图腾之名,所谓感于某象而生育者,初或不外暗示同族内之婚姻而已! 是以无父而生之说,除后世欲尊始祖,而又讳言其"乱",遂以感神灵而生为言,作为神话之利用外,与不知父而生之说殊无何别,均足反证母系社会族内婚之存在也。然则史称唐尧之女下嫁虞室,又称尧舜皆为黄帝一系之后,果皆尽合事实,自可并存而不悖,此正族内婚制之表现也。往时学者碍于后世同姓不婚之例,必多方竞论,以务穷其究竟,②过矣! 因族内婚制之重视,于是与汉族发生关系最早之苗族,彼此除仇视之外,即无由混合;且于屡次禽其酋,窜其裔,征其众以后,两族隔绝更远,遂使此一最古之族迄今犹留其孑遗,是又古代为族内婚制之一证也。降而至殷,仍以母系社会之族内婚制为主,已有信史可以为据。先以称后为证,周以前称君曰后,前人已言之矣。③ 卜辞中之毓字即后字,用称先王;而毓也者当系"以母之最高属德为生育"之尊称也。④ 则其为母系社会也无疑。推而周之先世后稷,或为农业社会女酋长之称,亦未可知。此关于殷之为母系社会也。又以用名为证。殷人女子并不用姓,自无所谓同姓不婚异姓主名之说,观于卜辞,女子之名与男子同用干支,如妣甲妣乙、母甲母乙之类,是姓之不设,即不重视族

---

① 参照易君左,《中国政治史》,"要感生帝说"一节。
② 参照章嶔,《中华通史》,第一册,第二〇〇页。
③ 见《白虎通》;及顾炎武,《日知录》,第二十四"后"条。
④ 参照郭沫若,《中国古代社会研究》,第二七〇至二七一页。

外婚制之反证也。不过依《礼记·大传》所云,殷人五世之后即可通婚,则亦与最古之血族婚有别,盖时代愈后,族人繁衍,由近族之婚姻,渐变而为远族之婚姻,乃自然之道也。夫既通婚于五世之后,其在实质上乃一族内婚制中之外婚制,今人谓殷无父子相承之习惯,即因子均须出嫁,而以弟能继兄为原则者,因兄弟连翩出嫁所致云云,则同族内五世以外之男子实可嫁入母系之家庭内也。虽然,此不过就其大体而言耳。观于甲骨文妻妾等字之卑屈的表示,殷或兼行由外族劫掠女子而归任战争责任者——男子——独占之事;①且至末世,或已进入父系社会:"帝乙归妹",见于《易经》,"殷辛伐有苏,有苏人以妲己女焉",见于晋语,可参照焉。

关于父亲社会之族外婚制者:殷周各自为部落之发展,以外尚有其他部落,故父系社会之族外婚制,究起何时,实难划一言之。惟可论者,周在部族时代,由母系社会进入父系社会,采取族外婚制,必较殷人为早,故殷世仅妲己称姓,周则大姜、大任、大姒、邑姜皆以姓著,可知也。不过初或经过外来女子当权之时代,始由母系社会蜕化而入于父系社会,史载大姜、大任皆贤妇人,而太姒或曰邑姜,又归于乱臣十人之列,与周公、召公、太公等同称;顾炎武虽以牝鸡司晨为疑,认为文字传写之误,实则在此过渡期中,正以牝鸡之晨为特点也。②然而十乱臣中,妇人仅居其一,足以见女权之日衰矣。殆周灭殷之后,确定父亲社会基础,以宗法维持同族之关

---

① 参照陶希圣,《中国政治思想史》,第一册,第一二页。
② 见《论语·泰伯章》;及《日知录》,卷七,"有妇人焉"条。

系,以婚姻增加异姓之连络,同姓不婚周道然也云云,当然系排斥族内婚制,而以族外婚制是尚。虽于国疆之范围方面,认为普天之下莫非王土,天子缔婚于诸侯为内娶;诸侯不渔色于国中,须缔婚于国外,而以内娶为戒;大夫无束修之馈,无诸侯之交,越国境而言婚,亦失于礼;而其内娶外娶之对象,依然受同姓不婚一大原则之限制也。① 盖所谓姓也者,在未被用为别婚姻之工具以前,当系一部族之代表名称,或与母系社会之图腾符号有其关系。《说文》云,"姓,人所生也,因生以为姓,从女生";《通志·氏族略》云,"女生为姓,故姓之字多从女";是姓之代表母系可知也。殷以族内婚制为主,故不重姓,周采族外婚制或先于殷,图腾符号之流而为姓,当肇于此。灭殷以后,并将各部落征之抚之,归于封建制度之下,于是各部落旧有之图腾符号,遂一律称之以姓,而示异族系间婚姻之可通;《左》隐八年所谓"天子建德,因生以赐姓,胙之土而命之氏",实限于周初有此事也。《潜夫论》谓尧赐契姓姬,赐禹姓姒云云,乃效周事而设说耳。但自春秋以后,表血统而示女系之姓,与表功勋而示男系之氏,渐相混乱,不可为别;而五胡乱华,通婚中国,唐重义子,袭义父姓,于是姓更杂乱,与最初以姓辨别婚姻之意全悖。惟各律中,仍于形式上遵守同姓不婚之原则耳。至于近亲而为婚姻者,则加重其罪,尚不失为保障族外婚制之道也。

关于部族以外之族际婚制者:此之所谓"族际"之族,系指周以后之各异族而言。历代虽不以此种外婚,概视之为当然,顾事实上或特殊情形中,则亦莫能阻其通婚之趋势,中华民族之范围日益扩

---

① 详见《中国古代婚姻史》,第二七至二九页。

大者，斯实一要因也。周时，纳夷狄之女为妻，事固多有，但嫁女于夷狄为妇，例究少焉。然"周纳狄后，富辰谓之祸阶，晋升戎女，卜人以为不吉"，①则与被称为夷狄之异族通婚，似不以之为正则也。汉时，匈奴兵强，数苦北边，高祖依娄敬之策，取家人子——或云宗室女——为公主，妻单于，首开"和亲"之局；惠、文、景三帝皆有遣公主嫁匈奴单于之事，盖以和亲之羁縻手段，为制夷之策耳。武帝政策变更，使张骞通西域以断匈奴右臂，复遣江都王建女细君为公主和亲乌孙，以绝匈奴旧援。宣帝继用其策，仍有遣公主之事。后因萧望之见，与乌孙不复结婚，而匈奴五单于争立，其势亦弱。惟呼韩邪单于屡入朝，自言愿婿汉氏以自亲，于是元帝又以后宫良家子王嫱字昭君为其阏氏。②殆至东汉，匈奴内饥，分为南北两单于，各遣使向汉求和亲，藉以自固，其顺逆之势又与汉初不同。此种通婚，纯系基于政治上之原由，习俗上仍不视为当然也。故汉末蔡文姬被掳于胡，凡十二年，已为南匈奴左贤王之后，且生二子，而曹操必以金璧赎归，重嫁董祀，致有"感伤乱离，追怀悲愤"之作；晋初石崇有爱婢翔风，得之胡中，美艳无比，而妒者以"胡女不可为群"诋之，遂退为房老，而作怨诗以抒其怀；③即其例也。五胡乱华，晋鼎南徙，胡族趋向汉化，改服易名立姓，并或以汉族之后自居，汉胡为族际之通婚自不待言。惟门阀之见由来本早，至是衣冠旧姓，则耻与胡相乱，益严其阶级内婚制，此又族际婚之与其相关者。观于北魏拓跋氏统一北方，值晋亡未久，其中二十五后，汉人

---

① 语见《周书·后妃传》。
② 详见[宋]徐天麟，《西汉会要》，卷六，"和蕃公主"条；并《汉书·张骞传》。
③ 见梁乙真，《中国妇女文学史纲》，第七三页及第一三一页。

则居十一，但无一为望族之女可知。① 顾拓跋氏既以汉女为后，又使南单于苗裔夏主昌尚始平公主，复与蠕蠕和亲，而孝文帝且提倡与汉人一般通婚，自系为族际婚之容纳也。降而北齐之娶蠕蠕公主，欲以绝西魏之援，北周之迎突厥可汗之女，欲以阻北齐之助，则又纯为政治之关系矣。隋唐两世皆不反对族际婚，不特隋文帝之独孤皇后，唐太宗之长孙皇后，均鲜卑人；且与异国异族和亲之事，仍盛行之。隋以光化公主妻吐俗浑主伏，伏死又许其弟伏允收继；以华容公主妻高昌主伯雅，以安义公主妻突厥突利可汗，安义卒，又以义成公主妻之。唐，除赐高昌主妻华容公主姓李，改封常乐公主外，其对吐谷浑，则因请婚，太宗时嫁以弘化公主，高宗时又嫁金城县主与其世子。其对奚，则因内附，赐姓李氏，玄宗开元间，降固安公主于其主大酺，后又降东光公主于鲁苏。其对契丹，则因助兵，亦赐李姓，开元间，降永乐公主于失活，又降燕郡公主于李郁于，郁于死，复降东华公主于邵田；天宝间，契丹大酋李怀秀降，复以静乐公主妻之。其对吐蕃，则因吐蕃以突厥吐谷浑尚主为荣，而强求婚，太宗妻以文成公主，吐蕃为筑城而夸耀之，俗亦大变；中宗又以金城公主下嫁，自筑城以居。其对突厥，初因默啜进女唐室，而武后令武延秀纳之为妃，遂反武氏；玄宗立，复固请唐女，乃以金山公主下嫁，然以后突厥之势日衰，虽屡请婚，以振国声，唐卒未许。其对回纥，以回纥助肃宗讨逆有功，并欲固其心，适值请婚，肃宗遂以幼女宁国公主下嫁，且以荣王女为媵，即少宁国公主是；德宗又续以亲女咸安公主下降；穆宗时，因其请婚，复以宪宗女太和

---

① 详夏曾佑，《中国古代史》，下册，第五二〇页。

公主下降。① 按汉代及唐对吐蕃以外之和亲，下降之公主大都为宗室皇戚或宫中之女，以帝女亲降者，仅对回纥为特例也。惟关于和亲事例，宋人则斥其非，认为汉开其端，实君臣莫大耻辱，宋宋祁撰《新唐书·突厥传》有此言也。故至宋世，与回鹘虽称甥舅国，但沿唐与五代旧称，未尝一有和亲之事；金主固曾以赵氏女为后为妃，此则系由汴京陷落，被掳而来，与韦妃之为盖天大王妻之例相类，不能与汉唐同视也。② 宋不特断绝和亲，且尝禁止族际婚，太宗至道元年八月禁西北缘边诸州民与内属戎人婚娶是也。辽、金、元则与宋异，提倡族际婚甚力，而和亲之事亦偶见之。辽既以成安公主外嫁夏国主乾顺，又许阻卜酋铁剌里及大食国之请婚；③此和亲也。而太宗会同三年十二月诏契丹人授汉官者从汉仪，听与汉人婚姻，惟道宗大安十年六月则禁边民与蕃部为婚耳。金，对汉族亦通婚姻，盖章宗明昌二年，尚书省言，"齐民与屯田户往往不睦，若令递相婚姻，实国家长久安宁之计"，从其请也。元，初以掠婚为俗，外族女子来者多矣。而如太祖公主皇后为金宗室女，乃金宣宗欲解燕京之围而进，察合皇后为西夏李安全之女，乃安全欲解中兴府之围而进，则系被和亲而得者。其与高丽通婚，更为通常，世祖既以其女适高丽王王昛，而高丽又岁进媵妾入宫，惟世祖誓言，子孙不得与高丽女子共事宗庙，故惠宗完者忽都皇后之立，监察御史李泌即以此为谏。除自幸外，有时或并赐臣子，文帝至顺二年，以不颜帖儿赐燕

---

① 参照《唐会要》，卷六，"和蕃公主"条，及《新唐书》四夷各传。
② 见《中国内乱外祸历史丛书》，第三册，《南渡录》卷二、卷三。
③ 见《宋史·外国传》及《辽史·属国表》。

铁木儿，高丽王并备奁田是也。此外，并规定诸色人同类自相婚姻者，各从本族法，递相婚姻者，以男为主，蒙古人不在此例：是又承认族际婚之证也。明兴，亦与高丽通婚，太祖女含山公主母即高丽妃韩氏，成祖时，朝鲜贡女充掖庭，恭献贤妃权氏与焉。明律禁止蒙古色目人本类自相嫁娶，盖恐其种类日滋，故又强其为族际婚也；但孝宗十二年则以防满洲之故，遂严禁分守等官并势家与海西建州部人联亲焉。清入关后，于《律》既删除蒙古色目人婚姻之条，且以满汉不相通婚为定制，至光绪时，因为局势所迫，始下通婚之诏云。

（乙）以阶级为标准之婚制 凡遇阶级存在之场合，彼此不通婚姻，实为其主要鸿沟之一，故从阶级之标准言，率以内婚制之采取为常也。此种阶级间之隔婚，或为良贱之关系，而以经济与政治之原因为主；或为士庶之关系，而以家望与世系之原因为主；惟后一关系，仅著称于魏、晋、南北朝及隋、唐之间而已。

关于良贱阶级之内婚制者：周时，国人野人既各有别，君子小人尤非平等，士固不能与天子诸侯卿大夫为匹，庶民亦莫可与百姓相敌，而所谓庶民者或即农奴之类；[①]其婚姻之缔结不无问题。《大戴礼·本命篇》言女有五不取，世有刑人不取，为其一端；而周初设制，礼不下庶人，刑不上大夫，则世有刑人者必非大夫以上之家，于是庶人惟在本阶级内为"匹夫匹妇"之结合矣。秦、汉，贫富之辨尚不甚严，故陈平少贫，邑有富人张负奇平而以女，鲍宣清苦，桓氏富骄，乃卒娶少君以归。但良贱之别仍自分明，《方言》所谓"燕之北郊，民而婿婢谓之臧，女而归奴谓之获"是也。《文选》注

---

① 详见《中国法制史》，第七五至七七页。

并引韦昭云,"善人以婢为妻,生子曰获;奴以善人为妻,生子曰臧",则汉、魏之间,并视与奴隶通婚,其子亦为奴隶焉。南北朝时,刘宋孝武帝既禁厮养奴与士族杂婚,北魏孝文帝亦诏其不得与士庶为婚。自唐以后,禁止良贱通婚,法令更备,而贱民阶级之造成与时俱增,除唐之番户、杂户及蛋户外,有叛宋投金而为明太祖所斥之惰民丐户,有不附"靖难"而为明成祖所编之山、陕乐户,以及徽、宁之伴当世仆,浙江之九姓渔户,男女皆自为偶,积资不得为官。清雍正、乾隆间虽相继除籍,得列平民,然民间仍存故习,鲜与通婚者。直至民国成立,其情形始有变更。

关于士庶阶级之内婚制者:周时,姬姜两姓世世为婚,此乃交换婚之遗迹,尚非全然为望族自相婚姻之例;汉皇后多出微族,亦未尽严门阀之界也。魏立九品,置中正,尊世胄,卑寒士,降而至晋与南北朝门阀之见更深,士庶之阶级告成,不仅门有多种,抑且姓有各色。南以郡望分姓为四等,在侨姓吴姓中各有其大族;北以郡姓为贵,亦各有其大族;皆以衣冠之族自居,不与卑族微姓通婚。苟不幸而有通婚之事,则视为士族之玷,但在卑门方面实为荣事,往往不惜多纳聘金,攀婚高门,以致世有卖女买妇之讥。是故晋杨佺期为汉太尉震之后,有以其门比王珣者,犹恚恨,而时人以其过江晚,婚宦失类,每排抑之;司马休之数宋武曰:"裕以庶孽与德文缔婚,致兹非偶,实由威逼";南齐永明中,王源嫁女富阳满氏,受聘钱五万,沈约以"满氏姓族,士庶莫辨,……王、满连姻,实骇物议",见诸弹章。[①] 梁武帝时,侯景请婚于王谢,帝曰,王谢门高,可于朱

---

① 参照《中国古代史》,下册,第五一八页;《晋书·杨佺期传》及《昭明文选》沈约弹文。

张以下求之；而王谢之在南朝，女为皇后，男尚公主，其事殆数十见，盖以帝王之尊，望族乃勉强可与联姻耳。其在北朝，帝室每为异族，故望族与其联姻之例甚罕，其对于卑门更然。是故赵邕宠贵一时，欲与范阳卢氏为婚，女之母终不肯；崔巨伦姊明惠眇一目，内外亲类莫有求者，其姑不欲使其屈使卑族，乃为子纳之，时人叹其义焉。① 反之，魏尚书仆射范阳卢道虞女为郭琼子妇，琼以死罪没官，齐高祖以赐陈元康，元康乃弃故妇李氏，得幸高门之罪女，亦以为荣，至于孙搴寒微，齐高祖赐以士人女韦氏为妻，宜乎时人更为荣之。② 唐之兴也，以南北朝之望族，仍自尊门阀，不与卑姓为婚，太宗命修《氏族志》，例降一等；又诏七姓十家不得自为婚姻，王妃主婿皆取当世勋贵名臣家，未尝尚山东旧族。然魏征、房玄龄、李勣等皆乐与之婚，故旧望不减。高宗时，李义府为子求婚不获，恨之，乃奏禁焉。其后转益自贵，七姓虽不敢公然婚媾，而潜相聘娶，莫能制止，甚或女老不嫁，亦不愿与他姓缔婚；于是衰宗落谱者，遂因之每以"禁婚家"自称云。直至唐文宗时，欲以公主下嫁士族，犹为所拒，叹曰："我家二百年天下，反不若崔卢耶？"是其风仍未绝也。③ 然唐既以勋臣外戚为贵，公卿又往往于进士中择婿，而中叶以后，大乱时见，望族谱牒每归散佚，莫由自示其世；故至五代而后，"取士不论家世，婚姻不问阀阅"，自为必然之势。士庶之阶级既由是而告终，此种内婚制亦随之而废矣。

---

① 参照赵翼《陔馀丛考》；及《魏书·崔武传》。
② 见《北齐书·陈元康传》及《孙搴传》。
③ 见《唐书·高俭传》及《杜羔传》。

第二章　婚姻人数

自婚姻当事人之数目而言，可分为多夫多妻制、一夫一妻制、一夫多妻制及一妻多夫制四种。此在中国，以历史之悠远，地域之扩阔，族源之复杂，皆可得其例证，惟其中有原则与例外之分别而已。多夫多妻制即群婚制，是否为人类婚姻较早之渊源，抑仅为多妻制与多夫制之混合，当让诸社会学家解决，而就中国言，则似乎先有群婚时代之经过，始演变而有他种婚制。① 其中自周以来，无论礼也、法也，于原则上皆系采取一夫一妻制，虽有媵妾，非即为妻，故愚向称其为多妾制中之一夫一妻制。② 顾既为一夫多妾制，且双娶之例，虽后世犹恒见之，则于事实上殊亦不能谓与一夫多妻制即绝缘也。至于一妻多夫制之发现，诚为至鲜，然事实之相近者仍偶见之，其在边族存有此俗者更无论矣。

---

① 莫尔干等谓由乱婚制进而为血族群婚制，再进而为亚血族群婚制，而混合婚制，而一时的配偶制，而一夫多妻制等；味斯忒马克等谓群婚非原始之婚姻状态，乃多夫制等之变则，参照旧译《婚姻进化史》，第一七三页、第一八七至一八九页；李达，《现代社会学》，第六〇至六五页；郭沫若，《中国古代社会研究》，第三页；及岑译《婚姻》，第五六至五九页。

② 参照陈顾远，《中国古代婚姻史》，第五五页。

一 多夫多妻制之推测

群婚之事实果系发生甚早,其始也必为防止不同辈行者间之交合而然,于是惟近支之兄弟姊妹得营其性生活,是曰血族群婚制;由此更进一步,禁止近支之兄弟姊妹共相婚姻,而限于远系之一群姊妹与另一远系之一群兄弟结婚,是曰亚血族群婚制。故在严格之用语上,群婚为名固与乱婚有别,第由其群内各个男女观之,仍未脱离所谓乱婚之状态。中国往时学者虽承认原始乱婚之事实,然视为伏羲制嫁娶以后,即绝其迹;且群婚为母系社会中之婚姻制度,先儒掩蔽母系社会之迹务欲其尽,遂亦否认群婚制之存在阶段也。不过古代各种史实与传说,所与吾人之暗示,殊充分显露中国于周以前,曾经过群婚之时代焉。择要论之。

(甲)与群婚有关之礼俗 礼俗之成非自偶然,后代虽有更张,或另立其义,终莫能尽去前代事实之迹,群婚制之遗痕不难于周世礼俗中觅得之,亦犹是也。

一曰,婚姻之重辈行也:群婚制系在一定界限内,同辈行之男皆其女之夫,同辈行之女皆其男之妻;其所生之子女则兄弟姊妹也。① 此于《礼记·大传》之文,不难得其痕迹:

"……异姓主名治际会,名著而男女有别;其夫属乎父道者,妻皆母道也;其夫属乎子道者,妻皆妇道也,谓弟之妻'妇'

---

① 参照〔英〕甄克思,《社会通诠》,严复译,第一〇页。

者,是嫂亦可谓之'母'乎？名者人治之大者也,可无慎乎！"

夫于男女之别而所注意者,仅为辈行,则实含有群婚之余味也；其谓弟之妻曰妇者,始为离开群婚暗示之言耳。此外,如《礼运》曰,"合男女,颁爵位,必当年德",亦仅以谨于其年为合男女之条件,是又隐然有同辈行之意也。辈行不合而相淫,曰烝、曰报,故《礼记》为父子聚麀之戒,诗人为新台有泚之刺,视为乱人伦之甚者；辈行相合则仅曰淫、曰通而已！① 何以谨其辈行如此？此或因周以前曾经过重视辈行之群婚制,始然也。

一曰,夫妇之有其别也：往时学者既屡以"男女有别"为婚姻目的,复以"夫妇有别"为人伦大道,有如《孟子》所云：

"圣人有忧之,使契为司徒,教以人伦：父子有亲,君臣有义,夫妇有别,长幼有序,朋友有信。"(《滕文公》上)

自非全然重复之辞,初或各有所指："男女有别"当系对辈行不合之乱婚而发,俾男女之尊卑异等各依礼限,故《大传》云"名著而男女有别"。"夫妇有别"当系对辈行相合之群婚而发,俾夫有确定之妇,妇有确定之夫,遂谓弟之妻为妇,谓兄之妻为嫂矣。此两种用语之混同,并泛指男女一切之隔离,或系后起之义也。至于"长幼有序"一语,往时学者每与父子有亲、夫妇有别一类语句连用之,愚并疑其为创自划分群婚而为个别婚之际所用者；盖在群婚制中,同

---

① 见吕诚之,《中国婚姻制度小史》,第二至五页。

辈行之兄弟姊妹间，各有长幼顺序，即以之为夫妇之别耳。

一曰，嫂叔之远隔离也：礼法中言及男女有别，每特别重视兄弟之妻之隔离，而以嫂叔云云为其用语之代表，即，言嫂叔之际，兄与弟妻之关系亦往往可推及之。如谓"嫂叔不通问"，"嫂不抚叔，叔不抚嫂"，"嫂叔之无服也，盖推而远之也"，①皆以远别为言，其极力避免群婚制中男女无别之嫌，昭然若揭。故《礼记·檀弓疏》引何平叔云：

"夫男女相为服，不有骨肉之亲，则有尊卑之异也；嫂叔亲非骨肉，不异尊卑，恐有混交之失，推使无服也。"

顾炎武在其《日知录》中亦谓"夫外亲之同爨犹服，而独兄弟之妻不为制服者，以其分亲而年相亚，故圣人嫌之，嫌之故远之，而大为之坊"。黄汝成并注曰，"《传》曰，'其夫属乎父道者，妻皆母道也，其夫属乎子道者，妻皆妇道也'，言外见昆弟之妻非母非妇，其近乎妻道矣！"无一不窨为防再蹈群婚之辙而设说也。但既以"嫂"尊称其兄之妻，②虽不制服，情终不可阙，于是惟有为位而哭之耳。③ 后世去群婚时代已远，嫂叔无服自觉不妥，此唐太宗之所以为疑，而魏征议礼，遂定以小功五月之服。④ 倘古昔无群婚之经过，吾恐先儒

---

① 语见《礼记·曲礼》《杂记·下》及《檀弓》上。
② 《仪礼·丧服》郑《注》："谓弟之妻为妇者，卑远之，故谓之妇；嫂者尊严之称，……嫂犹叟也，叟、老人称也。是谓序男女之别尔。"
③ 《礼记·奔丧》"无服而为位者唯嫂叔"；又《檀弓》"子思之哭嫂也为位"。
④ 见《旧唐书·礼仪志》。

早于制服之初为有服之制定矣。

(乙)与群婚有关之称谓 在各种称谓方面,含有群婚制之遗迹,似亦不少,此可于下列诸端,一证愚之所言。

一曰,诸父与诸母之称谓也:在群婚制中,为同辈行之男女结合,只有横的世代,而无纵的家世,故祖父母为一列,父母为一列,子女为一列。① 于是自男女而言,则为多夫多妻,自子女而言,则为多父多母,除殷代地下材料得充分证明此事,将另述之外,其在周时,亦有诸父诸母之称,如《诗·小雅》"言旋言归,复我诸父","既有肥羜,以速诸父"即是。此诸父云云,系伯叔之通称,包括所谓世父叔父在内,或沿群婚之旧而云然耳。诸母之称,如《礼记》"诸母不漱裳"是。此虽解为父之诸妾有子者,而与群婚旧习之称,似亦不无相关。

一曰,兄弟与亚婿之称谓也:在昔以"兄弟"称谓兼示婚姻嫁娶或统称戚属,似非偶然出此,当与群婚中重视兄弟辈行有关也。②以兄弟称婚姻嫁娶者,如《周礼·地官·大司徒》之"联兄弟",《礼记·曾子问》之"不得嗣为兄弟",《公羊传》之"其言来逆妇何,兄弟辞也"皆然;而宋鲁之间名结婚姻为兄弟,更见于《公羊注》也。以兄弟统称戚属者,如《尔雅·释亲》之"妇之党为婚兄弟,婿之党为姻兄弟",《仪礼·士冠礼》之"兄弟毕袗玄"③皆然。何故必以兄弟称?据孔颖达《曾子问》疏,谓

---

① 参照李达,《现代社会学》,第六二至六三页。
② 参照《中国古代社会研究》第三页所引莫尔干之言。
③ 《注》"兄弟,主人亲戚也。"

"夫妇有兄弟之义；或据婿于妻之父母有缌服，故谓之兄弟。"

以缌服关系称婚姻为兄弟，当系后起之义，夫妇有兄弟之义，暗与群婚制相合，其或然乎!？至于"两婿相谓为亚"，见于《尔雅》，《诗·小雅》并有"琐琐姻亚"之语，当系僚婿友婿连衿等之古称。称以"亚"者，据刘熙《释名》云，"言每一人取姊，一人取妹，相亚次也"，此或于群婚制废除之初，从长幼有序中，维持夫妇有别之新规，遂以亚次为言耳。

一曰，娣姒之称谓也：娣姒称谓，或依《尔雅》"长妇谓稚妇为娣妇，娣妇谓长妇为姒妇"，以为系据夫年之长幼而定，则与后世，兄弟之妻相呼曰妯娌同义，自与群婚制之遗迹无关。然依《左》成十一年载鲁宣夫人穆姜，以宣公弟叔肸之妻不聘，曰，"吾不以妾为姒"；又昭二十八年载叔向之嫂，以弟妇生子，走谒诸姑，曰，"长叔姒生男"；反之，《公羊》庄十九年云，"娣者何？弟也"；并未就夫之长幼为娣姒之称，可知此乃依自身年龄之大小而计，或在群婚时代已然，一若兄弟方面有大兄、兄之称谓，后世即沿其习而用之焉。然既有姊妹之名，何必又为娣姒之称？斯或娣姒为称先于姊妹，或姊妹在婚姻关系中称以娣姒，皆有可能。然依《尔雅》及《左》昭十一年疏，女子俱嫁事一夫，谓先生为姒，后生为娣；与夫《易·归妹》及《公羊》庄十九年传，妹之从嫁者即称曰娣，则后项推测或更近也。

（丙）与群婚有关之故事 就事实而寻群婚制之痕迹，今人郭沫若于其《中国古代社会研究》中富有此种搜求，[①]而殷世之经过

---

① 见原书第一〇、第四三、第一〇七、第一一二、第二六一至二六七各页。

群婚制,在地下所得之材料上,更显著也。

一曰,舜象故事中之有群婚制也:关于尧降二女于妫汭,嫔于虞一类之故事,见诸各书,①其故事当必有据,而非完全属于假设可知。《孟子·万章》并载"父母使舜完廪,捐阶,瞽瞍焚廪;使浚井,出,从而掩之。象曰,'谟盖都君,咸我绩。牛羊,父母;仓廪,父母;干戈,朕;琴,朕;二嫂,使治朕栖!'象往入舜宫,舜在床,琴。象曰,'郁陶思君尔!'忸怩。"郭沫若谓依其文字似为未遂犯然,实则兄弟共妻娥皇女英之事,已经后人修改而隐蔽矣。并举《楚辞·天问篇》"眩弟并淫,危害厥兄"云云,谓其亦为舜象群婚之一证也。依愚观之,尧果有厘降二女之事,则试舜也,何必二女?斯不能谓非群婚之习惯而即然也。虽曰,依《世本》所载,尧女于舜之曾祖为四从姊妹,似与重辈行之群婚相反,然《世本》仅一家之言,古人已谓其未可据信,②自不能以之为疑。且群婚制之重辈行,不过在血族或相近血亲中视之惟谨,若同族之远支,非若后世宗法社会有谱可按,即不能绝对依其世系而求辈行之同焉。

一曰,殷世故事中之有群婚制也:殷世有群婚制,于其卜辞,及保定南乡出土之勾力诸语,即可知也。③就祖妣一列而言,或直称众祖,或祖妣同样称名而无后世伯叔之别,即有加以区别者,亦只以数字示其次第而已。如"众祖丁","祖辛一牛,祖甲一牛,祖丁一

---

① 参照《尚书·尧典》《孟子·万章》《楚辞·天问》《史记·五帝本纪》;及刘向,《列女传》等书。
② 见《尚书·尧典·疏》。
③ 详见罗振玉,《殷虚书契考释》;王国维,《观堂集林》;陶希圣,《婚姻与家族》,第一四至一七页;及《中国古代社会研究》,第二六七至二七〇页。

牛";"大祖曰己,祖曰丁,祖曰乙……";以及妣甲、妣乙之类皆是。就父母一列而言,有泛称诸父者,有列举诸父之名者,母亦如之;并有以长幼分别指示者。如"贞帝多父";"贞之父庚,贞之于父辛";"大父曰癸,大父曰癸,仲父曰癸,父曰癸,父曰辛……"皆是。依多父多母之现象观之,即不能谓与群婚无关,盖祖妣一列者皆为祖妣,父母一列者皆为父母,仅或有"大""仲"之别而已!因而同辈年长者,始有"兄"之称,如"大兄曰乙,兄曰戊,兄曰壬……"是也。故殷世父子之特殊关系不明,而兄弟之辈行可数,其继承多为兄终弟及,似尚不仅以男子连翩来嫁为唯一原因耳。且殷之祖先,王国维曾证明系《山海经》之帝俊,帝俊即帝喾,即卜辞中之高祖夋;郭沫若更谓帝舜亦即帝喾等之化名,象即有扈氏,其言果确,则群婚制或为殷一部族之特有亦未可知。不过郭沫若既断定殷周同祖,遂疑及"太姒嗣徽音,则百斯男",及文王十三生伯邑考之不可能,谓其多子亦或为群婚所致;然愚则未敢视为定论,因殷周纵曰同祖,两部族之文化根本有异,其制度自难相同故也。此种群婚事实,后世绝少其例,盖夫妇有别之原则成立,姊妹妯娌之事固有,①而以一群姊妹与一群兄弟共婚,自不可能也。

二 一夫一妻制之承认

一夫一妻制之前身为临时之偶婚制,此无问题。惟偶婚制由

---

① 晋孟昶与弟凯,各娶周氏从姊妹,见《晋书·列女传》;又,崔憨与其从弟俊各娶卢氏姊妹,同日成婚,见《合璧事类》。

何而生,社会学家为说不一,或曰,在群婚期间,有时恒发生正夫正妻之关系,即男择一女为正妻,以其余女为副妻,女择一男为正夫,以其余男为副夫,是已具有对偶婚姻之倾向;殆群婚生活不可能,而母系社会之偶婚制成矣。① 或曰,原始社会以随意的一夫多妻制为原则,其中亦有正妻副妻之关系,降而始有大妇侍妾之分,并因种种关系,遂"不得不一夫一妻制"矣。② 或又曰,原始时代即为偶合的一夫一妻制也。③ 但在中国,关于群婚之经过既难绝对否认,则偶婚制之成立,必在群婚制衰落以后,可以断言。惟群婚状态中,有时有正妻正夫之关系存在,则在事实上遇仅存正夫或正妻之时际,亦即一夫多妻制或一妻多夫制之发现。故中国于礼法上所承认之一夫一妻制,为其起源之偶婚,是否直接为群婚制所演变,抑或经过多妻制而始如此,实成问题。不过依关于多妻制传说之古,与以后在事实上,多妻之状态仍存,则由群婚而多妻而偶婚而一妻,或为其演变之真迹,亦未可知。此种一夫一妻制之在中国,由周迄于清末,数千年中,仅在礼法上予以承认,若夫按其实际,固未脱离一夫多妻制之范围也。

(甲)礼制上之一夫一妻制　在宗法社会中,一方面为胤嗣之续可以多娶,一方面重嫡庶之别,不得多"妻"。周之兴也,以此为制,儒家起而又极力渲染之。于是事实上虽一人而广妻妾之奉,为一夫多妻之状态,第所谓嫡妻,所谓正室,依原则而论,仍只许有

---

① 参照《现代社会学》,第六五页。
② 参照《婚姻进化史》,第一九五至一九八页、第二一七至二一八页及二二九页,陶著《民法亲属》,第三〇至三一页。
③ 参照〔美〕爱尔乌德,《社会学及现代社会问题》,赵作雄译,第九九页。

一，不许有二也。其甚者或更以一夫一妻制为最古所有者，如《盐铁论·散不足篇》云，"古者夫妇之好，一男一女而成家室之道；及后世，士一妾，大夫二，诸侯有侄娣，九女而已！"此盖与耶教《圣经》及欧美十九世纪中叶以前之学说为同调也。兹惟就礼之通则上言之：

一则以阴阳喻夫妇之位：往时学者于典籍中，每以阴阳日月乾坤刚柔一类用语，示夫妇之关系，实充分含有一夫一妻制之承认也。《礼记·祭义》云，"祭日于东，祭月于西，以别内外，以端其位"，方之婚姻正亦如是。故曰：

"大明生于东，月生于西，此阴阳之分，夫妇之位也。"（《礼记·礼器》）

其称众妾为小星者，自非尽如郑玄所谓妾御于君不当夕，见星而往，见星而返之谓；①盖以日月拟夫妇，众妾即不得不拟为小星耳。即以帝王而论，往往宫嫔千百，仍本此论，于原则上为一夫一妻制之维持，如《礼记·昏义》云，"天子之与后，犹日之与月，阴之与阳，相须而后成者也"。是以"天子听男教，后听女顺，天子理阳道，后治阴德，天子听外治，后听内职，教顺成俗，外内和顺，国家治理，此谓之盛德"焉。后世对于此种比拟，依然莫改，试观《前汉书·外戚传》唐颜师古《注》曰，"后亦君也，天曰皇天，地曰后土，故天子之妃以后为称，取象二仪"；即可知矣。他如唐魏征之序《隋书·后妃传》曰，"夫阴阳肇分，乾坤定位，君臣之道斯著，夫妇之义存焉"，亦然。

---

① 见《毛诗·召南·小星》章《注》。

一则以媵妾置敌体之外:《周礼》,"媒氏掌万民之判",判、半也,得耦为合,主合其半,成夫妇也。则一夫一妻之承认,在言外矣。故典籍中,恒以男女婚配之关系,用伉俪妃耦等语表示者,①皆有与夫为敌或对合胖合之意义,而惟以妻是言,所谓媵妾皆除外焉。盖专依夫妇本身之地位论,妻固以夫为"君",但妾又以妻为"女君",则妻者齐也,②正系对媵妾而言其与夫之关系也。在多娶中,仅有一人为妻,则严别妻妾之地位,使不相乱,即所以为一夫一妻制之维持耳。春秋之世似多违此,故"毋以妾为妻",遂为盟会之禁条矣。③ 且中国礼制上之一夫一妻制,有时更指终身不能有二嫡而言,正与古代西俗每人只可终世为一次之婚娶相同。如周代,诸侯虽一娶九女,但依礼不再娶,于法无二嫡,媵只能于嫡死后而摄其事,无论如何不得体君。④ 后世,为例稍宽,妻死,再娶一妻固系通常之举,即扶妾于正位亦多有之。然称继室以"填房"或"接脚夫人",与"元配"之地位仍觉有逊。此在帝王方面尤倾向于此举,或则于合葬方面限制一后附之,或则于祭礼方面限制一后配之,迄于明世犹然。例如明之太庙制有九,皆一帝一后,祧庙同;虽继后生后皆不得入。即宫中奉先殿亦一帝一后,仅嘉靖以后,始有以继后生后入者。是故崇祯帝为祀其母刘氏,依然与其他生继七后,别

---

① 《左》成十一年"已不能庇其伉俪而亡之";《诗·卫风·氓·序》"丧其妃耦";亦有单用妃字者,《曲礼》"天子之妃曰后……";单用匹字者,《尔雅》"匹,合也",故妃耦亦称匹耦;单用耦字者,《左》桓六年"齐大非耦"。

② 《白虎通》云,"妻者齐也,与夫齐体,自天子至于庶人,其义一也"。

③ 参照《公羊》僖五年,《谷梁》僖九年及《孟子·告子章句下》。

④ 参照《左》隐五年《注·疏》。

建一殿为之。① 则在原则上更持以严格的一夫一妻制矣。

一则以多耦为淫乱之本：《易·革卦》象曰，"革、水火相息，二女同居，其志不相得曰革"。《疏》谓"一男一女乃相感应，二女虽复同居，其志终不相得，则变必生矣，所以为革"。此种反对多妻制之理由，正与某部落之妇人论多妻制曰，"吾辈帐幕中，若有二妻同处，必彼此抓面擒发以斗"云云，有同然也。② 故《左》桓十八年谓"并后（妾如后）、匹嫡（庶如嫡）、两政、耦国，乱之本也"。虽后世不乏并后双娶之事例，亦仅例外上如此，非原则也。至于多夫，尤与女子贞顺有违，更反对之。《易·姤卦》云，"姤，女壮，勿用取女；象曰姤、遇也，柔遇刚也，勿用取女，不可与长也"。《疏》谓此卦一柔而遇五刚，故名为姤，施之于人，则是一女而遇五男，为壮至甚，故以勿用取此女戒之；盖淫壮若此，殊不可与之长久也。依其见解，不啻为多夫制之反对矣。夫既对多妻事实有所不满，又对多夫状态有所指责，其承认一夫一妻制之合理也自不待云。

（乙）法制上之一夫一妻制 秦汉以后，用律辅礼，故礼制上所否认之妻妾易位，或尊妾为妻，历代各律每禁止之；其尤著者，则为重婚罪之制定是也。重婚云者，有配偶而于其关系存续期间中，与他人更为婚姻，或同时与二人以上者结婚之谓也。③ 此在今日，不问男子重婚或女子重婚，皆受同一之处罚，然在往昔，则对男子重婚者之处罚恒轻于女子重婚者，故于维持一夫一妻制之目的下，男

---

① 见《彤史拾遗记》，"孝纯皇太后刘氏"条。
② 见岑译《婚姻》，第五四页。
③ 现行《刑法》第二三七条："有配偶而重为婚姻，或同时与二人以上结婚者，处五年以下有期徒刑，其相婚者亦同。"

女地位依然不能平等也。唐以前各律久经散佚,关于重婚罪之如何规定,莫能详考。兹惟就唐以后言之:

一为关于男子方面重婚罪之制定:唐律《户婚》,"诸有妻更娶妻者,徒一年,女家减一等;若欺妄而娶者,徒一年半,女家不坐,各离之"。《疏义》谓依礼,日见于甲,月见于庚,象夫妇之义,一与之齐,中馈斯重,故更娶者合徒一年;若有妻言无,并涉欺妄,合徒一年半。此种更娶之妇,法须离异,则在未离以前,而与男子之内外亲属相犯者,亦不为"妻法"之准用。所谓

"一夫一妻不刊之制,有妻更娶本不成妻,详求理法,止同凡人之坐。"(《唐律疏义》)

是也。宋《刑统》之规定与唐同。元、依《元史·刑法志》载,"诸有妻妾,复娶妻妾者笞四十七,离之",处罚较唐宋为轻,然有妾更娶妾者复同其罪,又所异也。明清律《婚姻篇》"若有妻更娶妻者,亦杖九十,离异",亦轻于唐宋,盖由徒一年减为杖九十耳。且在清时,兼祧双娶,更不以之为罪也。民国成立,前大理院并有从宽之判例,如上字第一一六七号判例谓"若在许婚当时,实已明白通知已有妻室,则其后娶之妻,在法律上仅为妾之身分,即不得谓为欺饰而遽令离异"是;盖有妻娶妾,有妾娶妻,在近年以前,妾制依然如故,遂视为不归于重婚罪之范围云。①

一为关于女子方面重婚罪之制定:唐律《户婚》,"诸和娶人妻,

---

① 见最高法院十七年七月解字第一〇九号解释。

及嫁之者，各徒二年，妾减二等，各离之"；"妻妾擅去者徒二年，因而改嫁者加二等"；此与女子方面之重婚罪有关，加二等即为徒三年；盖含有背夫之责，故其刑更较有妻更娶仅徒一年为重也。五代沿用唐律，但周世宗时更加重之，妻擅去者徒三年，因而改嫁者流三千里，父母主婚者独坐父母；娶者如知情，则与同罪，娶而后知，减一等，并离之。① 宋《刑统》与唐律同。元，依《元史·刑法志》载，"诸有女纳婿，复逐婿纳他人为婿者，杖六十七，后婿同其罪，女归前夫，聘财没官"，亦有关于女子方面之重婚罪也。明清律"若妻背夫在逃者，杖一百，从夫价卖，因而改嫁者绞"，则由唐之徒三年，而周之流三千里，至是遂增至绞；与男子方面重婚罪之递减刑度适为相反。至于在赘婚中，逐婿嫁女之重婚罪，明清律同有规定。即，凡逐已入赘之婿，重嫁其女，或再招婿者，杖一百；事由父母专制，除女通同为之者，其女不坐。后婚男家知而娶或后赘者同罪，其女断付前夫，出而完聚。民国成立后，其所援用清末之《新刑律》，其第二九一条始将男女双方之重婚罪为同等规定，"凡有配偶而重为婚姻者，处四等以下有期徒刑，或拘役，其知为有配偶之人，而与为婚姻者亦同"是也。

三　一夫多妻制之演变

一夫多妻制是否在原始社会中即已发达，抑或自社会财富形

---

① 参照宋《刑统》第十四卷所引周显德五年七月七日敕条。

成以后,始有其事,社会学家见解不一。① 然就中国而论,古既经过群婚之阶段,则学者每称中国最古盛行一夫多妻制,②或不免与多夫多妻制有其混同,《尸子》所谓"尧闻舜贤,征之草茅中,妻之以媓,媵之以英",即其近似之例。不过依前所述,一夫多妻制究系由群婚制蜕变而出③且在掠婚卖婚形式中似更发展;反之,一夫一妻制之确定,则又与后起之聘娶婚形式有其密切关系;故就大体而论,一夫多妻制虽次于群婚,但较一夫一妻制之发达,当在其先。迨一夫一妻制之原则为礼法所承认后,多妻事实遂一变而为媵妾等等之存在。愚固不能谓此与卖淫等事为缓和一夫一妻制之苦闷,并为两制之中间连锁,如某派社会学家所论者;第中国数千年来之一夫一妻制究不过在原则上如此,而在实际上一夫多妻制仅变其形态,仍与之并存焉。

(甲)双娶及二嫡 此为一夫多妻制之正型,其起源当早于媵妾之制,盖群婚中,男子方面在事实上仅存一人,则变为一夫多妻制,迨掠夺买卖之婚俗成,当更发达矣。往时学者谓黄帝以嫘祖为正妃;帝喾帝尧共立四妃,其一为正妃;舜不告而娶,不立正妃,仅三次妃,谓之三夫人,或曰,长妃娥皇,次妃女英,次妃癸比

---

① 参照《婚姻》,第五二至五四页;《社会学及现代社会问题》,第一一七至一二二页;《男女关系之进化》,第一三八页;《婚姻进化史》,第一五页;及《中国婚姻法论》,第一八页注九。

② 刘师培曰:"上古婚礼未备,以女子为一国所共有,故民知母不知父,……其始也盛行一妻多夫制,及男权日倡,使女子终身事一夫,故一妻多夫之制革,而一夫多妻之制,仍属盛行。"

③ 学者或称在一妻多夫制中,或一夫多妻制中,多纳一妻或多纳一夫,即变为群婚制;此固事实所有,然其本意在否认群婚为原始之制,愚未采此说。

云云；①依愚所见，实与群婚制之背景暗合，黄帝、帝喾、尧、舜之称，或即所谓正夫也欤！？然如实际上只有正夫之存在，并无兄弟可作副夫，则一夫多妻之状态见焉。今人谓最古即以帝主之贵，匹耦多妃，依此为论，亦未可绝对否认之也。周兴以后，群婚制完全消灭；由其演变而来之一夫多妻制，虽在礼制否认"并后""匹嫡"之原则下，仍时隐时显，直至今世始见革除。何以言之？

其一，春秋时之多娶：晋献娶于贾，烝于齐姜（收继为婚），又娶二女于戎，复得骊姬，且有其娣，此并非仅以升骊姬为元妃，即以为妻，其他盖视为媵妾也。齐桓除内嬖如夫人者六人外，并有三夫人，王姬、徐嬴、蔡姬是也。郑文夫人芈氏姜氏劳楚子于柯泽，既皆以夫人称，则必为匹嫡也。晋文初奔狄，狄人纳季隗；适齐，齐桓公妻之；入秦，秦伯纳五女，怀嬴与焉；后虽班其次序，偪姞第二，季隗第三，杜祁第四，怀嬴第九，当亦元妃次妃之类也。陈哀公元妃郑姬生悼太子偃师，二妃生公子留，下妃生公子胜，皆以妃称，亦仅为正妻副妻之别也。② 他如太叔疾之一宫二妻，管仲之三归皆然。③ 凡此各例，言礼者皆归于春秋淫乱所致，并对"三归"文句另有解释，似不足援而说明婚制。然多妻淫佚，纵非婚姻之正，而此制度仍继存于社会事实中，终亦莫可否认也。降至战国，《战国策》所载"楚人有两妻者"，愚昔以在多妾制下，绝不容有两妻平等之存在，

---

① 见《史记·五帝本纪》，《礼记·檀弓》郑《注》及《正义》所引晋皇甫谧《帝王世纪》语。

② 所列各例，见《左传》庄二十八年，僖十七年、二十二年及二十三年，文六年，昭八年。

③ 见《左》哀十一年及《论语》"管氏有三归"包《注》。

而认为两妻或系"一妻一妾"之误,①不过当时系依据礼制之原则而论,故云。若夫按其实际,反足证明春秋时之两妻事实且延续于战国时也。即在两汉之世,多妻事实不甚通行,然仍沿用"傍妻""小妻"名称,以指妾辈;《魏志》中且有"小妻"之谓,②则其由来远矣。

其一,魏晋间之二嫡:郑子群先娶陈氏女,经吕布乱,不知存亡,又娶徐氏女,而陈氏还,遂二妻并存。王毖先娶妻息,入魏,与乡隔绝,又娶,生子昌,亦为双娶事实。吴国朱某娶妻陈氏,入晋,晋又赐之以妻,各生子,及其终也,二子交相为服,世以为贤。陈诜先娶李氏,为贼掳去,后娶严氏而李氏遇救还,诜籍注领二妻。此皆因故而遇双娶之事,尚非出自本意。若夫程谅之立二嫡,温峤之娶王氏、何氏,朝廷并赠二人以夫人印绶,又皆公然视二嫡之为正也。③其实君主之承认二嫡为制,尚不仅温峤一例,晋武帝之听贾充置左右夫人,实开其端;而北齐时,以刘芳孙女,崔肇师女,夫家坐事,并赐魏收为妻,时人比之贾充置左右夫人,又其续也。④

其一,北周后之并后:三国时,孙皓宫中,佩皇后印绶者甚多,尚非即以后称也。春秋以降,并后之事,除北齐后主外以北周为著。当时五皇后并立,曰天元大皇后、天大皇后、天左大皇后、天右大皇后、天中大皇后是也。⑤唐,无并后之事,但在五代方面,后唐

---

① 见《中国古代婚姻史》,第六一页。
② 《汉书》"王禁好酒色,多取傍妻";《后汉书》"依托人为下妻,欲去者听之";《魏志》"郭皇后姊子孟武,还乡里,求小妻,后止之"。
③ 以上各例,见《晋书·礼志》。
④ 见《世说新语·贤媛篇》及《北齐书·魏收传》。
⑤ 参照《北史·后妃传》,"宣皇后杨氏"条。

之太祖,则有刘曹两妃,为晋王时,各被封为夫人;庄宗正室曰卫国夫人韩氏,其次燕国夫人伊氏,其次魏国夫人刘氏:既皆以妃及夫人称,即非绝对之妻妾关系可知,故庄宗即位后,得尊生母为皇太后,而以嫡母为皇太妃,并册魏国夫人为后也。① 元,其始即采并后之制,《新元史·后妃传》载之详矣。明,并后匹嫡亦有数例,一为懿文太子之常吕两氏并册为妃,一为秦王樉之纳王保保妹为妃,又以郑愈女为配,其他又有宪宗时两太后并尊之故事也。② 降至清世,穆宗立后,尊文宗皇后钮祜禄氏为慈安皇太后,其生母皇妃那拉氏为慈禧皇太后,并临朝听政,则又两宫并尊之续也。

其一,清以降之兼祧:清高宗时,以律既禁异姓为后,又必令昭穆伦序相当,结果或竟无后可立,遂定兼祧之法,令一子兼承两房之嗣,此又为世人开一双娶之新径。民国成立以后,习俗仍有"开门立户"之事,即一人借兼祧为名,可娶多女,称曰"平妻"或"平处",亦即所谓"两头大"是。然在法律上则以有妻更娶,既干禁例,兼祧并娶亦显违科条,故兼祧后娶之妻,仍视之为妾。③ 现行《民法》已废宗祧继承之制,《刑法》对重婚罪之规定又详且尽,则兼祧也,双娶也,更无存在余地矣。

(乙)媵嫁及同嫁　媵之为制著于春秋,乃贵族婚姻之特例,盖一国或一姓之女出嫁,在原则上必有同姓之女,随而送往夫家,且处于从嫁地位者是也。故男子虽可一娶数女,而嫡室则一,仍不背一夫一妻制之原则。学者或疑此制为汉儒所附会,或称为春秋之

---

① 见《新五代史·唐家人传》。
② 见《明史·与宗孝康皇帝传》及《后妃传》。
③ 参照前大理院统字第四二八号《解释》及上字第一一六七号《判例》。

僭妄行为，非属通制。①依愚观之，媵制非兴于古，此可断言，但周代即有其事莫可否认，且或由群婚掠婚演变而出也。因在媵制中，除"侄"之随嫁为辈行不同，或系后起之事外，②所谓娣之从也，实即姊妹同时共嫁之性质，惟在群婚制中系嫁于多夫，非嫁于一夫耳。其在掠婚时代，既以掠夺为婚，即不限于一女，娣之行也更属可能，后世帝王之强娶一姓双女，类多如是。至于"以侄娣从"之外，又以他国之女随嫁，称曰正媵，当为周兴以后之制；盖扩大媵嫁之范围，以示天子诸侯婚娶之荣贵，学者谓其"所以正嫡妾，广继嗣，息妒忌，防淫慝，塞祸乱也"。③要之媵制原具有姊妹同时共嫁之性质，其中以一人为嫡，余之身分亦高于诸妾，乃介乎一夫多妻制与一夫多妾制之间，而为礼制上对一夫一妻制之原则，首所保持者。后世，媵制衰而姊妹同时共嫁之事仍时有之。然在女子同嫁中，无论其有无嫡妾之分，或皆为妾，均系指"女子同出，"俱嫁事一夫而言；若夫姊妹之异时续嫁，则为纯粹之顺缘婚，与一夫多妻制无关也。

其一，周代之媵嫁：或云，天子娶后，三国来媵，国三人，并后本国为十二女，此认媵制之行于天子方面者。④或云，天子娶十二女为夏制，依《昏义》则后及姬妾共一百二十一人，实与媵制无关。⑤

---

① 见《中国妇女生活史》，第三五页，及《中国婚姻制度小史》，第三五页。
② 《易归妹》《诗·韩奕》，皆仅言"娣"而不及"侄"，盖其初别无所谓"侄"也；《释名》谓侄，迭也，谓更迭进御也，初或泛指娣等之随嫁者而言耳。
③ 语见《金史·后妃传》，并参照《白虎通·嫁娶篇》云云。
④ 见《公羊》成十年何休《注》及《秋槎杂记》。
⑤ 参照《曲礼疏》。

然媵制既在春秋时通行于诸侯间，天子自难外例，一娶十二女，或得其正，而广娶多女，增益其数，亦事之可能者，惟不必如《昏义》与《周礼》所言之确耳。诸侯方面之适用媵制，并无争论。《公羊》庄十九年，"媵者何？诸侯娶一国，则二国往媵之，以侄娣从。……诸侯壹娶九女，诸侯不再娶"；而《左》成八年、九年，亦有卫人晋人来媵共姬，礼也；凡诸侯嫁女，同姓媵之，异姓则否云云，皆其明证。卿大夫方面因依礼不能外其国而娶，且地位逊于天子诸侯，只有侄娣随嫁，即名曰媵，别无他国来媵之例。①《丧服大记》谓"大夫抚室老，抚侄娣"，《左》襄二十三年谓"臧宣叔娶于铸，生贾及为而死，继室以其侄"，可知也。士之方面，据《白虎通》及《日知录》谓不备侄娣；《曲礼》疏引熊氏云，士有一妻二妾，言长妾者当为娣也，而郑玄亦谓士有侄娣也。愚依《仪礼·士昏礼》"虽无娣，媵先"云云，士当有其"娣"，而所谓"媵"者非必指"侄"。此"媵"字或泛指从嫁而来服劳役者，如后世之伴娘是，故与为婿服劳役之"御"，处处对称。《白虎通》谓士一妻一妾，《曲礼》谓士不名家相长妾，实即娣也。媵制至战国即已无闻，盖原有之贵族阶级既衰，同姓之国存者亦少，而姊妹同嫁或已不视为定则故耳。不过后世既仍有姊妹同时共嫁之例，虽非媵制之续，要与媵制不无相近。至于存媵之名以示他事者更甚伙矣。

其一，后世之同嫁：汉时，赵飞燕与其女弟，俱为婕妤，贵倾后宫，卒皆无子：见《汉书·外戚传》。魏时，文帝践阼后，山阳公奉二女以嫔于魏：见《魏志·甄皇后传》。晋时，刘聪妻刘氏字丽华，谥

---

① 参照《仪礼·士昏礼》，"虽无娣，媵先"《注》《疏》。

武宣皇后；其姊丽芳亦同嫁，谥武德皇后：见《晋书·列女传》。北魏时，为例更伙世祖平统万，纳赫连氏女及二妹，俱为贵人，后立其姊为皇后；文明太皇太后欲家世贵宠，简冯熙二女俱入掖庭，一早卒，一即孝文幽皇后：见《魏书·后妃传》。唐宋为例不显。然五代十国之际，前蜀王建之纳徐耕二女，一为贤妃，一为淑妃；辽、金之朝，辽道宗惠妃萧氏无子，而使其妹与他人离婚，纳宫中；金宣宗王皇后于宣宗为翼王时，先入王邸，及见其姊有姿色，又纳之，即明宣皇后是：则又姊妹之同嫁者也。① 元太祖灭四部塔塔儿，先得也速干皇后，后又因其姊尤美，搜而得之，即也遂皇后；武帝宣慈惠圣皇后之从妹亦嫔武宗，即速哥失里皇后；泰定帝二妃，一曰必罕，一曰速哥答里，皆弘吉剌氏兖王买住罕之女：又其继也。② 依上所述，后世姊妹同嫁，大抵在帝王间如此，且亦非皆然也。此盖利其色姿而强娶者多，不然，即系女方慕其富贵所致。一般之人既无绝大威势，又无特殊富贵可供羡慕，故如以妻妾分等而同嫁之，虽为法所不禁，究少其事。至于后世，除姊妹同嫁外，固亦不无媵女之例，惟所媵者，并非同姓之姊妹，实为异姓之婢，如《唐书》所载李迥秀因其母不乐其妻之胥媵婢，即出其妻云云，是媵婢为制，唐已有也。近世随嫁之婢，于富贵家犹见之，且往往收而为妾，实不失为古代媵制于后世士庶人方面仅存之痕迹耳。

（丙）**贵妾及贱妾** 《释名》云，"妾、接也，以贱见接幸也"；《汇苑》云，"妾者，接也，言得接见君子而不得为伉俪也"。其来源有出

---

① 见《新五代史·前蜀世家》及《辽史·金史·后妃传》。
② 见《新元史·元史·后妃传》。

于犯罪者，有出于购买者，有由于私奔而不备礼者；①其中除奔则为妾，有近于"姘"外，大都与后世婢类无异。然因周创宗法，严嫡庶之别，儒贵正名，为妻妾之判，于是一夫多妻制中之次妃副妻，媵制中之正媵及侄娣，皆一律称其为妾，则在妾之来源上，又有聘而为妾及媵而为妾者矣。贵妾之称，盖即指此，其贱者或以侍妾称之，后世掖庭之宫女，民间之婢，在名分上降于妃嫔及妾一等，当与古之贱妾同也。至于宫伎家伎之蓄养，则又多妻多妾外之另一途径也。

其一，周秦以前之妾制：妾之起源当在掠婚时代，盖掠夺外族之女为妻为媵以外，且或令之为妾，对于女子有罪者亦如之，乃"男为人臣，女为人妾"之类，实即奴婢而已。甲骨文中已有奴妾等字，《易·鼎卦》"得妾以其子"，或其始也。周兴儒继，以妾泛称嫡以外之侧室、副室、偏房等，妾制遂定，而益复杂。在天子方面，虽有一娶十二女与后宫除后外为一百二十人两说，然后终为一人，余皆贵妾也。《曲礼》云，"天子有后，有夫人，有世妇，有嫔，有妻，有妾"，此妾依郑玄注"妾，贱者"，当在十二女或百二十一人以外，乃贱妾也。《周礼》于女御之下，有女祝、女史等职，皆指女奴而言，而内司服缝人之属，又另有女御二人或八人，亦当于王，广其礼，使无色过，此亦贱妾之类也。② 在诸侯方面，依媵制而论，一娶九女或为原则，蔡邕《独断》所谓"诸侯一娶九女，象九州，一妻八妾"是也。

---

① 参照《说文》"女子有罪者为人妾"，《曲礼》"买妾不知其姓则卜之"，及《内则》"奔则为妾"。

② 参照《周礼·天官冢宰注疏》，卷一。

《曲礼》云,"诸侯有夫人,有世妇,有妻,有妾",《疏》称世妇之数二,妻之数六,与夫人适称九女,而妾贱者不在九女之内;则诸侯所纳者并非以八妾为限可知。观于《诗·泉水》之"诸姬",《头人》之"庶姜",《韩奕》之"诸娣从之,祁祁如云",《敝笱》之"齐子归止,其从如云",愚并疑其数当众多也。其入妾中,依《曲礼》"国君不名卿老世妇",则世妇为尤贵也。至于不遵媵制或变更媵制而广纳姬妾者,为例更多,齐襄公于九妃之外,又有六嫔,《管子·小匡篇》并载其陈妾数千,即系一例。在卿大夫方面,嫡曰孺人,备有侄娣,故《独断》云,"卿大夫一妻二妾";《仪礼·丧服》谓大夫为贵臣贵妾服缌之服,此贵妾云云即侄娣也。且依《白虎通》云,"大夫功成受封,得备八妾者,重国家广继嗣也",则大夫有时可置至八妾矣。降至战国为制益汰,故孟子曰,"食前方丈,侍妾数百人,我得志弗为也"。① 在士之方面,嫡曰妇人,而《曲礼》又有"士不名家相长妾"之语,则《盐铁论·白虎通》及《独断》所谓"士一妻一妾",当系旧制,其贱妾或亦有之。在庶人方面,其室曰妻,仅与妻偶,别无媵妾,故有匹夫匹妇之称,②而《文中子》亦直言曰:"一夫一妇,庶人之职也"。此按诸社会进化公例,贵族恒为多妻制,平民恒为一妻制,尚属暗合。然至战国,贵族往往降为皂隶,庶民往往坐拥厚资,奢侈成俗,纳妾是荣,纵财力薄弱者,亦有所不免;《孟子》所谓齐人有一妻一妾云云,《庄子》所谓阳子之宋,宿于逆旅,逆旅有妾二人

---

① 见《孟子·尽心章句下》。
② 参照《左》桓十年《疏》及《汉书叙传·注》。

云云,韩非子所谓"二卫人有夫妇祷者,而祝曰,'使我无故,得百束布。'其夫曰,'何少也?'对曰,'益是,子将以买妾!'"云云,皆庶人有妾之证也。

其一,后世帝王之妾制:秦并六国,后宫爵列八品,汉承其制,适称皇后,妾皆称夫人,武元又增其级,凡十四等,非仅设职之名,亦贵妾之类也。其外有"家人子",有"待诏掖庭",皆处于后备军之地位,谓其为古之贱妾也可,谓其为侍婢也可。在武帝以前,宫人尚少,武帝多取好女增至数千,虽各帝屡有出宫人之举,无以救其失也。① 王莽改制,贵妾之属增至百二十人,故说者谓《昏义》后段之文,即系古文家以莽制窜入者,然在汉以后各朝,则据而为内职与设妾之原则矣。光武中兴,制取简略,但至安帝时,宫中侍御动以千计,直至东汉之末,宫女更达数千焉。② 魏继汉兴,初于王后之下,设爵五等,至太和中,增至十二等。晋承魏统,有三夫人、九嫔、美人、才人等。然晋武多内宠,平吴后又纳孙皓宫人数千,掖庭殆将万人,而并宠者甚众;帝莫知所适,常乘羊车恣其所之,于是以选择之失,中原化为左衽矣。③ 南朝,宋、齐取晋制而变更之,梁、陈则或为事实所限,或以朴素自处,后宫嫔嫱,位多不备。④ 北朝,魏道武始立中宫,余妾或称夫人,无定额;太武以后,后庭渐多;孝文改制,依《昏义》于左右昭仪之下,又设三夫人等百二十人之位,

---

① 参照《汉书·外戚传》《贡禹传》,及《西汉会要·内职》与《出宫人》两则。
② 参照《后汉书·后纪》及印觊上安帝书并陈蕃疏。
③ 参照《魏志》卷五;《宋书》及《南史·后妃传》;《晋书·后妃传》;及《唐会要》,卷三,第五七页。
④ 参照《宋书》及《南史·后妃传》。

其余内职多人尤在其外。齐，神武文襄俱未践极，除嫡外，其余侍姬并称娘而已；直至武成新令，恢复百二十人之数，且置才人采女等以为散号，后主既立，二后昭仪以下，皆倍其数。周称中宫者凡有五人，夫人以下略无定数。隋，开皇二年始依古制，省减其数，并置六尚六司六典以司宫政；文献皇后崩后，一切仍复百二十人之数；炀帝妃嫔多陪从宴游，且自制佳名，著之于令，其后宫之盛与晋可拟，唐初两次出宫人六千人，即其证也。① 唐，百二十人之数如故，惟在开元以前，以贵、淑、德、贤四妃当夫人之位；内职设六局二十四司，凡一百九十人，女史五十余人，皆选良家女充之。其他宫人之属，至玄宗以后亦盛，观于肃宗宝应二年放宫人三千人，德宗贞元二十一年出三百人及教坊女妓六百人，宪宗元和八年出二百车，文宗开成三年以早出刘好奴等五百余人，可知其中之教坊女妓当为宫伎，此明皇与贵妃曾统宫伎及小中贵各百余人，大排其风流阵也。② 然则《五代史》所载梁太祖已贵，嫔妾数百，以之视唐，瞠乎后矣！宋、略与唐同，妃之称号并有宸妃等，而仁宗时，淫雨久，台谏即以嫔御太多，宜少裁减为请，则后宫人数当亦不少。辽，妃之称号亦众；金，海陵淫嫕，后宫众多，称妃号者凡十二位；元，以并后著称，然在皇后以外，尚有妃子之称，则其妾也。③ 明，诸妃位号

---

① 参照《魏书·北史·隋书·后妃传》；及《中国妇女生活史》，第八九页。

② 参照《新唐书·明史·后妃传》；《唐会要》，卷三《出宫人》；及王书奴，《中国娼妓史》，第七一页。

③ 参照《宋史·后妃传》《曲洧旧闻》《邵氏闻见录》，及辽金两史《后妃传》《元史·后妃表》。

惟取贤、淑、庄、敬、惠、顺、康、宁、昭之称,下亦有嫔御之属。其中以皇贵妃为最尊,贵妃次之;然如有位号之妃,摄六宫事,则亦称皇,皇宁妃、皇淑妃之类是,在地位上颇与世俗之"大姨太太"相当。① 清,帝妾之贵者亦称妃,如瑜妃、瑾妃、珍妃之类是。至于宫女之盛,明清亦与前代无异。

其一,后世仕庶之妾制:西汉世俗奢侈,靡有厌足,而武帝又娶好女,以填后宫;故使天下承化,娶女皆大过度,诸侯妻妾或至数百人,豪富吏民,蓄歌者至数十人。② 证以《盐铁论》曰:"今诸侯百数,卿大夫十数,中者侍御,富者盈室,是以女或旷怨失时,男或放死无匹",更知其然。东汉稍为限制,皇子封王,正嫡曰妃,娶小夫人不得过四十人。然"妖童美妾,填乎绮室,倡讴伎乐,列乎深堂"之风,虽至魏晋仍盛其事,不过因妇妒之发达,"妓妾"虽广,而正妾或灭于两汉;谢安好声色,每以妓随,但为其妻刘夫人监视终不得立妾,即一例也。③ 是故《魏书·临淮王传》载晋为置妾之令曰,"诸王置妾八人,郡公侯妾六人,官品令第一、第二品有四妾,第三、第四有三妾,第五、第六有二妾,第七、第八有一妾",与其称为限制妾数,无宁称为欲广继嗣,必置正妾如制。北魏将相多尚公主,王侯亦娶后族,故无媵妾,习以为常;临淮王元孝友遂引晋制,请以王公第一品娶八通妻,以备九女称事,二品备七,三品四品备五,五品六品则一妻二妾,限其一周,悉令充数;妻无子而不娶妾,斯则自

---

① 参照《明史·后妃传》;及朱希祖,《再驳明成祖生母为嫔妃说》,答"傅斯年"一段。
② 见《汉书·贡禹传》。
③ 参照《东汉会要》;《后汉书仲长统传》;《中国妇女生活史》,第六七至七〇页。

绝,无以血食祖父,并请科以不孝之罪,离遣其妻云。然"河北鄙于侧出"终自成俗,与南朝同样在妇妒发达之下,尚可"不讳庶孽,丧室之后多以妾媵终家事"为稍异也。① 隋兴于北,独孤皇后更集妇妒之大成,不特文帝不敢置三夫人,防其上逼;且又妒及高颎之妾生男,疑及太子之妾杀嫡,与夫诸王及朝士有妾孕者,必劝上斥之。是诚妾制之厄运,乃一大快事也!唐律关于妻妾身分之规定甚多,但未闻妾数之如何限制。在五品以上有贵妾,称之曰媵,以下迄于庶人,则仅有妾。妾之下尚有婢之一级,若婢有子及经放为良者,听为妾,此与魏、晋、南北朝对于家妓有子者,往往注籍为妾,颇相类似。宋律同然。惟依郑氏太和等之家范所云,"子孙有妻子者,不得更置侧室,以乱上下之分,若年四十无子者许置一人……",则在社会上并不以置妾为当然也。金,海陵淫乱,推己及人,于天德二年命庶官得求次室二人,百姓亦许置妾。元,纳妾似有定数,故有妾而再娶妾者,笞四十七,离之。明,于律中限制纳妾甚严,除亲王得一次置妾十人外,世子郡王额妾四人,二十五岁嫡无出,始许选二人,三十岁,嫡妾皆无出,方许娶足四妾;长子及各将军额妾三人,各中尉额妾二人,三十岁嫡无出,始许选一人,三十五岁,嫡妾皆无出,方许各足其数;故嫡室于年限内有子,则不得置妾也。庶人于年四十以上无子者,许选娶一妾,违而娶者笞四十。② 降而至清,又趋于放任主义,不特士大夫纳妾漫无标准,即富民豪商亦恒置妾多人。民国成立,《暂行新刑律补充条例》既于其第十二条明

---

① 见《颜氏家训·后娶篇》。
② 参照《明律·各例附例》。

文承认妾之存在，前大理院及数年前最高法院亦承认妾为家属之一员；①惟在今日，法律已直间接禁止纳妾矣。

四 一妻多夫制之偶见

因男权社会之成立甚早，视女子为男子之所有物，故在中国，由群婚制所变化之一夫多妻制，直传于后，且变其形态存于最近，而一妻多夫制则早革除之矣。然此制虽不存在，后世事例与此相近者亦不无有；至于边族以其与诸夏来源之异，或仍存有此制，又当然也。

（甲）关于一妻多夫之奇例　《淮南子·氾道训》云，"昔苍吾绕娶妻而美以让兄……孟卯妻其嫂，有五子焉"，一为孔子时人，一为战国时齐人，此与一妻多夫颇为近似。惟如孟卯之兄若死，始妻其嫂，则属"收继婚"之性质，不得以一妻多夫拟耳。其事颇为后世所非，故《淮南子》以"此所谓忠爱而不可行者"及"有所短"断之。《汉书·地理志》云，"燕地……宾客相过，以妇侍宿"，此亦近于一妻多夫，惟他夫乃临时之过客耳。但在宣帝时，燕代之间，竟有三男共娶一女者，后因争财分子，讼于京师，视为禽兽之行，遂戮三男而以其子还母，对于一妻多夫取缔之严可知。②《宋书·前废帝纪》云，"帝姊山阴公主，淫恣过度。谓帝曰'妾与陛下，虽男女有殊，俱托体先帝，陛下六宫万数，而妾唯驸马一人，事不均平，一何至此！？'帝乃为主置面首左右三十人"；是公然以男可多妻，女亦自可多夫，

---

① 见前大理院上字第九二二号、第一六九一号判例，及民国十七年六月二十七日最高法院复浙江高院函。

② 见《搜神记》，卷六；《棠阴比事》，卷中；及《初学记》，卷一二。

为示均平之道。山阴公主的是"可儿!"降至唐世,武、韦两后男宠甚多,又其续也。唐、宋以后迄于今世之"坐堂招夫"陋俗,虽系于夫死后,即坐其家再招一夫,不能谓系一妻多夫;然其中之"招夫养夫",或"挂帐十年",则与一妻多夫,实相类也。"招夫养夫"云者,夫在不能养家,另招一夫入家之谓;"挂帐十年"云者,贫妇得夫同意,凭媒再赘一夫,为期十年,以聘金归原夫收用之谓。① 他如典妻事例,自元即有,明清更严禁之,亦与一妻多夫为近;②今俗所谓"朴妻"或"搭伙"是也。

(乙)关于一妻多夫之边俗　《周书·异域传》载,"嚈哒国……在于阗之西。……兄弟共娶一妻,夫无兄弟者,其妻戴一角帽,若有兄弟者,依其多少之数,各加帽角焉"。《隋史·西域传》载,"挹怛国,……兄弟同妻,妇人有一夫者冠一角帽,兄弟多者依其数为角"。此在周、隋皆通使中国,知一妻多夫制实现于西部各族也远矣。清赵翼之《檐曝杂记》谓甘省多男少女,往往有兄弟数人合娶一妻者云云,③此当系接近边族,或其余风所致,非通俗也。至于西藏方面之一妻多夫,既为社会学家所称,西部羌戎间之妇人侍客,每为旅行者所记录,是在今日,犹存其俗者也。惟此种一妻多夫制,与中国最古之所经过者,稍有不同。中国最古之一妻多夫,系群婚之变,乃母系社会之事;后世边族之一妻多夫,则呈现于父系社会中,所以致此者,不外女少男多,莫由得妻,或婚娶费财,艰于别娶而已。

---

① 参照张绅,《中国婚姻法综论》,第二六页及第三五页。
② 参照杨鸿烈,《中国法律发达史》,第七四一页;及《中国妇女生活史》,第三〇四至三〇五页。
③ 见《中国妇女生活史》,第三〇四页所引。

第三章　婚姻方法

原始人类之血族婚，无嫁娶事实，有若"槃瓠六男六女，自相夫妇，其后滋蔓，号曰蛮夷"之传说是；①倘必求其婚姻方法所在，不外依自然法则或辈行关系交相配合而已。殆族系扩大，社会进展，一方面发生族内婚之外婚，一方面因武力是尚而通婚于异族；斯嫁娶事实之首为发现，而婚姻方法乃可得而言矣。故婚姻方法云云，实即嫁娶方法之意耳。嫁娶之事实随时代而有变迁，依环境而呈异态，于是其方法亦难限于一种。中国数千年来，虽以聘娶之方法为原则，礼法所维持所保障者即此，然发生于其先者，尚有种种，后世且或有此种种方法之反顾，是曰早期型之嫁娶方法。与聘娶之方法同时存在，或较后成立者，亦有种种。而数种方法结为一起者更时有之，是曰后期型之嫁娶方法。其与一般之嫁娶方法全异者，以及或为奇俗陋习非可作为准则者，愚并拟附及之，是曰特殊型之嫁娶方法。依此为论，似可备其要也。

---

① 见《后汉书·南蛮传》。

一　早期型之嫁娶方法

早期型之嫁娶方法，以掠夺婚开其端，[①]以有偿婚继其后。盖行使掠夺，不免时含危险，即一次成功后，仍有被报复或夺回之危险，究非唯一而和平的得妻之道；于是为补救此种缺陷，遂以种种有偿方法，将各别之部落成为和平之联姻。在此种有偿婚中，其得妻也，或以己方女子为换，或以男子劳役是偿，或以货物金钱作价，又各有其方法。中国，次于掠夺婚而于有偿婚方面证据最显者，为依购买方法之买卖婚是。他如依互换方法之交换婚，依服役方法之服役婚，其证据虽不如掠夺婚、买卖婚之昭著，然视其为早期型之嫁娶方法，则一，盖亦有可供吾人推测之点在也。[②]此各种方法不惟在古代依之为用，即在后世之事实上，又往往有其回顾或可比拟者。至于边族开化较迟，其初俗之直接用此各种方法者，更无论矣。

（甲）**掠夺婚之始末**　掠夺婚者，男子以掠夺方法取女子为妻妾，而未得该子女及其亲属同意之谓也。此为嫁娶事实中首先所用之方法，然其变也，除与聘娶方法混合之"抢亲"，另自成一形式

[①]　愚在《中国古代婚姻史》中，曾主张中国最古之婚姻方法为购买，非掠夺，然掠夺婚既见于各幼稚民族之习俗。纵非正当之结婚方法，要在买卖婚以前，或亦有此方法之过渡，故于此舍旧见焉。

[②]　社会学家有主张买卖婚系由交换婚、服役婚演变而来者，亦有主张同时发生，甚谓服役婚为救济买卖婚之穷而然者；在实例上亦各互见。本文以"交换婚""服役婚"列于"买卖婚"之后者，系就其性质之轻重为准，未含有时代先后之观念也。因中国最初如何经过交换婚与服役婚时代，尚无昭著显明之证据耳。

之"选婚"不计外,有以"师"为婚者,有以"夺"为婚者,有以"劫"为婚者,又有以"窃"为婚者。

先就最初之掠婚而言:最初之掠夺婚,存其遗迹于后世婚礼中,泰西学者类多如是主张,①于中国亦可证也。《说文》云,"礼,娶妇以昏时,故曰婚",而娶妇必以昏者,当系古代劫略妇女,必备妇家不备,而以昏时为便,后世沿用其法,遂以昏礼为名,刘师培已早有其说也。②愚又按《礼记·曾子问》,"孔子曰:'嫁女之家三夜不息烛,思相离也;娶妇之家三日不举乐,思嗣亲也'"云云,其来源或亦不无与掠夺婚有关。盖女家三夜不息烛,则因族内女子被夺而思其相离;男家三夜不举乐,则恐女族来犯而隐密之故耳。礼所谓"婚礼不贺",其原意或亦出之于此。③除于婚礼方面得见掠夺婚之遗迹外,《易·屯卦》《贲卦》及《睽卦》中,屡见

"匪寇婚媾"

之语,则以寇婚同称,当为掠夺婚之表示也无疑,故梁启超曰:"夫寇与婚媾,截然二事,何至相混?得无古代婚媾所取之手段,与寇无大异耶?"④殷之世虽大部分处于母系社会中,母妣不来自异族,然与父系社会既存有交替期间,如前所述,由异族掠夺女子而独占

---

① 参照《社会通诠》,宗法社会中嫁娶之礼;《男女关系之进化》,第一〇八页;《婚姻进化史》,第一五五页;及《婚姻》,第二四至二六页。
② 见刘师培,《中国历史教科书》。
③ 《礼记·郊特牲》云,"昏礼不用乐,幽阴之义也,乐、阳气也;昏礼不贺,人之序也"。
④ 见梁著《中国文化史社会组织篇》,第二章。

之,则亦有其事也。① 他如《晋语》引史苏之言曰:"昔夏桀伐有施,有施人以妹喜女焉,……殷辛伐有苏,有苏人以妲己女焉";此种传说,仍与掠夺婚不无相关。不过后世,鉴于掠夺婚非安定而和平的结婚方法,并其事实之经过亦归否认,仅对所谓淫乱之主若桀若纣方面而偶存之,遂致吾人莫能详考耳。观于金在其昭祖之时,尚以掠夺为婚,及入中国后,习于礼仪,遂于世宗时诏禁渤海此俗,犯者竟以奸论,即可知矣。② 然如金昭祖及石鲁与蜀束水人争劫美女罢敌悔,与夫元入主中国前,其烈祖劫篾儿乞部人之妇为妻,篾儿乞部人后又劫太祖之妇相报。③ 则在一社会之早期,恒经过掠夺婚之阶段,实无疑义,正可为中国最初之有掠夺婚之一旁证也。

次就后世之师婚而言:后世于战争中得其妻妾,虽非以掠婚为俗,而专就其方法言,固与掠婚非二致也。不过以师而婚,究为贤者所耻,讨罪纳女,反足构成大罚,遂被认为系行狄道,不以礼法是许。④ 当周之世虽奠定聘娶婚之基,犹有周幽王伐有褒而娶褒姒,晋献公伐骊戎而娶骊姬等事。⑤ 其后,若曹操之破邺,文帝取袁熙妻而去,操曰"今年破贼正为奴";后唐明宗为骑将时,掠平山,得王氏妇母子以归,即宣宪皇后魏氏是,亦师婚也。⑥ 元、太祖时,败乃蛮亦难察汗,获其妻而纳之;降篾儿乞部长,受其女而和之;更其著

---

① 参照本文第一章第三节甲段"关于母系社会之族内婚制"一项。
② 参照《金史欢都传》及《金史世宗纪大定》十七年二月戊辰诏。
③ 参照《新元史·后妃传》。
④ 参照《左》桓六年郑太子忽语,成一年申公巫臣语,及《公羊·谷梁》定四年吴入楚传文。
⑤ 见《国语晋语》及《左》庄二十八年文。
⑥ 见《魏志·甄后传》及《世说新语·惑溺篇》,并《新五代史·唐家人传》。

例。即在明清两世,明宪宗于征蛮胜利中,俘纪氏入掖庭而生孝宗;清高宗定回疆,纳某酋长妻香妃于宫,宠冠一时;又其续也。①至于由汉迄唐之和亲关系中,异族不惜以战争手段而求室于中原者,例更伙焉。

　　再就势家之夺婚而言:此系以一种统治上之势力,吓取他人之妻妾,除直接利用战争或暴力一点外,与掠夺婚之正型无何异也。春秋时,却准聘于鲁,求妇于声伯,声伯夺施氏妇以与之,与夫为子娶妻而自取之,若卫宣楚平之类,皆系其例。② 自汉以后,若孙皓之夺冯纯妻入宫,拜为左夫人;唐玄宗之夺寿王妃杨氏入宫,为寿王更娶韦昭训女;金海陵之以族灭为恐,而使贵哥杀其夫,纳于宫中,以"别有所行"为谕,而使秘书监文出献其妻右哥于掖庭:是皆反常之行为,于礼法上不认为正当也。③ 不过在早期掠婚成俗之际,此种夺婚或兼行之,如《新元史》载,太祖灭四部塔塔儿,先得也速干皇后,因言其姊尤美,新嫁不知落何地,遂搜索而得之,后并斩其故夫云云,不难证明兵力之盛往往巩固势力之基,在古代或亦并用为得妻之手段也欤!

　　更就民间之劫婚而言:此或因徒贪他人妻女之色而然,或因门第之隔不易得妻逼而如此。若春秋时,郑游贩于归晋途中,遭逆妻者而夺之,以馆于邑;南北朝时,高乾求崔氏女不得,其弟昂与往劫之,置女村外,谓兄曰"何不行礼?"于是野合而归;五代时,刘智远

---

① 见《新元史·明史·后妃传》及《辞源·香妃》条。
② 见《左》成十一年,桓十六年及昭十九年传文。
③ 见《三国志·吴志》引《江表传》语及《新唐书·金史·后妃传》。

为军卒,牧马晋阳,劫李氏之女以为室:均系其事。① 此种民间之劫婚,不特为礼教所排斥,抑且为国法所不容,纵专制时代之帝王如何以师为婚,入主中国之异族如何以夺得妻,对于民间劫婚之举,均否定其发生婚姻上之效果。即以元言,依《元史·刑法志》载:"诸收捕叛乱军人掠取生口,……实为贼党妻属者,给公据付之;无公据者,以掠良民之罪罪之",可知其然。清律例对于此事之制裁,尤为严格。如谓强夺良家妇女自为妻妾,或卖与他人为妻妾,或投献势豪之家,或配与子孙弟侄家人者,均绞候,为从流三千里,即其一端。其所视为强夺者,即豪势之人逞凶肆横,将良家妻女不由聘娶,公然用强,抢夺在家,奸占为妻妾,或配于他人之谓耳。②

并就有关之窃婚而言:窃婚系以一种方略而窃取他人之妻女;其在最初,当系掠夺婚之另一温和而省力之手段。依《金史·世宗纪》,谓渤海旧俗,男女婚娶必先"攘""窃"以奔,遂诏禁之,或可间接证明中国在掠夺婚时代,亦系掠与窃之并用也。又依《隋唐·北狄传》,谓契丹婚嫁之法,二家相许,婿辄盗妇将去,然后送牛马为聘;则在买卖婚或聘娶婚中,而必以窃为一种形式者,或其先会有窃婚之经过,始致如此。又依《新唐书·西域传》,谓吐谷浑婚礼富家纳厚聘,贫者窃女去;③则贫而无财物者,不能行购买或纳聘财之方法,或即仍守窃婚故俗以救济之。凡此,皆出自边族旧俗,中

---

① 见《左》襄二十五年传文,《北史·高允传》附《高昂传》及《新五代史·汉家人传》。
② 见清律《注》。
③ 《晋书·四夷传》《周书·异域传》有类同之记载。

国古代是否如此，尚无直接证据也。即在后世，以窃得妻之正例，似亦甚罕。虽《礼记·坊记》有"阳侯犹杀缪侯而窃其夫人"之语，《南史·后妃传》载宋帝密取殷淑仪于后宫，左右宣泄者多死之事，或则强夺而以窃名之，或则意近乎窃而已！唐律《贼盗》篇云，"略人为妻妾者，徒三年"；《疏义》谓"略人者，谓设方略而取之"，亦仅与窃相近耳。宋、元、明、清各律皆承唐旧，对略人为妻妾者有罚，则意近于窃之婚配，仍为法之所不许也。

（乙）买卖婚之前后　买卖婚者，视女子如货品，而以其他财物换取其为妻妾之谓也。此为继掠夺婚而兴之一最主要的方法，聘娶婚即系由其演变而来者；故后世之聘娶婚往往易趋于论财之道，称曰财婚，或"卖婚"，在实质上又不啻一聘娶化之买卖婚耳。除此种情形不计外，后世嫁娶一以买卖为方法者，尚有礼所承认之买妾，法所特许之价卖，与夫律所禁止之略卖、和卖，及折算妻妾偿债等事。

　　先就初期所行之买卖婚而言：买卖婚之实质首必视女子为货物，次必有物品以购买，中国在聘娶婚以前，曾经过买卖婚时代，从此两点即可证也。按古以"妃"字称男子之所配，而"妃"字即取义于"帛匹"；以"帑"字称妻子，而"帑"字乃"金币所藏也"；①其字义或用语之来源，当必与在早已视女子为货物有其相关。又，各家屡称伏羲制嫁娶，以俪皮为礼云云，伏羲虽不必即有其人，若视为畜牧部落之代语，则亦可通。②此时既有畜产，用之以买妇，固可能

---

① 参照金兆梓，《新中华本国史》，上编，第一三一至一三二页。
② 伏羲云者，系取其德伏物，教人取牺牲以供庖厨之意。

也。故刘师培曰：

"俪皮之礼，即买卖妇女之俗也。后世婚姻行纳采、纳吉、问名、纳征、请期、亲迎六礼；纳采、纳吉皆奠雁，而纳征则用玄纁束帛，所以沿买卖妇女之俗也。"（刘著《中国历史教科书》）

则在后世婚礼方面，又有其遗迹矣。说者或以俪皮委禽为示敬意，然仅以敬意解为古代婚姻之成立方法，其理由究觉较逊。① 而《士昏礼》所载之六礼，其五用雁，或表敬意，纳征独不用雁，而用玄纁，天子加以谷圭，殊不能谓与昔日之买卖婚无关。盖征之为言"成也"，纳征即不啻在买卖中，过交财物以示其成；故《春秋传》直称纳征为纳币，而《曲礼》又有"非受币不交不亲"等语，在在皆足证明婚礼中有买卖婚之象征。至于"女子许嫁，缨"；"主人入，亲脱妇之缨"；以缨明其所系，又必于成婚后，由婿亲脱之，更与买卖行为中之标识为近似耳。②

次就买妾略卖之买卖婚而言：买卖婚之行于初期也，并无所谓妻妾之分，殆至周代，始分为聘则为妻，奔或媵或买者为妾；娶妻虽演变而入于聘娶婚之形式，仅留有买卖婚之痕迹，而妾则仍公然买卖之。故《礼记》屡言"买妾不知其姓则卜之"，子硕更欲粥其庶母以葬己母：皆以妾贱，同之于众物可以随时买进并卖出也。③ 汉兴

---

① 参照柳诒徵在东南大学之《中国文化史》讲义。
② 参照《中国古代婚姻史》，第一八至二二页。
③ 见《曲礼》及《坊记》，并参照《檀弓》子柳之母死一段。

以后，废奴婢之市，立卖人之法，①妾之买卖似非所许，而"娶妾仍立婚契"；更见于唐之《户令》，其娶妾重视聘之方法，或与于汉，而续于唐，亦未可知。然在礼法上虽已不许买卖为婚，而事实上不特卖妾之事恒有，且往往略卖人为妻妾，是妻又可以买卖矣。惟历代法律对此皆为严禁：例如北魏律"卖周亲及妾与子妇者流"；唐律，"略卖人……为妻妾者，徒三年"；宋、元、明、清各律大致相同，并依清律之例所示，强夺良人之女卖与他人为妻妾者，更重其刑，而以绞监候处之，至于知情而买者，亦各受相当之罚。②

再就买休卖休之买卖婚而言：在唐律中，虽有"和娶人妻及嫁之者，各徒二年，妾减二等，各离之，即夫自嫁者亦同，仍两离之"云云，但未即言为买卖也。买休卖休乃指本夫直将其妻卖与买休人，系元、明、清律中特别禁止之事，亦可想见此种买卖婚之盛于元以后矣。元对于和奸同谋，以财买休却娶为妻者，各杖九十七，奸妇归其夫。明、清对于用财买休卖休和娶人妻者，本夫本妇及买休人各杖一百，妇人离异归宗；妾减一等。各律皆归其事于奸非或犯奸中，盖即清律辑注所谓"卖休者自弃其妻，既失夫妇之伦；买休者谋娶人妻，亦失婚姻之正，有类故不入《婚姻》律而载于此"，则其取缔之严可知。此外，明、清律《钱债》篇中，对于债权人以借款之额数折算，换取债务人之妻妾子女者，杖一百，强夺者加一等；因而奸占妇女者绞；人口给亲，私债免追。斯虽非买，而以妇女视同财货则

---

① 《汉书·王莽传》，"秦为无道，置奴婢之市，与牛马同阑"；并参照《后汉书·光武纪》，建武七年诏有"以卖人法从事"之语。

② 见《通典》卷一六七引魏律，唐律《贼盗篇》，《元史·刑法志·盗贼》门及明清律《盗贼篇》。

同,因而奸占,处以绞刑,固当然也。

更就依律价卖之买卖婚而言:历代虽不以各种卖婚为然,但元、明、清对于妇人犯奸或有特定事故者,则又特许其夫价卖之,于是他之人等即可公然备价买入其为妻妾焉。依《元史·刑法志》云,凡妇人奸私再犯者,男妇虚执翁奸未成已加翁拷掠而犹虚招者,男妇与奸夫谋诬翁欺奸买休出离者,妻故杀妾子者,以及妻魇魅其夫而会大赦者,皆从其夫价卖。明、清律,和奸刁奸,男女同罪,奸生男女责付奸夫收养,奸妇从夫价卖;买休人与妇人用计逼勒本夫休弃,本夫不坐,妇人以后从夫价卖等等皆然。① 最后一端,更系因不正之卖婚,被罚为依法之价卖矣。

(丙)交换婚之观察　交换婚者,双方父母各以其女交换为子妇,或男子各以其姊妹或女戚属交换为妻之谓;说者并有谓其起源乃直接由掠夺婚而逐渐发展者云。② 然在中国早期中,有无交换婚之发现,尚难确言,惟于各种称谓中,可假定有其遗迹而已！至于后世之两姓世婚,纵非直接为交换婚之续,而在嫁娶方法上究相差无几焉。

先就初期交换婚之遗迹而言:经籍中每以"婚媾"两字连用,③《说文》云,媾、重婚也;段《注》云,重婚者重叠交互为婚也。则媾之为言,似与交换婚不无关系。又《尔雅·释亲》云,"妻之父为外舅,妻之母为外姑,……妇称夫之父曰舅,称夫之母曰姑";或其初亦因

---

① 见《元史·刑法志·奸非、杀伤、大恶》各门及明清律《犯奸篇》。
② 参照《婚姻》,第三二页;及《婚姻进化史》,第一五七页。
③ 如《易震卦》"婚媾有言",《左》昭二十五年"昏媾姻亚"……等等皆是。

在交换婚中,己之姊妹因交换关系,而入于妻之母家,称其夫之父母为舅为姑,于己遂有外舅外姑之称矣。

次就后世交换婚之类例而言:西周姬、姜两姓世为婚姻,说者谓即起于交换婚。① 但如《左》昭二十八年载,"晋祁胜与邬臧通室",则又各以妻为交换也。降至刘宋,孝武帝之姑嫁王偃,有子藻,女宪源;孝武帝娶宪源为后,藻又尚孝武帝之姊妹行临川长公主,②又一世婚焉。且在当时以迄于唐,因门阀之隔,高门大姓为世婚姻者,更习见也。辽、金、元三朝,世婚之例更著:辽,公主下嫁萧姓,外戚萧姓十居八九。金,娶后尚主,世为婚姻者,皆徒单、唐括、蒲察、拿懒、仆散、纥石烈、乌林答、乌古论诸部部长之家。元,以弘吉剌氏特薛禅父子从战有功,有旨生女为后,生男尚主,世世不绝,故非此族也不居嫡选,非勋臣世族及封国之君,则莫得尚主。③ 直至现代,若如皋等地,称甲娶乙之姊或妹,乙又娶甲之姊或妹,曰交门亲,或换亲,在单纯之形式上,亦与交换婚相类似也。

(丁)服役婚之推测 服役婚者,男子于未结婚前或婚后,须服劳役于妻家若干时日之谓,盖以劳役而代娶妻之交换品或货物也。中国古时有无采用此种方法,固在疑考之中,但边族之有此经过,依史书而可知也。

先就服役婚之遗迹问题而言:此无确证,或可断定中国古代无服役婚之经过。然在昔既有母系社会说者又谓有男子出嫁之

---

① 见陶汇曾,《实用法律丛书》之《民法亲属》,第三三页。
② 见《宋书·后妃传》,"孝武文穆王皇后"条。
③ 参照《辽史·公主表》《金史·后妃传》《元史·后妃公主》两表及《后妃传》。

事则入赘妻家以供劳役而为取妻之代价，在代价婚阶段中或未必无此例也。后世之赘婚颇与此近，其制果系起源甚早，一方面固与母系社会之遗迹有关，一方面或亦与服役婚之经过，有其连系耳。

次就服役婚之旁证问题而言：依《后汉书·乌桓传》载，乌桓嫁娶，则先略女通情，或半岁百日，然后送牛马羊畜以为聘币；婿随妻还家，为妻家仆役，一二年间乃厚遣送女居处，财物一皆为办：此系与自恋买卖各种方法而并用者。依《新唐书·北狄传》载，室韦嫁娶，则男先备女家，三岁而后，分以产，与妻共载，鼓舞而还：此系服役方法于婚前用之者。依宇文懋昭《大金国志》载，金人旧俗，婿与女家相互以"马"及"衣"致敬，婿皆亲迎；既成婚，留于妇家执仆隶役，虽行酒进食，皆躬亲之，三年然后以妇归：此系服役方法于婚后用之者。凡此，皆与现代各幼稚民族之情形相合，用以旁证中国古昔曾亦经过服役婚之阶段，或非空言。惟直接证据尚未能得，斯亦不过推想之言而已！

二　后期型之嫁娶方法

周兴以后，既于礼制上奠定聘娶婚之基础，汉、唐以来，复于法制上保障聘娶婚之程序，故后期型之嫁娶方法，实以聘娶为主。虽男家须以一定之礼物或金钱交付女家，女家受其聘，婚约始行成立，隐然含有买卖婚之遗迹。然其始也，既分为聘而为妻，买而为妾两途，而美其名曰聘，并加以种种唯智的解释；其续也，遇有不经聘娶方法而卖婚者，法律亦大都予以禁止，即不得谓"在保守的中国,至今仍通行买卖婚"也。① 虽有时于聘娶婚中杂入掠夺或买卖之行为,此不过两种方法之结合,仍以聘娶方法为其外壳,亦不得谓其即为掠夺婚或买卖婚也。盖虽非聘娶婚之正则,终不失为聘娶婚之变态也。在聘娶婚极盛时代,婚姻非以男女之爱情为基础,故婚姻双方当时人之意志不显;时在今日,渐改旧观,于是取聘娶婚而代之者又为志愿婚,惟于有意无意之间沿用聘娶婚之要点依然不少。

(甲)纯正的聘娶婚之确定　聘娶婚者,男子以聘之程序而娶,女子因聘之方式而嫁之谓也。所谓聘者,其主要事件,第一须有媒妁之言,故有以媒妁婚名之者;第二须有父母之命,故有以赠与婚拟之者;第三须有聘约,故又有以相约婚称之者。② 往时学者或谓"太昊伏羲氏正姓氏,通媒妁以重万民之丽。丽皮荐之,以严其礼,示合姓之难,拼人情之不渎"。③ 其实乃附托之言,不足为信,盖聘娶婚乃由媒妁致币帛通问,以合二姓之好,而别于纯粹之买卖方法,所谓"聘则为妻"是也。斯兴于周代,殊不可否认者也。再分及之:

一曰,聘娶婚之意义:《礼记·曲礼》云,"男女非有行媒,不相知名;非受币不交不亲,故日月以告君,斋戒以告鬼神,为酒食以召乡党僚友,以厚其别也"。即系以媒妁往来传婚姻之言,纳币而为

---

① 参照德人缪勒利尔在其《婚姻进化史》中所云,见译本第一六三页;国人亦有作此论调者。
② 见《中国妇女生活史》,第二二页;《中国婚姻法论》,第二〇页;及张绅,《中国婚姻法综论》,第九页。
③ 见[宋]罗泌所撰之《路史》。

婚约之形成，告鬼神藉示婚姻为两族之事，则父母之命自亦在其中矣。《诗·齐风·南山篇》云：

"蓺麻如之何？衡从其亩。取妻如之何？必告父母。……析薪如之何？匪斧不克。取妻如之何？匪媒不得。"

斯更特别重视父母之命与妁媒之言也。苟反此种形式，即非其宜，故曰："丈夫生而愿为之有室，女子生而愿为之有家，父母之心，人皆有之；不待父母之命，媒妁之言，钻穴隙相窥，逾墙相从，则父母国人皆贱之"矣。① 于是降至后世，一皆以"古之婚者，皆采德义之门，妙简贞闲之女，先之以媒聘，继之以礼物，集僚友以重其别，亲御轮以崇其敬"，②为嫁娶所用方法之正鹄焉。

一曰，聘娶婚之性质：聘娶婚虽以买卖婚为其渊源，且留有买卖婚之痕迹甚强，然既以"聘"与"买"分，并依"礼"而成之，即不得再以买卖关系，解释聘娶婚之性质也。陶希圣谓此系宗法制度下之两族或两家的契约。盖以"契约观念未能充分发达之古代，约成生效，必自当事人一造有所履行之时。当事人一造有所履行，则相对人即负履行反对给付之责。当事人一造委禽焉，则相对人即负给付其女子之责矣。买卖固为契约，契约不限于买卖；斯婚约亦不得即认为买卖。纳征所以证婚约之成立而已，玄纁束帛非身价也"。③ 其说甚当。玄纁束帛之纳，诚出自买卖婚之遗迹，但在后

---

① 见《孟子·滕父公章句下》。
② 见《北史·高允传》。
③ 见《婚姻与家族》第三九页引其《亲属法大纲》语。

世礼法上终否认其为身价的解释,即所以与买卖婚为别也。观于唐、宋、明、清各律对于婚姻之请求,以曾否设定婚书或授受聘财是断,而所谓聘财者并不拘多少,即受绢帛一尺以上亦然,可知其更远于买卖形式,而为纯正的婚约关系矣。故纯正的聘娶婚所异于现代志愿婚者,不过属于两族或两家之契约,非尽以男女两方之意志为主已耳。

(乙)混合的聘娶婚之种类 按诸社会公例,每一时代不必限于一种嫁娶方法,且并有两种方法依附而互见者。中国自亦同然。① 数千年来,虽以聘娶方法为礼法上唯一之准则,然早期型之各种嫁娶方法,除独自时隐时现外,混合于聘娶婚内者依然不少。中国果如经过交换婚之时代,则后世之世婚即系聘娶婚与其混合者。中国果如早有服役婚之出现,而赘婚又起源非晚,则此赘婚仍不失为两种方法之混合者。惟世婚已述于前,赘婚究在婚姻主体方面反嫁娶之位而行,均不于此为论。兹所言者,乃聘娶婚与掠夺婚结合之强聘、强娶与买卖婚结合之财婚而已。其中不无为习俗所视为当然者,尤以财婚之潜力为最巩固,然在礼法上均遭摈斥也。

一曰,强聘:此指依其威势,强纳聘物或订婚者而言,盖以强力用之于"聘"事耳。《左》宣五年载:"春、公如齐,高固使齐侯止公,请叔姬焉",此为春秋时强聘一例。然犹莫如:

"郑徐吾犯之妹美,公孙楚聘之矣,公孙黑又使强委禽

---

① 参照《婚姻进化史》,第一六六页。

焉。"(《左》昭元年)

为例更明显也。其后,如汉末,孙坚以轻狡强聘吴景之妹;元世,陈良以邵武豪家强纳采求聘客女李智贞;均有史书可证。① 然而"婚媾之结,义无逼迫",②自非正也。唐律中并规诸违律为婚,虽有媒聘,而恐喝娶者加本罪一等,强娶者又加一等云云,虽专对依律不许为婚而故为之者言,第关于恐喝娶之一部分,亦非法之所许也可推知之。

一曰,强娶:此指不遵期日或议财不谐,强向女家迎娶者而言,盖聘娶婚化之掠夺婚耳。唐律《户婚》对此,已设禁止之条曰:"即应为婚,虽已纳聘,期要未至而强娶;及期要至,而女家故违者,各杖一百。"明、清律,改杖一百为笞五十;并曰,"凡女家悔盟另许,男家不告官司强抢者,照强娶律减二等"。是在女家悔约之情形中,亦不许强娶焉。至于因议不谐而强娶者,清赵翼《陔余丛考》曾云:

"村俗有以婚姻议财不谐,而纠众劫女成婚者,谓之抢亲。……然今俗劫婚,皆已经许字者,(北齐高)昂所劫,则未字,固不同也。"

故劫婚而行之于本已许字之女,属于强娶,若高昂之例,则又纯然掠夺婚之续也。抢亲为俗,在绍兴萧山等地犹见之,惟须新郎自抢

---

① 参照《三国志·吴志》《孙破虏夫人传》及《元史·烈女传·李智贞》条。
② 《抱朴子·弭讼篇》语。

其妇，女家亦可中途夺回，并作为解约之理由也。①

一曰，财婚：此指婚姻论财，使买卖婚之精神发现于聘娶婚之体壳中而言，盖或则假名聘礼，以行卖女之实，或则争议财物，以备遣嫁之资，故贪财与奢俗，实为在聘娶婚中而发生卖女买妇之主因。汉世，嫁娶埋葬过制，奢侈成俗，财婚之势已起，则其于嫁娶之先，必有论财货之多少者。观于《潜夫论·断讼篇》所称"一女许数家"，则知汉时嫁女贪财之弊已甚深矣。晋葛洪与其姑子刘士由论争婚曰："……虽责裨娉倍，贫者所惮也，丰于财者，则适其愿矣。……傥令女有国色，倾城绝伦而位豪右权臣之徒，目玩冶容，心忘体度，资累千金，情无所吝，十倍还娉，犹所不惮，况但一乎？"②不仅女家贪财而数许，即男家亦有加价而夺之事，故葛洪直以买物于市喻之。魏、晋以后。婚礼奢靡既未能除，而门第之隔又成事实。于是高门婚姻既相互以财是尚，卑族亦利己之富有，而得与高门攀婚，但士大夫阶级则以氏族关系，认后者为非类婚偶也。南齐永明中，琅玡王源以高门而嫁女于富阳满氏，竟受聘财五万，又以其所聘余直纳妾；故沈约弹之，遂认为宜寘以明科，黜之流伍云。③ 其在北朝，北魏各帝对于财婚屡发禁诏，然颓风已成，终莫能除。

"凡婚，无不以财币为事，争多竞少，恬不为怪也。"（《二十

---

① 参照商务《妇女杂志》第十四卷第七号，天任之《绍兴的旧式结婚》，及王焕珍之《萧山的婚事琐记》。
② 原文见《抱朴子·弭讼篇》。
③ 弹文见《文选》卷四十。

二史劄记·财婚》）

此所以北齐时，封述为两子娶妇而皆以财礼问题发生争执焉。①顾达者对此，究不认为当然。颜之推以"卖女纳财，买妇输绢，比量父祖，计较锱铢，责多还少，市井无异"云云，戒其子孙，可知之也。②而隋王通于《文中子》中亦谓"婚姻而论财，夷虏之道也"，其痛恨财婚也深矣！唐、财婚为俗仍未尽革，而"卖婚"一名且见于唐初；《新唐书·高俭传》所谓"初，太宗尝以山东士人，尚阀阅，后虽衰，子孙犹负世望，嫁娶必取多赀，故人谓之卖婚"是也。故太宗贞观十六年六月遂禁卖婚，盖以自号膏粱之冑，不敦匹敌之仪，问世惟在于窃赀，结褵必归于富室；而新官之辈，丰财之家，慕其祖宗，竞结婚媾，多纳货贿，有如贩鬻马。③高宗显庆四年十月并严定品官嫁女受财之限，所受之财皆充所嫁女资装等用，而夫家亦不得受陪门之财云。宋、财婚且尝见于帝系间，士庶可知。或则贪女家之富而欲与之缔婚，仁宗谋立富人陈氏女为后，其例也；或则贪夫家之货而竟妻之以女，宗室以女卖婚民间，其例也。④当仁宗时，曾禁以财冒充士族，娶宗室女者，然"宗女当嫁，皆富家大姓以货取，不复事铨择"，如故也。因之，神宗于熙宁十年又诏嫁女则令其婿召保，其妄冒成婚者，以违制论。⑤降而至元，依元史刑法志载，

---

① 魏诏见《魏书·文成帝纪》和平四年及《孝文帝纪》太和二年；封述事见《北齐书》本传。
② 见《颜氏家训·治家第五》。
③ 参照《唐会要》，卷八十三《嫁娶》。
④ 参照《宋史·宋绶传·蔡齐传》及《彭汝砺传》。
⑤ 参照《宋史·仁宗纪》《燕王德昭传》及《礼志》。

"诸男女婚姻，媒氏违例多索聘财及多取媒利者，谕众决遣"，则婚姻论财之事，法所禁也。明，洪武五年曾下婚姻毋论财之诏，谓"古之婚礼结两姓之欢，以重人伦，近世以来，专论聘财，习染奢侈，其议制颁行，务从节俭，以厚风俗"。然在明末清初，依朱柏卢《治家格言》，"嫁女择佳婿，毋索重聘，娶妇求淑女，勿计厚奁"；则索重聘，计厚奁，必仍成风，故以之为训。近三百年来，各地习俗不同，其为供嫁资而索重聘之事，实所恒见，于今犹然。愿达者遵礼，鄙计聘财多寡者亦甚普遍也。

（丙）继兴的志愿婚之源流　志愿婚或称共诺婚，系以男女双方之意志为主，而盛行于个体时代之婚姻，换言之，婚姻并非以合二姓之好为目的，乃以男女爱情之结合为目的也。然此究与所谓恋爱婚或自由婚有别。恋爱之火焰虽在古昔一度高张，边族民俗亦多倾向此端，但数千年来一以聘娶为正，此多目为淫邪。今日，聘娶婚之势固衰，父母之命与媒妁之言均成过去，而新时代之男女必先晤谈，以通情感，并各投函以明志愿；然既仍须有介绍人之形式，且尚须取得家长之同意即非纯然之恋爱婚也。同时，法律上又有关于婚姻成立及如何生效等条件之规定，亦非因纯爱之基础，遂可自由婚配，不特中国如此，世界各国莫不同然，更不得以自由婚称之也。现代中国倾向于志愿婚，事实昭然，无容多陈，惟在聘娶婚时代，此种志愿是否完全隐没，抑尚有流露之处。事关志愿婚之线索，在史的叙述上，不可不一明也。

一曰，男女情感之承认与否认：依现代之观察，浪漫的恋爱为弊诚深，而婚姻必基于男女之情感亦极当然。古代，虽以恒舞酣歌之巫风是戒，以桑林云梦之聚观为乱，以东门宛丘之婆娑非正，以溱洧观禊之相谑失礼,以桑间濮上之聚会近淫,①但对于男女正当之用情,则亦承认之《易·咸卦》示夫妇之义,咸、感也,以悦为主,盖必男女共相感应,方成夫妇,既相感应,乃得亨通;纵否认乎"邪道"之恋,究亦未否认二少之感也。《诗》经孔子删定,首列《关雎》,此亦非即毛、郑所谓后妃之德云云,乃君子自求良匹,而他人代写其情感所至之诚耳。殆后,聘娶之形式逐次巩固,男女婚嫁一以媒妁说合,父母承诺为准则,于是两性情感所能直接表现也罕矣。甚谓:

"前生缘分,今世婚姻。"(唐宋若华《女论语·事夫章》)

将一切归之于命定,即女子亦自道之。迄于宋世,有胡某者竟请删《关雎》之什,即可知其限制之甚也!虽关于男慕女悦,不无骚人墨客为之吟咏,关于闺怨春愁,不无淑女逸士时为发抒,然皆列为小道,不以为正,且或视为名教之罪人也。不过在嫁娶关系中,因特殊原因,承认男女意志之表示者固亦有之,斯仅其极少数之例外而已。

一曰。父母定婚之准则与例外:父母之命为聘娶婚之一要素,斯于婚姻中,首使男女之意志受其限制也。即《诗·郑风》以淫见称,而《将仲子》章仍有"父母之言,亦可畏也"云云,则初成之礼教势力,并随时而矣。来然在例外方面,舜不告而娶,为孟子所称,盖

---

① 参照《尚书·伊训》及《墨子·非乐上》,《谷梁》庄二十三年,及《墨子·明鬼下》《诗·陈风·郑风·卫风》及《汉书·地理志》。

以舜仅于聘娶方法中，因告则不得妻，有废人之大伦，故认为与"逾东家墙而搂其处子，则得妻，不搂则不得妻"，①为有别也。他如春秋时，徐吾犯使其妹，观子晳子南而自择之，乃因两氏争婚莫决而致如此，亦一例外也。西汉时，程不识问女以婿姜宇可否，乃因父母意见两歧而致如此，又一例外也。唐时，李林甫设宝窗于厅壁，遇有贵族子弟入谒，使六女于窗中自选其可意者，此仅以貌自选其婿，仍一例外也。宋时。理宗选周震炎尚周汉国公主，主颇不怿，帝微知之，乃下嫁杨镇，此不过出于父母单方之体贴，始得罢婚，依然一例外也。② 至于男子方面之参加意见，或较女子之机会为多。明律并规定凡卑幼或仕宦买卖在外，其尊长为后定婚，而卑幼自取妻或已成婚者，仍旧为婚，尊长所定之女听其别嫁：是父母之言在此一情形中已非绝对须遵守之。清季，西北各地亦有初娶从父母，继娶依子侄之不成文法。时至今日，通都大邑，已将数千年来所难普求之"取得男女同意"一点，一变而男女自主婚姻，仅取得家长之同意而已焉。

一曰。媒妁通婚之定例与变态：媒妁之言亦为聘娶婚之一要素；斯又往往抹煞男女对于婚姻之意志也。即《诗·卫风》同与《郑风》以淫见称，而《氓》之章仍有"匪我愆期，子无良媒"云云，则初成之礼教势力又接踵而至矣。然在特殊情形中，如晋韩寿之与贾充女，由婢潜通音问，卒成眷属；北齐娄后少时，见神武而悦，使婢通意，且数致私财，命其聘己；③以婢通意，不啻自媒，其或使以聘己，

---

① 见《孟子·万章》上及《告子》下。
② 参照《左》昭元年传文；《广列女传》；王仁裕，《开元天宝遗事》；及《宋史·公主传》。
③ 见《世说新语》及《北齐书》列传第一。

并由父母许婚,亦只形式耳。此外,尚有以诗为媒者,于唐代宫人中屡见之,盖于无可奈何中,以诗抒情,传于宫外,自求达运之临而已！如战中诗、红叶诗之故事皆是,其幸运者,诚系"方知红叶是良媒",其不幸者,终为"叶上题诗寄与谁"矣。① 降至明世,诗人林子羽投诗张红橘,往来酬和,缔交百年,②亦系以诗为媒,彼此性情赖而沟通,故稗史所记载,传奇所拟托类此之事者,自非尽皆绝对虚构者也。至于现代,男女在初期缔交中,鱼雁频繁,各抒情怀,纵无诗以酬和,亦设辞而互答,更无论焉。

三　特殊型之嫁娶方法

在早期型后期型之各类嫁娶方法以外,尚有其他特殊之嫁娶方法非限一端。因媵而嫁,周有其制,合独以居,齐行其策,此固不必言也。若夫秦、汉以后,帝王择配每由选拔,皇子立室多出宫掖；其在民间,或存陋俗,妇不另嫁而坐堂招夫,男不正娶而临时租妻；与夫异族屡次侵入中国,礼法所绝对否认之收继婚亦往往成习；又皆与通常嫁娶方法有所异焉。他如罪家所受之罚婚,贫家所行之养婚,以及反于入家婚姻之赘婚,虽与聘娶方法不无相关,且或完全依之而行,但就其全部之手段而论,依然具有其特殊性也。此外,不备婚姻当事人条件,仅依聘娶之方法,所为之虚合婚；不备形式上任何条件,即继续共同生活,所为之姘度婚；依礼依法言之,更

---

① 参照《本事诗》及《云溪友讲》并《青琐高议》。
② 事见梁乙真,《中国妇女文学史纲》,第三四二页。

其奇特，不可为训矣。至于以女为赠之赠与婚，原为早期型之嫁娶方法，而中国无其确证，其得见者，乃周以后之事，实莫离开聘娶婚之范围。姊妹异时续嫁于一人之顺缘婚，在后世仅视为事之偶然，而非制之必然，亦只构成在他种嫁娶方法中，不属于禁婚之范围而已。不过因帝王之赐婚有近于赠与性质，收继之为婚恒引起续嫁观念：事以类及，早有成法，顺以证逆，益显真义，故并于兹述焉。

（甲）选婚与罚婚 此属于所谓强制婚之性质。盖帝王婚配除强夺他人妻女或由幸臣献进者外，虽在通常情形中，亦皆聘选兼用；其所谓选，或以良家女子载还后宫，或以罪家妇女配入掖庭，非自纳之，即赐赠之，实近于强也。同时，对于有罪之人，往往将其妻女断配他人，或限制罪族自相配偶，亦皆具有强制性也。分而述之。

关于选婚者：其一，搜括民女，以充后宫，西汉时已行之。[①] 东汉并有定法，所谓八月筭人，遣中大夫与掖庭丞及相工，于洛阳乡中，阅视良家童女，年十三以上，二十以下，姿邑端丽合相法者，载还后宫，择视可否，乃用登御是也。故东汉由选例而为后妃者甚多。晋、宋承之，其例亦伙。唐、宋娶后以聘为正，但选良家女或世家女入宫之秕政，依旧通行，辽、金更同然也。[②] 元初，或否认此制，故太宗九年六月左翼诸部讹言括民女，太宗怒而真括之，以赐部下。但至是则又肇元世选婚之端。世祖至元十九年，从耶律铸言，"有司官吏以采室女乘时害女，如今大郡岁取三人，小郡二人，

---

① 孝文宝皇后即系先选入宫掖而后赐予文帝者，其例也；见《汉书·外戚传》。
② 参照《后汉书·后纪》及各史《后妃传》。

择其可者,厚赐其父母,否则遣还为宜",始确定其数目。翌年,复用崔彧言,罢各路选取室女。元之括取民女入宫,虽少以之为后为妃,然帝王私幸仍不可免。① 明与唐、宋同,清则每三年于旗人中选取秀女,民国后,清室犹一度行之。其一,罪人妻女配入掖庭,《北史·高允传》已记其言;周宣朱后,从坐入宫,《周书·后妃传》不讳其事;他如唐之上官昭容,章敬皇后吴氏均系其家坐事,配入掖庭而得幸者也。此与下述罚婚颇同,惟非断配他人,乃指其选而入宫者言耳。

关于罚婚者:其一,以罪人妻女断配他人,事或起于汉也。西汉时,曾以关东群盗妻子徙边者,随军为卒妻,李陵不知,以士气少衰而鼓不起,疑军中有女子,遂搜得而尽斩之,初盖非定法也。魏、晋相承,死罪重者,妻子皆以补兵;梁制,其劫盗者,妻子补兵,始为定例;补兵云者,配于兵士为妻室之谓也。隋、唐以后,补兵之例固除,但仍以罪人家小,没为奴婢,绝其婚配之正道,或编为倡伎,断其婚配之坦途,亦皆有近于罚,又历代之所同焉。惟在元世,内外大臣得罪就刑者,其妻妾即断付他人,虽非补兵实皆强配,顺帝至元六年始诏今后有罪者,毋籍其妻女以配人云。② 其一,以罪家男女自相婚配,在唐、宋各律之良贱不婚中,贱民虽非尽为犯罪所致,然罪家男女往往列为贱民,则此限制,其一部分不啻为惩罚犯罪之家而设也。他如元初,平定各国,以俘入之男女配为夫妇,所生子女永为奴婢,谓之驱口;明初亦以叛宋投金之子孙及不附"靖难"

---

① 参照《元史·太宗纪·世祖纪》及《崔彧传》。
② 参照《汉书·李陵传》;《隋书·刑法志》;王书奴《中国娼妓史》,第五章;及《元史·文宗纪·顺帝纪》。

者，编为惰民、丐户、乐户等；清入关以前，并以各部落被俘者编为包衣：皆难与良人通婚，为其处罚之一。

（乙）赠婚与赐婚 此属于所谓赠与婚之性质。其中，由父母或有权力者之主观的见解，以其所能支配之女子，赠与某人为配，是曰赠婚，乃赠与婚之正型也。由帝王之名义而将选入内宫或略自异族或他之妇女，赐与子弟或臣下者，是曰赠婚，乃赠与婚之别型也。分而述之。

关于赠婚者：或则以他人之女为赠，《左》僖二十五年，晋重耳居狄，狄人伐廧咎如，获其二女，纳诸重耳，重耳自取季隗，以叔隗转赠赵衰，即其例也。自汉迄唐，与异族和亲，每以宫人或宗室女加以公主封号，降于异族，亦具有以他人女为赠与标的之形迹也。至于旧日所闻之以美色进权贵，以侍妾赠友僚，更不足道也。或则以己方之女为赠，重耳离狄后，入齐，桓公妻之，至秦，秦伯纳女五人，即其例也。学者并有谓孔子以其女妻公冶长，以其兄女妻南容，亦属赠婚之性质。至于历代以来之指腹为婚，幼时订婚，与夫因他种关系而联姻之类，更不仅"以女赠人"，且系以所支配之子女，相互作为主婚人交谊上或恩德上之婚姻的赠与标的矣。

关于赐婚者：以选入宫掖而后赐与子弟者为例甚多：汉吕后之赐窦姬与文帝，吴孙权之赐何姬与子和，唐代宗之赐庄宪与顺宗，宋宪圣太后之赐谢后与孝宗，明英宗之赐孝贞与宪宗皆是，史籍具在，不必尽举。清选秀女，除备妃嫔之选外，亦恒配近支宗室；其以敕旨命其为婚者，称曰指婚，又与赠婚为相近也。此外，魏灭蜀，以其宫人赐诸将之无妻者；元灭蔑乞儿，太祖以其部长子妇赐太宗，则又略而赐者之例。① 至于后唐庄宗被刘后所逼,而以其爱姬赐元行钦,其痛苦正与因赐而逼人以嫁之痛苦,有其同然,在帝王方面乃例之罕有者。事载《新五代史·唐家人传》,且亦趣极!

(丙)收继与续嫁 收继婚较逆缘婚之用语为义较广,续嫁则顺缘婚也。中国边境各族向通行收继之俗,或且播其风于中国内地。② 然在中国,因"夫妇有别"之原则早定,"嫂叔隔离"之观念莫违,故兄亡收其寡嫂一类之收继,虽为人类婚姻史上一种必有形式,而礼法上究否认之。若夫父亡收其后母一类之收继,则称其为烝为报,并以聚麀为喻,尤视为大恶也。至于姊死而妹续嫁于其夫之顺缘婚,并未有所否认,惟在一二特殊场合,亦有人不以为然耳。分而述之。

关于收继者:中国向虽否认收继婚,但个人之特殊行为中,或亦不免有类此之事;且因异族之屡次侵入,其收继婚俗又往往随政治势力而俱来,后世内地之收继婚俗遂亦偶见焉。春秋时代之烝,见于《左传》者甚伙,实与父死而收其妾无异;大司马以九伐之灋正邦国,内外患,鸟兽行则灭之,其否认收继事例殊为显然。③ 汉、乘丘嗣侯外人,美阳女子之假子,燕王定国,汝阴嗣侯颇等皆以收继等罪名,或免、或磔、或赐死。④ 惟此仅限于在诸夏之统治下如此,若在夷疆,虽为汉族女子,则因政治上之关系,汉代各主亦愿屈从

---

① 见《汉晋春秋》及《新元史·后妃传》"太宗昭慈皇后"条。
② 如匈奴、稽胡、柔然、突厥、回纥、女真、蒙古、乌孙、西羌、宕昌羌、党项、吐谷浑各族皆然;惟苗族之例不显。
③ 参照《左》桓十六年、庄二十八年、成二年传文,《周礼·夏官司马》及其《疏》。
④ 参照杨鸿烈,《中国法律发达史》,第一二七至一二八页。

其俗。武帝之令乌孙和蕃公主听为其夫孙岑陬收继，武帝之令匈奴和蕃公主王嫱听为其子辈收继，盖法既非力之所及，礼亦因俗而革矣。①晋、奸伯叔母者弃市，则收继父妾，更所不许。五胡乱华，收继婚俗或偕同而来，然当时胡人力求汉化，虽同辈行之收继，或亦有禁止者；如《晋书·石勒载记》云，"太兴二年……下书禁国人不听报嫂"是也。南北朝之际，以北齐收继之事最著，文襄既依蠕蠕国法，将蠕蠕公主收继外，而其弟文宣武成均有逼嫂为淫之事；降而至隋，炀帝之纳文帝宣华及容华两夫人，又其著例也。惟史家对此，均以淫乱昏狂目之。唐、宋各律，同样禁止，然安乐公主于武崇训死后，复嫁其从弟延秀；帝后观礼，赏赉甚遍，宫庭庆祝，群臣欢聚，则又公然为之矣。元入中国，不讳收继，世祖女鲁国大长公主两被夫方子弟收继为婚，为例最显，其情形与唐、宋以前之纯为个人行动者迥不相同。②蒙古人色目人之得收继无论矣，即汉人南人虽依律禁止收继，然汉人南人中之收继亦隐然成习。③不过究因与中国文化接触之关系，其初期杂乱无限之收继，渐亦有一定之范围，而所能收继者，仅限于有条件地子收其庶母，弟收其嫂而已！④且即在蒙古人色目人中，仍不乏受中国礼教之熏陶，为收继婚之拒绝者：脱脱尼雍吉剌氏及中书平章阔阔歹之侧室高丽氏皆以死自誓，不许嫡子收继，而乌古孙良桢于英宗时并基于礼制上之

---

① 见《汉书·西域传》及《后汉书·南匈奴传》。
② 参照《北史·后妃传》《新唐书·公主传》《新元史·后妃传·附列公主》。
③ 参照李鲁人，《元代蒙古人收继婚俗传入内地之影响》，上海《大公报》二十五年四月十日。
④ 参照陶希圣，《十一至十四世纪的各种婚姻制度》，《食货半月刊》第一卷第十二期。

理由,请废此制也。① 因蒙古人等收继婚俗之传播,至明世仍存此风于各地,然在礼法方面更不为许;宣宗宣德四年并诏,凡犯不孝及烝父妾,收兄弟之妻为妻,一切败伦伤化者,悉送京师,如律鞠治,若武官及其子弟有犯此者,不许复职承袭,永为定制云云,②盖可知矣。清、虽有收继旧俗,但入关既久,遂亦汉化而反对之。在"干分嫁娶"中,称收父祖妾或叔伯母,不问被出改嫁,各斩决;兄亡收嫂或弟亡收弟妇,不问被出改嫁,各绞决,其取缔之严可知。然在乡俗,不同辈行之收继固鲜,同辈行之收继,迄今仍所不免。今日,各地所谓叔接嫂、接续婚、转房、升房、接面、上舍……等称,即系指其事而言者。③

关于续嫁者:姊死而妹续嫁于其夫,在中国乃属于聘娶婚中之一种续亲,其目的不外永结两姓之好,并因双方深知一切而乐如此,乃偶然,非必然也。在帝王方面,如蜀汉后主张后薨,遂以其妹为后;晋、武元杨后辞世,其妹武悼杨后继其位;元、高昌公主嫁而卒,夫家遂以其妹八卜叉公主为继室皆是。在仕庶方面,如北魏郭逸以长女妻崔浩,既而女亡,逸妻王氏奇浩才能,复以少女继婚,重结姻好是也。④ 然在特殊情形中,或有不以为然者:如宋时,王陶续其已嫁而寡之长姨,致为忠宣所疏;明时,义乌人虞凤娘以"兄弟

---

① 参照《元史·列女传》本条;陶宗仪,《辍耕录》本条;及《元史·乌古孙良桢传》。
② 见朱方,《中国法制史》,第二二七页。
③ 参照《东方杂志》第三十一卷第七号,黄华节,《叔接嫂》,司法行政部《民商事习惯调查录》,南京《中央日报》二十五年二月十三日学本所述之《羌戎考察记》。
④ 参照《蜀志》卷四,《晋书·新元史·后妃传》及《魏书·崔浩传》。

未尝同妻,即姊妹可知"云云,拒绝续嫁于姊之夫徐明辉,又其异也。①

(丁)赘婿与养媳 赘婿为制属于入夫婚姻,与通常聘娶之男迎女因,适反其道而行;养媳为制虽属于入家婚姻,然待年于夫家,不备娶仪,亦与通常之聘娶婚有别也。分而述之。

关于赘婿者:《秦策》谓太公望齐之逐夫,《史记》谓淳于髡齐之赘婿,是赘婿之制或始于齐,其妻当系巫儿也。巫儿为家主祠,嫁者不利其家;惟不嫁云者,不外嫁而已矣。② 故得招婿入家。但在秦国,自商君握政,"家富子壮则出分,家贫子壮则出赘",藉以救济贫而难娶者;所谓家贫无有聘财,以身为质是。③ 然始皇当位,则鄙视之,尝谪发赘婿、贾人及囚徒等略取陆梁地;汉亦然,武帝发天下七科谪,出朔方,赘婿即在其中。于是唐人注史遂谓赘婿云者,言其不当出在妻家,亦犹人身体之有疣赘,非所应有云。④ 此后至宋,或称舍居婿,或称入舍女婿,而鄂俗计利尚鬼,家贫子壮出赘,更视之为当然。⑤ 元、明、清,因赘婿有无子召婿养老及立有一定年限之两种情形,遂又有养老女婿及出舍婿之别,法律对其事例各有详细规定。现代,俗或称其为进舍夫,或谑其为雄媳妇;惟在《民法》上则称曰赘夫,其地位颇与通常婚姻中妻之地位相同。

---

① 见《过庭录》及《明史·烈女传三》。
② 参照易君左,《中国政治史要》,第一二三页;吕诚之,《中国宗族制度小史》,第七一至七四页。
③ 见《汉书·贾谊传》及《注》;又《说文》云,"以物质钱曰赘"。
④ 见《史记·秦始皇本纪》,《汉书·武帝纪》及《贾谊传·注》;又《释名》云,"赘,属也;横生一肉属著体也"。
⑤ 见程大昌《演繁露》,洪迈《夷坚志》及《宋史·刘清之传》。

关于养媳者：古无童养媳之名，其近似之例则或有之。周行媵制，嫡之行也，以侄娣从，侄娣不必皆系成年，苟非待年于父母之邦者，即与童养媳之性质相似矣。秦、汉以后，帝王选拔幼女或幼小时罪入掖庭者，于成年后，或自幸，或赐子弟，在实质上亦先养而后御也。即至宋、明之世，此种养婚之例仍显，如《宋史·后妃传》载，仁宗周贵妃生四岁，从其姑入宫，张贵妃育为女，稍长，遂得侍仁宗；《明史·后妃传》载，宣宗孙皇后入宫方十余岁，成祖命诚孝后育之，已而宣宗婚诏，选其为嫔云云皆是。近代，民间之童养媳，其为名最早当始于宋，因"息妇"称谓至宋始有，以后始变为"媳妇"故耳。① 元，《刑法志》谓"诸以童养未成婚男妇，转配其奴者，笞五十七，妇归宗，不追聘财，"则在元时已成俗矣。童养媳之事实，在民间大都出于贫家，男方以减轻将来聘金为旨，女方以免除扶养负担是望而已！俗所谓媳妇仔或小媳妇即系指童养媳而言；所谓童婚、并亲、娶小媳妇、小过门、完房等等，则系指此种婚姻而言。惟现行法律予以否认，盖养媳所受之虐待，实与婢女无异，而贩卖人口者又每以童养为名，诈骗女之父母者多矣！宜乎禁焉。

（戊）招夫与典妻 招夫系指入赘于寡妇之家而言，与赘婚中之招婿似同而实异；盖赘婚乃女子招婿入家，即冠以女子之姓，招夫乃妇于夫死后或生前，再招一夫，并使后夫改从前夫之姓是也。典妻系指以价易去，约限赎回之谓，典之外，又有雇，乃计日受值，期满听归之谓；或称租妻，亦典之类也。凡此皆与买卖不同，以非

---

① 见《能改斋漫录》引王彦辅《尘史》所云。

永离,乃暂时耳。故典雇妻妾,颇近于定期婚姻制,而为临时得妻之一方法也。分而述之。

关于招夫者:招夫为俗先例何起,学者或莫能决。今人陈东原谓宋时已有此风,并谓其渊源当本于汉之馆陶公主。或其始也。馆陶公主私近董偃十余年,因长门园之献,武帝临幸,竟以主人翁呼偃,其事实颇近招夫之例。不过东方朔则认为偃以人臣私侍公主,败男女之化而乱婚姻之礼,伤王制,并为淫首,有斩罪三;则招夫之事在当时亦非可认为当然者矣。① 他如鄂邑盖长公主之与丁外人,昭帝既有诏外人侍主,上官安燕王旦亦以其故为外人求侯,藉符汉家以列侯尚主之故事,又不失为一先例也。② 降而至唐,曾以"接脚夫人"之名,用称继室,③则在招夫中,称所招之夫为接脚夫,或接脚婿,当由其转变而来;此接脚夫云云,宋袁采《世范》中已提及,是招夫为婚宋时已然可知。明、王士晋《宗规》,"夫亡无招赘,无招夫养夫",则不仅夫死而再招夫,即夫在并有招夫者矣。清邱炜菱云,"戚里早寡者,或不安于室,始也求牡,终且鸠居,率以招夫养子卫言为口实",是为招夫养子者也。除上述情形外,今日并有坐产招夫、招夫传后、招夫养老等别。④ 斯皆奇俗,诸非嫁娶之正也。

关于典妻者:典雇妻妾之风,始于宋、元之际,观于元世祖时,

---

① 见[清]邱炜菱,《菽园赘谈》;陈东原,《中国妇女生活史》,第五八页、第一五五页,及《汉书·东方朔传》。
② 参照《汉书·外戚传》。
③ 接脚夫人之称见《玉泉子》。
④ 详见《中国婚姻法综论》,第二五页。

王朝对南方典雇妻女风俗之请牒云云，①可以知矣。不特王朝视此为风薄俗败，元亦有禁令曰："诸以女子典雇于人及典雇人之子女者并禁止之，若已典雇愿以婚嫁之礼为妻妾者听；诸受钱典雇妻妾者禁，其夫妇同雇而不相离者听"，见《元史·刑法志》。明、清律对此，同设禁止之条，惟《清律辑注》云，"必立契受财，典雇与人为妻妾者，方坐此律，今之贫民将妻女典雇与人服役者甚多，不在此限"；然禁之自禁，此一陋习虽降于今仍未见其尽绝。

（己）**虚合与妍度** 学者对于婚姻，或为形式婚与事实婚之分；在法律现象上在社会现象上皆可如是观察之。虚合系指婚姻当事人不备，仅以聘娶方法缔结所谓婚姻，可谓为形式婚之极端者；妍度系指未履行任何适法之程序，仅一事实上之继续同居关系，可谓为事实婚之极端者。分而述之。

关于虚合者：此以所谓"冥婚"为著，盖依婚礼假合已死之男女为夫妻；或生前已有聘约，而于结婚前一方死亡，他方殉之，迎柩合葬，使其相从，皆此类也。依《周礼·媒氏》云，"禁迁葬与嫁殇者"，是汉以前即有"嫁死人"之俗，惟为礼所禁之。降至后世，事亦恒有，魏武痛邓哀王冲之殇，为聘甄氏亡女与合葬；唐世韦后尝为其弟洵与萧至忠亡女冥婚皆然。② 宋时，北俗冥婚甚盛，康誉之《昨梦录》详记其仪；元时，子弟死而无妻者或求亡女骨合瘗之，《元史列女传》已有其事；明时依《明史·列女传》载，杨瑄死而其未婚妻殉，刘伯春卒而其聘妻亦如之，后皆迎柩合葬，亦冥婚之类也。降

---

① 原文见《中国法律发达史》，第七四一页所引。
② 见《魏志·武文世王公传》及《新唐书·李萧卢韦赵和列传》。

而至清，其风仍盛，如在山右，凡男女纳采后，若有夭殇，则行冥婚之礼；女死归于婿茔，男死女改字者，另寻殇女结为婚姻，诹吉合葬云。今日冀、鲁、浙仍存此俗，所谓成阴亲，或阴配者是也。① 冥婚之外，有"过门守贞"，乃女未被完婚而其夫死，遂入居夫家为其未婚夫守贞之谓。其成俗也，当在宋儒"饿死事小，失节事大"之说以后，虽以元室犹所重视，明、清，贞节观念更宗教化，于是女身守志之例益多。此在近世，凡过门时，仍须举行一种仪式，所谓抱灵牌成亲者是也。其中亦有于未婚夫病危时而即过门者，往往由未婚夫之姊妹代行其婚礼，是又可称曰代婚，俗则以冲喜名此过门之事云。②

关于姘度者：今以姘度称事实婚，但《说文》引汉律云，"齐人与妻婢奸曰姘"；《广韵》云，"齐与女交，罚金四两，曰姘"；皆与今义不合。今义之姘或与古之"野合"云云同。据清人桂馥之《札朴》谓野合之在昔，并非即指过期或男女年龄差舛之婚姻而言，乃未成礼于女氏之庙而已。如是，则《史记·孔子世家》所谓"野合"，或即姘度之初语也欤？！其《索隐》亦谓"野合……谓不合礼仪，故《论语》云，'野哉由也！'又，'先进于礼乐，野人也！'皆言野者，是不合礼尔！"据此，在古昔或称野合，今世始有姘度用语耳。古昔相近于今世姘度之事例，除标明野合同居者外，如《春秋传》载，鲁泉邱人女奔孟僖子，期以有子无相弃；郧阳封人女奔楚平王，生太子建；既非奸而又不备礼，无异姘度也。③ 秦、汉以后，帝王取幸妃嫔多不依礼兼

---

① 参照孙樗，《余墨偶谈》；及司法行政部，《民商事习惯调查录》。
② 参照王焕珍，《萧山的婚事琐记》，《妇女杂志》第十四卷第七号。
③ 《左》昭十一年及十九年传文。

具姘度之性质者伙矣！其在士庶人方面，如汉时，卓文君夜奔司马相如，驰归成都；隋时，李靖遇红拂妓夜奔逆旅，与之俱适太原皆是。然在一般情形中，数千年来既抱聘娶一元主义，不经仪式之姘度婚，在礼法上均以私通奸淫拟之。观于历代法令，或则对男女不以礼交者，死；或则对和奸无夫之妇处徒刑一年半；或则对不依礼而同居者，概称曰和同相诱或和同通奸，有其处罚，即可知之。今日，姘度仅视为非法律上之婚姻，仍视其为事实上之婚姻，故虽不受婚姻法之保障，而亦不对其事之本身有所处罚。① 不过习俗对于姘之称谓仍不一致，不以礼交而同居者，固以姘称；有配偶而与人通，涉及刑事关系者，依然称曰"轧姘头"；反之，在或种习俗方面，不举行仪式即相结合，社会上又或以正式婚姻目之，并姘之名而亦不予。② 是故学者以姘度两字译拉丁语"Concubinatus"，用以指示事实婚，此与以妾字译英语"Concubine"，同非尽合。

---

① 参照前大理院上字第八九九号判例。
② 据《民商事习惯调查录》云，平泉、隆化等县，穷民结婚多于年终除夕夜成婚，男家不送礼物，女家亦无妆奁。又，旧俗，孀妇再醮更无明目举行婚礼者。

第四章　婚姻成立

　　婚姻关系之成立，就其大体而言，须经过定婚与成婚两程序。惟定婚为语，非与于古，古仅就男女两方各别为之称耳。在女方，称曰许嫁，《礼记·曲礼》"女子许嫁，笄而字"是；①唐、宋、元各律不废此称，然许婚用语亦同见焉。② 在男方，虽以六礼为用，而实重于"委禽"，以示"聘则为妻"之义，故以文定聘定或已纳聘云云，指其事也。殆至明清两律，于许嫁等称外，兼有定婚用语，男女双方通用，如谓"凡男女定婚之初"云云是。此语虽在《晋书·后妃传·惠贾皇后》条曾一见之，而用于律者始于此。今，我《民法》改以婚约称之。成婚为语，古泛称嫁娶，或即直称昏因，倘就男女分别为言，仍各有其所称，如"于归""受室"之类。不遑例举。自唐以还，因对婚姻有"已成……未成"之律文，始演而为成婚之称。③今，我《民法》改以结婚称之。无论在定婚或成婚中，亦无论在法律现象或社会现象中，除荒政多婚、特例破法、陋俗违礼等情形外，皆有婚姻的实质条件及形式条件之存在，须为遵守，否则大都不能构

---

①　《公羊》僖九年"妇人许嫁，笄而字之"；《礼记杂记》"女虽未许嫁，年二十而笄，礼之"；皆是。
②　参照唐律许嫁女报婚书条，《元史·刑法志·户婚》许嫁各条。
③　见赵凤喈，《中国妇女在法律上之地位》，第三三页。

成礼法上之所谓婚姻。但如理虽未妥,义虽未安,而非礼所否认,或法所禁止者,又当别论。中国数千年来,以聘娶婚为原则,礼法上所设之各种条件,皆莫离乎此宗,则关于婚姻之成立惟有准此而论矣。不过欲斤斤拘于定婚成婚等例为述,不特已见于前者若一夫一妻等条件,未便重复,抑且有他种不便之原因在焉。盖如向日之所谓定婚,设非专示指腹为婚或幼时订婚之事,其意义实具有成婚要件之性质,殊难与今之所谓婚姻预约相拟;[①]且所谓主婚,一方面有关婚姻意志,诚为实质条件,一方面有关宾主礼仪,兼为形式条件,亦难尽依今义,求古之合也。于此,又惟有以事为纲,藉明其变而已。

一 婚姻之年龄问题

关于婚姻之年龄,在现代婚姻法上除定婚年龄、结婚年龄外,尚有同意年龄一种;同意年龄者,男女婚嫁于一定年龄内,须取得有同意权者同意之谓也。[②] 今,我《民法》上虽以成年与否定同意年龄之标准,[③]然在往昔,婚权操于父母,男女唯遵其命,既无只求同意之事实,亦即无同意年龄之可言。惟关于夫妇年龄之相差问题,古则有所重焉。

(甲)定婚年龄 在昔,于礼法上男女因定婚而即取得一定身

---

① 参照〔日〕东川德治,《中国法制史研究》,"中国法与婚姻之预约"一篇,廖维勋译,《中华法学杂志》第三卷第八号。

② 参照〔日〕栗生武夫,《婚姻法之近代化》,胡长清译,第二八至三〇页。

③ 参照《民法》,第四编,《亲属》第九七四条及第九八一条。

分,定婚不视之为预约,乃结婚要件之一,故向日只有嫁娶年龄之宣示,包括定婚与结婚而言,别无独立之定婚年龄也。虽如《谷梁》文十二年云,"男子二十而冠,冠而列丈夫,三十而娶;女子十五而许嫁,二十而嫁";而《礼记·曲礼》注亦云,"许嫁则十五年而笄,未许嫁则二十而笄";似男二十、女十五乃定婚年龄,其实亦难比拟。盖男三十、女二十乃结婚之最高年龄,男年二十而冠,女年十五因许嫁而笄,同时亦即可以成婚,许嫁及文定之年龄依然存于嫁娶年龄中也。其可视为定婚年龄者,反属于理义未妥之指腹为婚、童幼许亲等堪以当之。不过此在定婚年龄问题上,究属消极性质,一则其事仅为世俗所有,在法律上每归否认,一则其事存在之本身,亦正因破坏一定年龄之限制而始然也。

一曰,指腹为婚:指腹为婚云者,子女于母胎中,即由父母为其缔结婚约是;或预定将来一方生男,一方生女而如此者亦同。《后汉书·贾复传》云,复破贼而创,光武大惊,谓"闻其妇有孕,生女耶;我子娶之;生男耶,我女嫁之;不令其忧妻子也"。或其肇始。南北朝时,此风特盛:

"王宝兴母及卢遐妻俱孕,崔浩谓曰,'汝等将来所生皆我之自出,可指腹为亲。'"(《魏书·王宝兴传》)

"韦放与吴郡张率皆有侧室怀孕,因指为婚姻。"(《南史·韦叡传》附韦放传)

皆其例也。再降如金人旧俗亦多指腹为婚姻,既长虽贵贱殊隔,亦不可渝云云,又自成俗。① 此事全然出自主婚者一时之情感,殊于将来不利,故司马温公对于指腹为婚者及襁褓童幼之时轻许为婚者,同致不满,曰:"及其既长,或不肖无赖,或身有恶疾,或家贫冻馁,或丧服相仍,或从宦远方,遂致弃信负约,速狱致讼者多矣!"② 殆元以后,法律更以明文禁止,《元史·刑法志》云,"诸男女议婚,有以指腹割衿为定者禁之";明《户令》云,"凡男女婚姻各有其时,或有指腹割衫襟为亲者,并行禁止";清律及《现行律》沿用此种令文,亦禁止之。不过习俗方面依然莫能即革其事。至于现代乡俗中,其尚未生子者,往往依"插朵花儿待儿生"之观念,即抱童养媳入门,称曰望郎媳;此在一方面固与养媳或虚合婚有关,一方面亦指腹为婚之类耳。③

一曰,童幼许婚:《文中子》云,"早婚少聘,教人以偷";此或兼早娶早嫁在内,而司马温公则直斥襁褓童幼之时轻许为婚之非,是又专指定婚而言耳。《宋史·后妃传》载英宗高皇后少鞠宫中,时英宗亦在帝所,与后同年;仁宗谓异日必以为配,既长,遂成婚濮邸,生神宗。《金史·后妃传》载,世宗谓昭德皇后兄子天锡曰,"朕四五岁时,与皇后定婚",是皆童幼许婚之例。降而元、明、清各律所称割衫襟为定者,或为襁褓时定婚之禁也。其在今日,如无为等处之贫家,家有男婴,往往托媒聘取他家襁褓中之女婴,归而抚养,以待成年婚配,称曰抱小媳妇云,此又于养婚例中兼有襁褓定婚之

---

① 见宇文懋昭,《大金国志》,卷三九。
② 见司马温公,《家范》;《大学衍义》补卷五十亦引其说。
③ 参照张绅,《中国婚姻法综论》,第三九页注一一。

性质也。①

(乙)成婚年龄 成婚年龄之高低,历代屡有变迁,而礼法所限与事实上之嫁娶年龄,有时亦不一致;古代或较后世稍高,其大较也。惟如杜佑《通典》云,"太古男五十而娶,女三十而嫁;中古男三十而有室,女二十而嫁;尧举舜曰,'有鳏在人间'(鳏,三十也),以其二女妻之,二十而行之"云云,为言荒渺难稽,则亦未可遽信。自周迄于清世,约可分为三期论之。

一曰,周世之成婚年龄:诸说纷纭,须详考之。其最著者,莫若《礼记·内则》云,"男子二十而冠,始学礼;三十而有室,始理男事。女子十有五年而笄,二十而嫁;有故,二十三年而嫁",②此一说也。然"男子十六精通,女子十四而化,是可以生民矣;而礼男子三十而有室,女子二十而有夫也,岂不晚哉?"或答之曰:"夫礼言其极也,不是过也,男子二十而冠,有为人父之端,女子十五许嫁,有适人之道,于此而往,则自婚矣。"③遂认为三十而娶,二十而嫁乃婚姻之最高年龄,故有三十不娶则为鳏,二十不嫁则谓为过时之结论,此一说也。《周礼·媒氏》王注,"度其材品之贤愚,知识之早暮,气体之强弱,则男自二十至三十,皆可以娶,女自十有五至二十,皆可以嫁",此一说也。《文王世子》云,"文王十五生武王",《左》襄九年云,"国君十五而生子",亦与三十而娶云云不合,但《诗·摽有梅疏》则以三十而娶庶人礼也解之,此又一说也。凡此,皆求与《内

---

① 见倪象乾,《无为的婚嫁情形》,《妇女杂志》第十四卷第七号。
② 《曲礼》《周礼·媒氏》《尚书大传》《谷梁》文十二年传文、《左》襄九年传文皆同。
③ 见《孔子家语本命篇》哀公与孔子问答,并参照《素问》女子二七而天癸至云云。

则》为说不相冲突,故有各解。愚认为此最高年龄之设,或因经书传抄,出自汉儒,而汉世早婚为例最显,学者遂托古以言晚婚之理想也欤?! 试观《白虎通》云,"男三十而娶,女二十而嫁者何? 阳数奇阴数偶也。……男三十筋骨坚强,任为人父,女二十肌肤充盈,任为人母,合为五十,应大衍之数,生万物也",尤觉其近于"设法"之言也。① 如是,则《墨子》《韩非子》所谓丈夫二十而室,妇人十五而嫁,②或确为大夫迄于庶人之及婚年龄也。至于越王勾践之速欲报吴,凡男二十,女十七不嫁娶者罪其父母,则又基于生聚政策所为之设施也。③

一曰,汉唐之成婚年龄:汉惠帝六年令,"女子年十五以上至三十不嫁,五算",用示罪谪,故以早俗为尚。宣帝时,王吉上疏曰:"世俗嫁娶太早,未知为人父母之道,是以教化不明而民多夭"云云,可知其然。④ 其实在帝王方面,成婚之年为级更低,昭帝始立年八岁,上官皇后年甫六岁;皇后立十岁而昭帝崩,后年满十四五云;平帝即位,年九岁,莽嫁以女,年亦甫九岁,莽篡位,改号安定公太后,年只十八云。此较班昭年十有四,执箕帚于曹氏,为尤早也。⑤ 晋武帝九年制,"女年十七,父母不嫁者,长吏配之",较汉更甚。故如严宪、龙怜皆以十三而嫁,一则十八釐居,一则未逾年而寡矣。⑥ 南朝,梁高祖丁贵嫔年十四归高祖,陈文帝沈后于十岁余

---

① 并参照《周礼地官媒氏注疏》。
② 见《节用篇》及《外储说右下》。
③ 见《越语》及《春秋外传》。
④ 参照《汉书惠帝纪注》。
⑤ 见《汉书·外戚传》及班昭《女诫序》。
⑥ 见《晋书·武帝纪》及《烈女传》。

归文帝,然在一般情形上,或与晋同。北朝,更尚早婚。魏、在文成帝以前,诸王年十五便赐妻别居,其后更低。故太子晃十五岁生文成帝,献文帝十三岁生孝文帝;而孝文幽皇后入掖庭,年十四,昭皇后年十三,宣武顺皇后年十四,几成通例,其他可知。① 齐亦然,故高俨被罪时,年才十四,已有遗腹子五人;② 而后主并令曰:"女年二十已下,十四已上未嫁悉集省,隐匿者家长处死刑",是较汉之十五以上须嫁,又短一岁矣。周、建德三年诏,"自今以后,男年十五,女年十三以上,……所在军民以时嫁娶",则愈趋而愈低焉。③ 降而至唐,贞观元年诏民男二十女十五以上,无夫家者,州县以礼聘娶,稍革早婚之俗;但开元二十二年续诏凡男十五以上,女年十三以上,于法皆听嫁娶,又复其旧。其实太宗文德顺皇后亦即十三而嫔也。④

一曰,宋后之成婚年龄:宋于令文中,虽沿唐开元之制,但司马氏《书仪》则定为男为十六以上,女为十四以上,《朱子家礼》亦如之;遂为明令清礼之所本。⑤ 而太祖为太宗选明德李皇后为妃,时年十六,高宗于康王时选吴氏入宫,吴年十四;又事实也。其在辽、金方面,年龄亦非过稚:《辽史·列女传》共录五人,而详成婚年龄者四人,如耶律述妻十八而嫁,耶律中、耶律奴及邢简之妻均二十而嫁;此辽之例也。《金史·后妃传》,始祖明懿皇后嫁时,年十六

---

① 见《南史·后妃传》《北史·高允传》及《魏书》各该帝纪与《后妃传》。
② 见《中国妇女生活史》,第六六页。
③ 见《周书·武帝纪》。
④ 参照《唐会要·嫁娶》及《唐书·食货志》。
⑤ 参照章嵚,《中华通史》,第四册,第一一一页;及《中国妇女在法律上之地位》,第三九页。

余；显宗昭圣皇后选入宫时，年二十三；又《列女传》，聂孝女年二十三，适进士张伯豪；此金之例也。元、妃嫔或有以稚年而入侍者，惟民间则似以十六至二十一而嫁较为普通。① 明、洪武元年令庶民嫁娶悉依《朱子家礼》，而依《明史·列女传》所载之实际成婚年龄，最低者为蔡本澄妻年十四，最高者为玉亭县君年二十四，最普通者为十七十八之年云。清因明旧，实际情形或相仿佛，但乡野陋俗，早婚仍所不免，而尤以男子方面早婚为甚。虽在今日亦恒然也。②

（丙）夫妇年龄 礼法上之成婚年龄，男高于女，乃一通例；此在一方面得知"男女婚姻各有其时"，一方面得知"合男女，颁爵位，必当年德"，而实以此为准；③故夫妇年龄在大体必有其差。惟其程度为若何耶，抑或有反例耶？分别妻妾而言之。

一曰，夫与妻之相差年龄：汉儒既以男三十而娶，女二十而嫁为说，则夫妻年龄之差数，似为十年，然人之嫁娶或以贤淑，或以方类，岂但年数而已；若必差十年乃为夫妇，是废贤淑方类，苟比年数而已！《诗疏》又谓"男年二十以后，女年十五以后，随任所当，嘉好则成，不必要以十五六女配二十一二男也，虽二十之女配二十之男，三十之男配十五之女亦可"。④ 此虽就周代礼制上之成婚年龄，言其差数，亦可推用于后世政令上之成婚年龄，以示夫妻年龄之最大差数。然无论如何，夫妻双方之年龄如相差过远，皆不视为通常现象，故"老夫得其女妻"，譬之"枯杨生梯"，"老妇得其士夫"，

---

① 见《新元史后妃传》并参照《元史列女传》。
② 参照南京《中央日报》二十五年六月七日所载梁漱溟所拟禁止早婚办法。
③ 语见《大清通礼》卷十六及《礼记·礼运》。
④ 参照《谷梁》文十二年注谯周云云及《诗·摽有梅·疏》。

譬之"枯杨生华",谓其罕也。不过老夫不有老妻而得女妻,无非过分相与而已;若老妇不偶老夫而得士夫,则更视为耻辱之事矣。①盖妇当年稚于夫,又似为通常之道也。晋武帝为太子娶贾南风,时年十五,大太子二岁;明宪宗年十六即位,万贵妃已三十有五;史皆含有讥意,可知其然。②降至近代,乡里旧俗以操井臼持门户之故,每喜为少子娶长妇,其年或有长一倍以上者,往往酿成奇案,结为怨耦,在实际上,其弊端似亦较老夫女妻为著也。③

一曰,夫与妾之相差年龄:男子纳妾,渔色其旨,自必选取少艾,以备其位;即为子嗣而然者,亦必夫年长娶妻而无子,始纳妾求育,殊非老妇所能充焉。故男子娶妾之年龄既较娶妻为高,而妾嫁之年龄每又较妻为低,则夫妾年龄之差数,自亦大于夫妻,枯杨生稊云云实夫妾关系中之通常现象也。原所谓妾者,无论为贵妾为贱妾,年皆幼小于夫,从其字义即可知之。《易·说卦》:"兑为少女,为妾",即其证。媵制中,嫡往以侄娣从,侄为兄之子,娣为女之弟,其年皆小于嫡,更必少于夫也。又,《国语》,"童妾未龀而遭之,既笄而孕",则其自七岁至十五岁即属适婚年龄,亦妾年毫小之说。故《内则》云,"妾将御者,齐漱浣,慎衣服,栉纚,笄总角,拂髦"焉。④后世法令,士庶人纳妾或有一定年龄之限制,大抵皆高于娶妻年龄,如明代限定庶人四十岁以上纳妾,则与妾年之差当在二十

---

① 见《易·大过》,九二、九五。
② 参照《晋书》《明史·后妃传》。
③ 参证俞樾,《右台仙馆笔记》,河南某奇案,司法行政部山东各县《习惯调查录》,陕西渭北一带亦有此俗。
④ 见《中国婚姻制度小史》,第六页。

岁左右也。虽然，如以前述之万贵妃视而为妾，其年则长于夫，顾此乃宫掖之特别例外现象，非可以论一般也。

二 婚姻之故障问题

中国数千年来，在礼法上向采性欲否定之态度，而又兼有他种关系，故于男女婚嫁方面颇多禁止之情形，婚姻关系人实无充分选择及依愿好合之自由，是谓婚姻故障，须为避免者也。① 此种故障有属于永久性质者，如所谓干分或非偶嫁娶之禁止。有属于暂时性质者，如丧婚之禁止是。

(甲)干分嫁娶 干分嫁娶谓干犯辈分之婚姻，依今例，应从直系或旁系之血亲或姻亲四方面而述其禁止范围；但旧日则以同姓不婚、尊卑不婚、宗亲妻妾不婚等例为说，从之。

其一，同姓不婚："夏殷不嫌一姓之婚，周制始绝同姓之娶"；"夏殷五世之后则通婚姻，周公制礼，百世不通，所以别于禽兽也"；昔人已明言同姓不婚，非古所兴，而为周之所创矣。② 故曰：

"四世而缌，服之穷也；五世袒免，杀同姓也；六世亲属竭矣；其庶姓别于上而戚单于下，昏姻可以通乎？系之以姓而弗别，缀之以食而弗殊，虽百世而昏姻不通者，周道然也。"（《礼记·大传》）

---

① 参照《婚姻法之近代化》译本，第一〇至一三页。
② 语见《魏书·高祖纪》及《御览》引《礼外传》。

周何以不婚同姓？乃采取族外婚制之当然结果；①至谓为防淫戒独蕃种避殃云云，乃后起之义也。② 不特娶妻不娶同姓，即妾亦然，故买妾不知其姓则卜焉。惟在事实上，周虽以此为禁，而晋文公则为狐姬所出，与晋同为姬姓；其后，晋平公又有四姬；鲁吴同姓，昭公竟娶于吴，谓之吴孟子，不称其姓：反礼之事不一而足。③战国以下，以氏为姓，自汉以后，姓氏不分，且因功臣赐姓、义儿袭姓、避仇改姓、胡从汉姓之关系，同姓非即同祖，同姓不婚已失周之意义，乃历代竟据而视而婚姻故障之主条，殊失原义。④ 然在另一方面，破坏所谓同姓不婚例者又恒见之。汉吕后嫁妹吕平；王莽以姚、妫、陈、田、王五姓为宗室，且禁元城勿与四姓为婚，而己则取王咸女，称曰宜春氏；魏王基以与王沈姓同源异，乃为其子纳其女；晋刘聪以与刘康公不同其祖，乃纳其女；他如王皆之与王沈婚，刘暇之与刘畴婚，刘颂之女适陈矫，矫本刘氏子：又系晋代同姓之通婚者也。⑤ 北魏原无同姓为婚之禁，顾孝文帝以古风遗朴，欲复旧观，遂禁绝之，犯者以不道论；殊未知时已非古，兴之无益也。⑥ 降而至唐，以之入律，"诸同姓为婚者各徒二年，缌麻以上，以奸论"，妾亦然；惟其所谓同姓者，实指同姓而共宗者为言。故同姓不婚实即同宗不婚之意。而李光进之母同为李氏者，当系不同宗也。⑦

---

① 参照本文第一章第三节。
② 详见《中国古代婚姻史》，第三三至三六页。
③ 见《左》庄二十八年、僖二十三年、昭元年、哀十二年及《论语·述而》章。
④ 见《寄簃文存》，卷一《删除同姓为婚律》。
⑤ 参照杜佑《通典》，卷六〇；《陔余丛考》；及《中国法律发达史》，第二三二页。
⑥ 见《魏书·高祖纪》太和七年十有二月诏。
⑦ 参照商务本《唐律疏义》，第三册，第一页。

宋《刑统》一宗唐律。金则于太祖二年，诏自收江宁州以后，同姓为婚者杖而离之。元与唐宋同。① 明清律分同姓同宗为二，并禁止其通婚，虽在表面上合于周制百世不通婚姻之例，不知其姓已非昔之姓，于义理上则大乖矣。清末删律，将同姓不婚与亲属不婚合并，只禁同宗为婚而不禁同姓婚，前大理院亦如是承认之。今我《民法》只以亲等为计，在其亲等之限制范围以外，虽同姓共宗仍可以通婚矣。② 夫在旧日对于同姓共宗，甚至同姓不宗，既禁其婚，则所谓直系血亲不婚，自亦包括于内，犯之者惟有加重其刑而已！所谓旁系血亲之在宗亲方面者亦然，盖同宗云者，不论支派之远近，籍贯之同异，皆是也。

其一，宗妻不婚：宗亲之妻妾虽为异姓，而因礼教之故，恒禁止其为婚；中国除元世外，向不许收继为婚，职是故也。其详见前。非特收弟妇收寡嫂为非道，即娶同族之寡妇，于礼亦非正当；故蜀昭烈帝之纳穆皇后也，帝既以其曾为刘瑁妻，疑与同族，而史家亦认其失当，可知矣。③ 唐世定律，"诸尝为祖免亲之妻而嫁娶者，各杖一百；缌麻及舅甥妻，徒一年；小功以上，以奸论；妾各减二等；并离之"。盖惟祖免以外同宗无服亲之妻妾，得嫁娶也。宋同。元以收继为俗，故与宗妻婚姻不禁，然其后弟虽可收亡嫂，而兄则不能收弟妇，且汉人南人不适用收继之例也。明清律除对收继之禁，严处其刑外，凡娶同宗无服亲之妻，各杖一百，缌麻亲及小

---

① 见《金史·太祖纪》及《元典章》户部四婚礼门。
② 前大理院上字第一〇九三号判决，统字第一九〇九号解释及《民法》第九八三条。
③ 《蜀志·穆皇后传》及注引习凿齿云云。

功亲等之妻,亦各加重其刑,妾则减等,并离异;其较唐禁为尤密云。

其一,尊卑不婚:外姻之辈行不同,无论有服无服,自唐永徽来,类多禁婚,①古则不若是也。最古群婚时代,虽以辈行为贵,然春秋之滕,姑侄同嫁则已渐破其例。汉兴以后,外姻尊卑为婚者屡屡:惠帝妻其姊鲁元公主之女张氏,与甥女为婚也;哀帝妻其祖母傅太后从弟之女,与外家诸姑为婚也。②殆后,若刘宋、蔡兴宗以其女妻其姊之孙;北魏、慕容元真之妹先嫁魏帝而崩,复以其女续之:皆尊卑为婚之例。③降而至唐,始悬为禁条:"外姻有服属而尊卑共为婚姻,及娶同母异父姊妹,若妻前夫之女者,亦各以奸论。"其虽于身无服,而仍据身为尊或他故者,仍不得为婚,所谓"其父母之姑舅两姨姊妹、及姨、若堂姨、母之姑、堂姑、己之堂姨、及再从姨、堂外甥女、女婿姊妹并不得为婚姻,违者各杖一百并离之"是也。明清律大体相同,从略。④

其一,中表不婚:外姻而属平辈者,各律往往不禁,然中表关系实一相近之旁系血亲,历代有禁之者宜也。⑤其不禁者,如汉武帝娶其姑长公主之女陈氏为后;刘宋孝武帝文穆皇后系其姑吴兴长公主之女;梁文帝之室张氏系其从姑之女;唐长乐公主为长孙皇后所生,下嫁其母之侄长孙冲;宋苏洵以其女嫁内侄程之才;吕荣公

---

① 见杜佑,《通典》,卷六十。
② 参照《廿二史札记》,卷三,婚娶不论行辈。
③ 见《中国法律发达史》,第二九二页;及《魏书·后妃传》。
④ 参照《法律大辞书》,"尊卑为婚"条。
⑤ 参照胡长清,《中国婚姻法论》,第八八页注三十一。

夫人乃张昷女,而张昷夫人即荣公之母妹;皆中表为婚之著例。①其他在世婚之情形中为例更属多有。然在宋《刑统》中则有"各杖一百并离之"之规定,袁采《世范》中亦极言因亲及亲之不当,痛恨中表为婚者深矣!明清律,有"若取己之姑舅两姨姊妹者,杖八十"之规定,但习俗已久,莫能更易,于是明于《问刑条例》之末,清于《附例》中,皆附以"姑舅两姨姊妹为婚者,听从民便"等语,盖理所不可,而又无由禁之也。清末刑律,直废此禁,免成具文;今我《民法》亦然。

其一,他种不婚:异父同母兄弟姊妹,唐、明、清各律皆禁相婚;金于天会八年亦禁继父继母之男女无相嫁娶;明并于正统十二年禁异母异父兄弟姊妹之通婚。惟在清律中,前夫子女与后夫子女异母异父者,若从尊长主婚,则毋概拟离,与明稍异。②

(乙)非偶嫁娶　非偶嫁娶谓依礼法非应匹配之婚姻,为旧日所特别限制之事例,今日泰半归于否认;若官民不婚、良贱不婚、僧道不婚之类是。

其一,官民不婚;在任之官不得与所监临女婚,意在防其强娶,意甚善也!汉律中仅见奸部民妻之禁,③他则未闻;禁止监临官所娶监临女首见于唐律。"诸监临之官娶所监临女为妾者,杖一百,若为亲属娶者亦如之;其在官非监临者减一等,女家不坐"是也。宋《刑统》卷十四之规定同。元亦禁之。明更以妻列入,凡府州县

---

① 参照《汉书》《宋书》《梁书·后妃传》《新唐书·公主传》;及《中国法律发达史》,第六二九页。
② 参照《金史·太宗纪》《明史·刑法志》,及清律卷九"尊卑为婚"条辑注。
③ 参照程树德,《九朝律考》,第一四〇页。

亲民官任内娶部民妇女为妻妾者杖八十；清律同。此外，一般官吏与倡伎婚者亦所禁止，元"诸职官娶倡为妻者，笞五十七，解职，离之"；明清律"文武官吏娶乐人妓者杖六十，离异归宗，财礼入官"是也。

其一，良贱不婚：良贱禁婚汉尚非甚，后妃之出于卑贱者多矣！北魏渐严其禁，凡皇族贵戚及士民之家而与百工伎巧卑姓为婚者加罪；昭成帝之后裔某，亦曾以为家僮取民女为妇妾，又以良人为婢，坐免官爵，其例也。① 唐虽以太常乐人婚姻绝于士籍，认为非宜，命名其婚同百姓；然对于杂户等则限制其当色为婚。故《律》曰："诸与奴娶良人为妻者，徒一年半，女家减一等离之，其奴自取者亦如之。……即妄以奴婢为良人，而与良人为夫妻者，徒二年，各还正之。诸杂户不得与良人为婚，违者杖一百，官户娶良人女者亦如之，良人娶官户女者，加二等。即奴婢私嫁女与良人为妻妾者，准盗论；知情娶者与同律，各还正之。"② 宋承唐旧，惟依其《户令》，奴诈称良，而与良人女为婚，所生男女并从良，良人女知情者从贱；其生男女经一年以上不离者，虽称不知情，仍以知情视之也。辽、开泰八年诏横帐三房不得与卑小帐族为婚，亦良贱通婚之禁；金则稍有改善，而元又涉于严，良家女愿与奴为婚者即为奴婢，奴收主妻者以奸论，强收主女者处死。③ 明清与唐同，惟处刑则减轻矣。

其一，僧道不婚：僧道以宗教关系，不得取妻，尼及女冠亦以不

---

① 《魏书·文成帝纪》和平四年诏；及《九朝律考》，第四四三页。
② 参照陶希圣《婚姻与家族》，第七二至七六页。
③ 见《辽史·圣宗纪》《金史·刑法志》及《元史·刑法志》。

嫁为当然，故女子之不嫁或不再嫁者，每遁身庵观以终。惟杨贵妃等为例外焉。唐宋律中虽无僧道为婚之禁，然宋太祖开宝五年则诏"道士不得畜养妻孥，已有家者，遣出外居止"，金于熙宗时亦诏僧尼犯奸并处死云。元，"诸僧道悖教娶妻者杖六十七，离之；僧道还俗为民，聘财没官"，亦有禁也。①明清律，"僧道娶妻妾者杖八十，还俗，女家同罪，离异；寺观住持知情，与同罪，不知者不坐。若僧道假托亲属或僮仆为名求娶，而僧道自占者以奸论"。至于僧道等之犯奸，则亦较凡人之罚为重也。

其一，奸逃不婚：以逃之情形言，唐律云，"诸娶逃亡妇女为妻妾，知情者与同罪，至死者减一等，离之；即无夫，会恩免罪者不离"。宋、明、清各律同。惟明、清律则明白指出此种逃亡，非背夫在逃之例，乃就自己犯罪已发在官，而逃走在外之妇女言耳。又、明律，凡收留人家迷失子女，不送官司，自留为妻妾子孙者，杖九十，徒二年半云。以奸之情形言，唐、和娶人妻妾及嫁之者，各徒二年，离，已近相奸不婚之事。元、先通奸被断，复娶以为妻妾者，虽有所生男女犹离之。明、和奸刁奸者，男女同罪，奸妇从夫价卖，惟价卖与奸夫者，奸夫本夫各杖八十，妇人离异归宗，财物入官；清因之。今我《民法》于一定条件下，亦为相奸婚之禁止。②

其一，他种不婚：《曲礼》云，"父之雠弗与共戴天，兄弟之雠不反兵，交游之雠不同国"；则在古代仇雠不应为婚也可知。故鲁与齐雠，而庄公为王姬主婚，与齐为礼；其后又如齐逆女，嫁于仇家；

---

① 见《燕翼贻谋录》《金国志·熙宗纪》及《元史·刑法志》。
② 《民法》第九八六条及第九九三条。

遂大受《春秋》之贬。但后世,此义不显,往往竟以婚媾为解除宿怨之工具,鲁庄公之道行焉。此外,若士庶阶级之不婚,贫富差别之不婚,则又纯然社会习尚方面之见解也。

(丙)违时嫁娶 违时嫁娶系指居父母丧、夫丧、周亲丧等之嫁娶而言;他若帝王丧,父母在囚禁中,与夫一时政令之禁止婚嫁者,亦不得于其期间内为婚姻也。

其一,居尊亲丧不得嫁娶:居父母丧不得嫁娶,周已重视其事,故《春秋》对于丧娶多讥,而《内则》所谓"女子二十而嫁,有故,二十三年而嫁",有故,即遭父母之丧之谓耳。[①] 汉、居丧奸多置重典,居丧嫁娶未详。[②] 晋、王籍之居叔母丧而婚,颜含在叔父丧中嫁女,刘隗以为非礼,奏之;但一则为解其禁而不究,一则仅夺俸一月;似莫如周世之重视也! 然后赵石勒则尝下书禁"国人"在丧婚居,岂礼失而求之夷欤!? 北齐立重罪十条,居父母丧身自嫁娶为《不孝》之目,隋唐归于《十恶》内,至清未废。故隋时,唐君明居母丧,聘库狄士文之妹为妻,为御史所劾,实当然也。[③] 唐律更详之曰:"诸居父母丧……而嫁娶者徒三年,妾减三等,各离之;知而共为婚姻者,各减五等,不知者不坐。若居期亲之丧而嫁娶者,杖一百,卑幼减二等,妾不坐。"宋因之。金、元亦有丧婚之禁。明清律与唐律略同。

其一,居配偶丧不得嫁娶:此以居夫丧而再嫁之禁止为严,且习见焉。汉董仲舒《决狱》,某之夫死未葬,其母即嫁之;或谓法无

---

① 周禁丧婚,详见《中国古代婚姻史》,第四二至四四页。
② 参照《九朝律考》,第一四〇页;及《中国法律发达史》,第一二七页。
③ 参照《晋书·刘隗传》《石勒载记》及《北史·库狄士文传》。

许嫁,以私为人妻当弃市云云,罪之甚矣!① 唐及以后各律居夫丧而嫁者与居父母丧而嫁之裁制同。且列为《十恶》中《不义》之一目,视为不可赦宥者。至夫居妻丧而娶,如何处罚,多付缺如。唐于贞观元年二月四日诏中,谓"……妻丧达制之后,孀居服纪已除,并须申以婚媾,令其好合"云云,实属仅见之例也。不过依《金史·章宗纪》,"承安五年三月戊辰定妻亡服内婚娶听离制",则男女平等之待遇,反于女真朝见之矣。

其一,值帝王丧不得嫁娶:汉文帝以前,帝王崩后每禁嫁娶;故文帝遗诏曰:"其令天下吏民,令到出临三日,皆释服,无禁娶妇嫁女祀祠饮酒食肉。"后世多以文帝为则,帝丧不皆过久,然数日间之禁止嫁娶,与夫宗室仕宦之暂停婚媾,又恒然也。各史《礼志》中不乏此种记载,可参照焉。

其一,父母囚禁不得嫁娶:唐律谓"诸祖父母父母被囚禁而嫁娶者,死罪徒一年半,流罪减一等,徒罪杖一百",盖为"教所不容"也。惟奉祖父母父母命为亲者不加其罪,而依《令》仍不得宴会。明清律略同,其刑度则以杖八十为最重云。

其一,他种情事不得嫁娶:晋武帝泰始中,博选良家以充后宫,先下诏书禁天下嫁娶;此帝王选女民间,致民间男女不得嫁娶也。孙皓使黄门备行州郡,科取将吏家女,其二千石大臣子女,皆当岁岁言名,年十五六一简阅,阅不中,乃得出嫁;亦此帝王采择贵家女以充后宫,致停止其婚嫁也。金宣宗贞祐二年迁都汴,诏凡卫绍王及鄩厉王家人皆徙郑州,仍禁锢不得出入,男女不得婚嫁者十九

---

① 见《御览》,卷六百四十。

年；天兴元年始诏释之；此因罪及其族，致其家人十九年间不得婚姻也。①

三 婚姻之意责问题

现代婚姻须以当事人之合意，为其成立要件之一，至多在一定情形中取得有同意权者之同意而已。然在往昔，因受父母之命及媒妁之言两通则之限制，斯男女对于婚姻方面之意思，即无由直接表示也。盖媒妁传言于前，父母决定于后，堪称为婚姻意思者此耳。男女既置身于缔婚订约以外，关于婚姻责任遂往往由父母或其他主婚人与媒妁人负之，亦当然之结果也。所谓主婚人者系指主持婚姻之人而言，在实质上即其父母等等，所谓父母之命是，在形式上则或另有所指；至于媒妁除传言外，亦为定婚与成婚要式行为中，视为不可缺之要素。是故主婚与媒妁不仅与往昔之婚姻实质要件有关，且备有婚姻形式要件之性质焉。

（甲）主婚 主持婚姻之人，依前所述应分为实质上之主婚人与仪式上之主婚人。实质上之主婚人为父母或其尊亲属，若为奴婢则其主人；仪式上之主婚人依礼"母"无此种资格，惟"父"等得以实质上的主婚资格兼为之，然他人等在特殊事例中亦可为之也。分及于左：

一，主婚人与婚姻仪式：周代尚礼，儒家传经，于是男女有别，因礼而婚，主其事者纵无父兄，亦有师友，所以养廉远耻，使婿不自

---

① 见《晋书·后妃传》《吴志》引《江表传》及《金史·后妃传》。

言娶妇,《公羊》所谓婚礼不称主人是也。① 其在天子嫁娶方面,父既不存,位又极尊,所娶唯诸侯之女,则不称主人或兼避其有接卑下,《左》桓八年称,"祭公来遂逆王后于纪,礼也";《注》谓"天子娶于诸侯,使同姓诸侯为之主,祭公受命于鲁,故曰礼";其然也欤!?试观:

"天子嫁女于诸侯,必使同姓诸侯者主之,诸侯嫁女于大夫,必使大夫同姓者主之。"(《公羊》庄元年)

"天子嫁女于诸侯,使同姓诸侯主之,不亲昏,尊卑不敌。"(《左》庄元年《注》)

而《谷梁传》亦有"使之主婚与齐为礼"云云;则因尊卑不敌,使人主婚,在嫁在娶当皆同然。其在诸侯相娶方面,继父之位而侯,在事实上父莫能主,惟母为尊。然妇人无外事,称母,"母不通也";或谓由母命诸父兄师友,称诸父兄师友而行,或谓不然。顾无论如何,母在不称主人,《春秋》隐二年"纪裂繻来逆女",②以其禀君母之命,非君所命,遂不书"使",必无母辞穷,始称主人,成八年"宋公使公系寿来纳币",即因宋无母,公自命之,不得不以"使"书也。其在大夫士方面,嫁娶两方各以父为主婚人,《仪礼·士昏礼》所称主人及婚辞内之"某",除媒妁名外,皆指女父及婿父而言,可知也。母则除父没而得命使外,不于婚仪上主其事也。鲁僖二十五年宋大

---

① 《公羊》隐三年及桓八年传文。
② 《左》隐二年《疏》。

夫荡氏妻自为其子来鲁逆妇,不仅"越境"非礼,且妇人主婚,于礼亦视为不正。同时,因周行宗法制度,除父之外,宗子亦有主婚之资格,故曰:"宗子无父,母命之;亲皆没,己躬命之;支子则称其宗,弟则称其兄。"则支子及宗子之母弟,其婚姻又系宗子所主持矣。① 降至汉世,主婚之仪依然存在,天子嫁女不自主婚,遂依周室使诸侯同姓者主之之义,并战国时称诸侯女曰公主之例,亦号天子女曰公主。诸王即自主婚,故其女曰翁主,翁者父也,言其父自主婚也。② 至于天子娶后,仪多不存,然依《晋书·礼志》云,"咸宁二年纳悼皇后时,弘训太后母临天下,而无命戚属之臣,为武皇父兄主婚之文";则其事或不通行,至少在晋初未之用也。殆晋穆帝升平元年将纳后,太常王彪之更正其礼,深非《公羊》婚礼不称主人之义;并曰,"王者之于四海,无非臣妾,……安有天父之尊而称臣下之命,以纳伉俪?安有臣下之卑而称天父之名,以行大礼?"云云。自兹以后,天子娶后皆自命其使,持节行纳采等礼而自主之。③ 皇太子娶妃亦由天子主之,《隋书·礼仪志》云,"皇太子纳妃礼,皇帝临轩,使者受诏而行";《新唐书·礼乐志》云,"皇太子纳妃,皇帝遣使者至于主人之家,不持节,无制书";其证也。顾皇子纳妃,公主下嫁,唐犹以亲王主婚,宋始不用,一则皇帝临轩醮式,一则纳婚者于内东门纳表,则仍天子为之主焉。明因之。惟在辽之方面,无论

---

① 参照《仪礼·士昏礼》,记士昏礼一节;及陶汇曾,《理论上之宗法》,《法制论丛》,第二六一、第三〇七页。

② 《史记》"公叔相魏,尚魏公主",并参照《汉书·高祖纪》颜师古《注》,及《王吉传·注》,《明史·礼志》九。

③ 参照《新唐书·礼乐志第八》。

嫁娶，皆以奥姑为主婚人。契丹故俗，凡婚燕之礼推女子可尊敬者坐于奥，谓之奥姑；太祖女质古幼即为奥姑也。于是纳后，即族中选尊者一人，当奥而坐，以主其礼，送后者拜而致敬，圣宗统和十二年九月所行之拜奥礼即此。① 以上系就天子方面嫁娶之主婚人而言。若夫士庶人之主婚者，在仪式上以父主婚为当然，祖父、期亲尊长及余亲之男子次之，《宋史·礼志》载婿之父祝于祢位曰："某子某，年若干，礼宜有室，聘某氏第几女，以某日亲迎，敢告"，而婿至女家，主人受礼如仪，主人谓女父也；即其显例。明洪武二年令，凡嫁娶皆由祖父母父母主婚，祖父母父母俱无者，从余亲主婚，清律用之；此实包括实质及仪式两方面而言，盖余亲主婚不必尽关婚姻意志者也。又，清律居丧嫁娶门有条例曰："孀妇自愿改嫁，翁姑人等主婚受财而母家统众抢夺，杖八十；夫家并无例应主婚之人，母家主婚改嫁而夫疏远亲属强抢者亦如之"；既属自愿改嫁，仍须有主婚人其为纯然仪式上之主婚人明矣。今俗，虽不以父母之命为然，但家长主婚之仪式存焉。

一，主婚人与婚姻意志：在古人一般情形中，实际上主持婚姻意思者为父母，所谓"父母之命"是；② 同时，宗子也者或亦有决定族人婚姻之权也。《郑风·将仲子》章以畏父母之言居先，以畏诸兄之言居次，当即此故。降而至唐，凡尊长——不限于父母——对卑幼皆有主持婚姻之权。惟卑幼在外，尊长后为定婚，而卑幼自娶妻已成者婚如法，乃见自主权之表示；然未成者仍须从尊长耳。此

---

① 见《辽史·公主表》《圣宗纪四》及《国语解》。
② 参照徐朝阳，《中国亲属法溯源》，第一○○至一○二页。

之所谓尊长，谓祖父母父母及伯叔父母姑兄姊也。又妇于夫丧服除而欲守志，非女之祖父母父母而强嫁之者徒一年，期亲——伯叔父母姑兄弟姊妹及侄——嫁者减二等，各离之；是寡妇不再嫁之意志虽较自由，而其祖父母父母仍得而强主持之也。明、清律除刑度外，略同。惟有两事须提明之：一为清律中将前述之明洪武令附于律，且言夫亡携女适人者，其女从母主婚。一为"夫丧服满，妻妾果愿守志，而女之祖父母及夫家之祖父母强嫁之者杖八十，期亲加一等，大功以下又加一等"。盖以守志为贵，虽女之祖父母亦不得而强嫁，且对妾亦如此，此又其所异者。在清时，凡家仆女儿不问伊主，偷嫁与人者有罚，且恒断离，女妇本主；贫民之女不能生活而雇于人，于年二十五岁后，如母家无人或无至近亲属者，由主家为之择配；如是，则主婚权又不在父母而在家主或雇主方面矣。①

一，主婚人与婚姻责任：依唐律，"诸嫁娶违律，祖父母父母主婚者独坐主婚；若期亲尊长主婚者，主婚为首，男女为从；余亲主婚者，事由主婚，主婚为首，男女为从，事由男女，男女为首，主婚为从；其男女被逼，若年十八以下及在室之女，亦主婚独坐"。有时所以独坐主婚者，即因嫁娶违律之意思完全为各该主婚人之表示也。至于"居父母丧与应嫁娶人，主嫁者杖一百"，与不应嫁娶人更从重科；亦系视其为婚姻责任者而然。明、清律，嫁娶违律，若由祖父母父母伯叔父母姑兄姊妹及外祖父母主婚者，独坐主婚，男女不坐，盖以分尊义重，得以专制主婚，卑幼不得不从者也。若由余亲主婚，未必能专制男女，则违律之事必有所由，按其情形分别主婚与

---

① 清《刑部现行则例・偷嫁女儿》条及清律《禁革买卖人口条例四》。

男女之首从，而制其罪。盖余亲主婚每多为仪式上之主婚人而已。他如逐婿嫁女，其女若与父母无通同之情形，则不坐罪，亦因事由父母专制，非其罪也。① 据此，主婚人在往昔婚姻法上所负责任之如何，不难知其要矣。

（乙）**媒妁** 媒之为言，谋也，谋合异类使和成者，于是谋合二姓以成婚媾，亦曰媒；妁之为言亦谋也，又酌也，斟酌二姓也，故《孟子》"以媒妁之言"是称。② 此在往昔之婚姻要件上，视为与"父母之言"同重，于礼于法既有关系，而其制度之本身亦有变迁。分及于下：

一，媒妁与婚制及其沿革：《路史》云，"太昊伏羲氏正姓氏，通媒妁，以重万民之丽"；又"女皇氏正姓氏，职婚姻，通行媒，以重万物之判，是曰神媒"；此乃后世学者推崇媒聘之制，托古为言，不足信也。愚以为媒妁具有居间人之性质，在买卖婚时代当即有之；殆买卖婚演变而为聘娶婚，买妻卖女之居间人亦演变而为媒妁，遂以合姓为难，赖媒往来，以传婚姻之言矣。其始也，或即为"使"。《左》成八年"宋公使华元来聘，聘共姬也"，《疏》虽谓"诸侯不可求媒于其国，使臣自行，则亦媒之义"，实则《曲礼》既谓"男女非有行媒，不相知名"，行媒云者意皆使也。《仪礼·士昏礼》由问名以迄纳吉所称之"宾"或即其人。③ 至于《周礼》地官之属有媒氏，掌媒合男女之事；《管子·入国篇》有掌媒之官，取鳏寡而和合之；纵有其事，亦系出于婚姻之统制而然，固无禁乎行媒之存在，愚且疑其

---

① 参照清律《婚姻篇》总注及"逐婿嫁女"条注。
② 见《周礼·媒氏》注，《说文·集韵·媒》字条及《妁》字条，《孟子·滕文公》下。
③ 参照《中国古代婚姻史》，第七〇至七一页。

所云，以学者理想之成分居多也。现代学者或根据《燕策》周地贱媒云云，谓古所谓媒，皆官媒；私媒至周末，乃盛行，似不尽然。① 盖行媒亦近私媒，周末所盛行者乃私家职业媒耳。降至后世，一般之行媒，结合两姓以事而起，非视为业，此无论矣。其在官媒方面，于特殊情形中时亦设置：如《三国志》云"为设媒官，始知嫁娶"；《元史》云"张复叔母孀居且瞽，丐食以活，吕思诚怜其贫，令为媒互人以养之"；元《典章》并称媒妁由地方长老，保送信实妇人，充官为籍；皆官媒也。清，各地方官遇发堂择配之妇女，交充官役之妇人执行，称曰官媒；同时各地方官鉴于管辖区内之贫女婢女，婚嫁为难。由官代为媒妁，杀礼以成其婚，亦曰官媒。其在私家职业婚方面，周末既已盛行，后世莫减其势，类多由媪为之，《抱朴子》云，"求媒媪之美谈"，是晋时亦然。宋吴处厚《青箱杂记》云，"使媒妇通意"，媒而称妇，与近世之媒婆云云，固无所异。现代"媒妁之言"虽不成为婚姻上之要件，然于定婚成婚之际，世俗仍必有所谓介绍人在，即纯粹形式上之媒妁是也。

　　一，媒妁与礼制及其流弊：《仪礼·士昏礼》云，"昏礼下达，纳采用雁"；《注》谓"将与彼合昏姻，必先使媒氏下通其言，女氏许之，乃后使人纳其采择之礼；……《诗》云"取妻如之何，非媒不得"，必由媒交接，设绍介，皆所以远廉耻"；礼制方面之重视媒妁，为义可知。于是男女以行媒始相知名，无媒则亦不交；男方无媒不得其妻，女方无媒老且不嫁。鲁桓会于嬴，成昏于齐，不由媒介自成其婚，史家遂以非礼贬之。齐襄曾通太史敫女，立为王后，敫以"女不

---

① 见程树德，《中国法制史》，第一四九页注三。

取媒,因而自嫁,非吾种也,汙吾世"罪之;而《管子》更有"自媒之女,丑而不信"之言矣。① 迨至后世,胡致堂犹曰:"女而自媒,求贞女者贱之,士而自荐者,求良士者轻之";则在女子方面尤视媒妁之言为重也。虽然,怀疑媒妁者古即有其人,而其流弊确亦甚深,不可稍讳。《楚辞》云,"苟中情之好修兮,何必用乎行媒?"已露反抗之端。《燕策》并载:"周地恶媒,为其两誉也,之男家,曰女美,之女家,曰男美",宜乎世以"媒孽其短"是称;盖就其事而为喻也。② 宋有袁采并畅言曰:

"古人谓周人恶媒,以其言语反覆,给女家则曰'男富',给男家则曰'女美';近世尤甚。给女家则曰'男家不求备礼,且助出嫁之资';给男家则厚许其所迁之贿,且虚指数目。若轻信其言而成婚,则责恨见欺,夫妻反目至于仳离者有之。大抵嫁娶固不可无媒,而媒者之言不可尽信如此,宜谨察于始。"(《世范·睦亲》)

此种情形在公私职业媒方面益甚。宋以后亦然。其指引通奸,发生媒合容止之情形者,更无论矣。③

一,媒妁与法制及其责任:唐以前各律不可得而详也。唐律已有"媒娉"用语,《疏义》亦曰"为婚之法必有行媒",则视为法定条件

---

① 见《曲礼》《坊记》《齐风·南山篇》《战国策·燕策》《左》桓三年《注》及《史记·田敬仲完世家》。
② 语见《前汉书·司马迁传》,颜师古注曰"媒如媒妁之媒,孽如麴糵之糵"。
③ 媒合容止之罚,见明清律《犯奸篇》。

也可知。且律言"诸嫁娶违律……媒人各减首罪二等",《疏义》并称"父母丧内为应嫁娶人,媒合从不应为重,杖八十,夫丧从轻,合笞四十",则媒妁与主婚人又同负法律上之责任矣。宋《刑统》与唐律同。元,"凡媒人各使通晓不应成婚之例";"诸男女婚姻,媒氏违例多索聘财及多娶媒利者,谕众决遣";而招召女婿入舍,依至元八年条例亦须明立媒妁婚书,视为婚姻之要件,则媒妁自亦有其责任之可言。明、清律,嫁娶违律亦治媒人之罪,惟因将婚书与私约区别之结果,有时或否认媒妁之必要;盖以有媒妁通报写立者为婚书,无媒妁,私下议约者为私约,而私约对于定婚亦属有效故也。①民国成立后,前大理院认为私约仍须经媒人写立,其报官立案者始称婚书云。②

四　婚姻之程序问题

前已言之,定婚与成婚为婚姻关系成立之两主要程序。在定婚方面,唐、明各律固各有所规定:其事实颇与现代婚姻法上之所谓婚约相当;然律以明刑弼教为目的,对于定婚之规定也,无非将礼之主要部分,予以强制力而已!故其渊源不外"六礼",苟昧乎礼制上之六礼关系,则此法制上之定婚问题,即无由明其原委。在成婚方面,系承"请期""亲迎"之仪式而续为之,顾在往昔仍有成妻与成妇两种节目之别,此其大较也。

---

① 参照《中国妇女在法律上之地位》,第三六页。
② 二年上字第二一五号。

（甲）礼制方面之六礼 古视婚姻意义深远，礼仪遂以庄重为尚，故意纡其进行之程序，藉示民情之不渎，于是六礼兴矣。六礼云何？纳采、问名、纳吉、纳征、请期、亲迎是也。其详如下：

一就六礼之沿革言：《礼记·昏义》备述纳采、问名、纳吉、纳征、请期之节目，而书"父亲醮子而命之迎"于其后；《仪礼·士昏礼记》六礼仪注之文，亦斐然可观；学者曾疑其创于周而备于汉也。① 然无论如何，依《大雅·大明》章云，"文定厥祥，亲迎于渭"，则在文王之世，六礼已肇其端也可知。不过"礼不下庶人"，"奔则为妾"，"司男女之无夫家者而会之"，亦有不尽依六礼程序而为之者矣。汉平帝元始三年诏刘歆等杂定婚礼，四辅公卿大夫博士郎吏家属，皆可礼娶亲迎立轺并马；次年立皇后王氏，亦以纳采卜吉及遣使持节奉迎终其事。② 汉以后，魏、晋、南北朝皇太子婚礼亦无亲迎节目，余皆与士庶人礼之节同。惟自东汉迄于东晋往往因时属艰难，岁遇良吉、急于嫁娶，权为"拜时"之制，不特六礼悉舍，即合卺之仪亦弃矣。③ 隋唐以后，皇太子始亲迎，其余帝室婚礼亦皆以六礼为归依；④惟士庶人方面，终以六礼程序烦重，于宋世即加省略，《宋史·礼志》云，"士庶人婚礼，并问名于纳采，并请期于纳成"，其所存者纳采、纳吉、纳征、亲迎四礼是也。惟《朱子家礼》并将纳吉删去，盖得吉即送礼币，不必于纳征以先，再有纳吉之程序，故只存三礼；后世学者或称其简便而合时宜，或称其仅为名称之简略，于

---

① 参照《中国妇女生活史》，第二四页、第三〇页。
② 参照《汉书·平帝纪》及《王后传》。
③ 详见《通典》。
④ 参照《宋史·礼志十八》及《明史·礼志九》。

实质上并无增减云。① 元，较《朱子家礼》多议婚一目，实即《士昏礼》所谓"昏礼下达"之主。明、洪武元年定制用《朱子家礼》，嘉靖十年并题准士庶婚礼，谓问名、纳吉不行已久，止仿《家礼》纳采、纳币、亲迎等礼行之云云，是又重申洪武之令也。② 清，《通礼》所载，汉官自七品以上，礼别为九，但系并入成妇成婿之礼，而当于古代六礼者仍只有五，议婚、纳采、纳币、请期、亲迎是也。其他士庶人婚礼则较七品以上之礼为杀。然礼非强制，俗或呈奇，一般情形虽莫离乎《朱子家礼》之范围，而琐目繁仪或则过之，不可执一而论也。至于现代新式嫁娶，至多仅有定婚与结婚两仪式耳。

一，就六礼之内容言：所谓纳采者，男女将欲与女方合婚姻，使媒氏下通其言，苟可有望，然后以雁为贽，正式行采择之礼；而言纳者以其始相采择，恐女方不许，故云。实则乃一求婚之仪注，婚约中之要约是也。礼用雁者，取其为随阳之鸟，妻从夫之义也。③ 北齐，自皇子王以下至于九品，用羔羊一口，雁一只，酒黍稷稻米面各一斛，流外及庶人则半。④ 唐，纳采有合欢、嘉禾、河胶、九子蒲、宋苇、双石、绵絮、长命缕、干漆九事；皆有词。胶漆取其固，绵絮取其调柔，蒲苇为心可屈可伸也，嘉禾分福也，双石意在两固也。宋诸王纳妃，赐女家白金万两，敌门用羊二十口，酒二十壶，采四十匹；

---

① 见汪右衡，《朱子家礼注》；及陈鸣盛，《家礼目式》。
② 见《元典章》，"婚姻礼制"条；《明史·礼志》，"庶人婚礼"条，并参照《大明集礼》。
③ 参照《仪礼·士昏礼》"昏礼下达，纳采用雁"《注疏》，及《礼记·昏义疏》引《白虎通》云。
④ 见《隋书·礼志》。又，古时，除纳征外，五礼皆用雁；北齐除纳征外，五礼亦用同一礼物。

士庶人无雁奠者,三舍生听用羊,庶人听以雉及鸡鹜代。① 所谓问名者,纳采之礼毕,"宾执雁,请问名,主人许,宾入,授如初礼",盖一使而兼行二礼之仪也。其所问者,不外女之所生母之姓名,及本身名次,并出生年月日时,归以卜其吉凶耳。降至后世,帝王婚嫁仍采问名仪注。如《明史·礼志》载天子纳后,正使取纳采制后,副使取问名制,宣曰"朕惟夫妇之道,大伦之本,正位乎内,必资名家,特遣使持节,以礼问名,尚仵来闻",而皇太子亲王纳妃,公主下嫁,亦皆以"将加卜筮"为辞,问其名焉。士庶婚礼问名归于纳采,然宋时世俗之凭媒以"草帖子"通于男家,用而问卜;近世之凭媒请庚及探问,则仍有问名之遗意也。② 所谓纳吉者,于问名之后,"归卜于庙得吉兆,复使使者往告,昏姻之事于是定",故"纳吉,即文定之说也,又谓之通书"。③ 以纳云者,仍恐女家翻悔,遂有再为申请之意耳。周时,亦用雁如纳采礼;宋,诸王纳妃称为告吉,使曰"官占既吉,奉制以告";明,亲王婚礼,纳吉辞曰,"卜筮协从,使某告吉",皆纳吉之仪注。唐律所谓"报婚书",即纳吉而女家答书许讫之谓;宋俗所谓"过细帖","相亲""插钗",皆属其事,近世所谓"传庚""定亲""换帖",均然,盖正式订约也。惟《家礼》则以之入于纳征中,乃指卜吉则随之而纳其币矣。所谓纳征者"纳聘财也;征、成也;先纳聘财而后婚成,春秋则谓之纳币";或曰《春秋》文质,故称纳币,或曰士礼与诸侯礼不同,于士曰纳征,于诸侯曰纳币;或又曰纳币

---

① 见段成式,《酉阳杂俎》,卷一;及《宋史·礼志十八》。
② 参照吴自牧,《梦粱录》,卷二十;及《中国妇女生活史》,第三九九页。
③ 语见《士昏礼·注》及《陈氏礼书》。

以物言，纳征以义言，诸侯纳征，以其币多，故指币云云。① 此犹言纳者，纳币帛则婚礼成，复恐女家不受，更云纳也。经此仪注，婚约完全成立，故曰"非受币不交不亲"，"币必诚"，"无币不相见"云。其聘财，庶人依礼而行，则锱帛五两；士大夫玄纁束帛俪皮，诸侯加以大璋，天子加以谷圭；既有束帛可执，故不用雁也。② 汉聘皇后黄金二万斤，为钱二万万；一说，汉高后制，聘后黄金二百斤，马十二匹，夫人金五十斤，马四匹。魏，王取妃，公主嫁用绢百九十匹。晋，用绢三百匹；太康八年有司奏，大婚用玄纁束帛，加珪，马二驷；王侯玄纁束帛，加璧，乘马；大夫用玄纁束帛，加羊。北齐，纳征用玄纁束帛、大璋、兽皮、绵彩、绢、羔羊、羊、犊、酒、黍、稷、稻、米、面等物，自皇子王以迄六品以下，各依其秩而增减之。唐，高宗下诏，三品以上纳币不得过绢三百匹，四品五品二百，六品七品百，八品以下不得过五十，悉为妇装。③ 其律之所谓受聘财，即指此类之事。宋，因讳，改纳征为纳成或纳财，司马《书仪》，遂曰纳币，《通礼》因之。亲王纳财，金器百两，彩千匹，钱五十万，锦绮绫罗绢各三百匹，销金绣画衣十袭……马二十匹，羊五十口……等物甚多，室宗子远族子递减之。民间，以备金钏、金锭、金帔坠"送聘"者为常，其送官会银铤者，谓之"下财礼"。元亦称曰下财，今陕西犹存此名；近代所谓下礼、过定等称，亦其事也。所谓请期者，男家使人请女家以婚时之期。何必请？男家不敢自专，执谦敬之辞，故云请

---

① 见《礼记·昏礼·杂记》《春秋传》……注疏。

② 注见《曲礼》《郊特牲》《坊记》；并参照《周礼·媒氏》《仪礼·士昏礼》及《疏》，《周礼·春官》及《疏》。

③ 见《汉书·王莽传》《晋书·礼志下》《隋书·礼仪志四》及《唐书·高俭传》。

也。《仪礼·士昏礼》云,"请期用雁,主人辞,宾许告期,如纳征礼",盖以阳倡阴和,期日宜由夫家诹吉具书以告,故主人辞而即告之也。后世,请期一变而为告期,如《明史·礼志》载皇太子纳妃,"请期,辞曰'询于龟筮,某月某日吉,制使某告期';主婚者曰'敢不承命!'陈礼奠雁如仪",即其例也。民间,则由男女双方共择日期,送一期帖于女家正式通知之而已!所谓亲迎者,谓婿承父命而至女家迎妇,既奠雁,出御妇车,而婿授绥,御轮三周,先归俟于门外,妇至,婿揖妇以入云云,简言之,即婿于昏时亲往女家迎妇而归是也。文王迎于渭,韩侯迎于蹶,皆亲迎之实例;故《春秋》隐二年"纪履緰来逆女",《公羊》说以始不亲迎为讥;桓三年"公子翚如齐逆女",《谷梁》说以"逆女亲者也,使大夫非正也"是贬:可知其重视亲迎矣。惟天子亲迎与否,左氏与公羊不同,左氏以天子至尊无敌,无亲迎之礼,公羊反之。① 汉,高祖时皇太子纳妃,叔孙通制礼,以为天子无亲迎,从左氏义也。后世帝王概无亲迎,皇太子则于隋唐以后行之。惟在近世,民间每以亲迎费奢,娶妇时恒以婿之名帖持赴女家以迎,迨妇舆抵门,始出而亲迎之也。

(乙)法制方面之婚约 依礼而言,婚姻由纳吉而定,由纳征而成,故在律之方面亦以交换婚书或收受聘财为婚约成立要件。此种婚约既蝉蜕于六礼,其性质乃婚姻行为之一部,固非准备,亦非预约,盖由是即取得一定之身分,而可以强制履行其约,与今不同。② 其详如下:

---

① 参照《礼记·哀公问》《疏》;及《中国古代婚姻史》,第七二至七六页。
② 参照《中国婚姻法综论》,第四四至四五页;《中华法学杂志》三卷八号,第七二页;及陶著《民法亲属》,第三六页。

一，就婚约之成立言：古律散佚，多不可考，于晋仅知其"崇嫁娶之要，以下娉为正，不理私约"而已！唐律，堪当婚约者为许婚之书，即许嫁女已报婚书是；盖女家已承诺纳采问名而又为纳吉之答也。又，夫身老幼疾残养庶之类，亦须先知，是曰私约；惟富贵贫贱随时而变，不入其内。虽无许婚之书，但受娉财亦是，娉财无多少之限，即受一尺以上亦然；酒食为供设亲宾，所送虽多不同娉财之限；若送财物以当酒食，不限多少，亦同娉财；盖聘则为妻，但受娉财即系许诺也。观于白居易判文中，"婚书未立，徒引以为辞；娉财已交，亦悔而无及"云云，可知之矣。① 明清律，"凡男女定婚之初，或残疾、老幼、庶出、过继、乞养者，务必两家明白通知，各从所愿；不愿即止，愿者与媒妁写立婚书，依礼而行嫁娶"；如不依媒妁通报，由男女主婚人私将议约记载于婚书者，则以私约称之，与但曾受聘财者同为有效云。

一，就婚约之效力言：此种婚约系保障纳吉、纳征之效力而设，且女子许嫁，依礼即有从人之端，著之以缨，明其有系；故不许其反悔，更不能再与他人定婚或成婚。依唐律，诸许嫁女已报婚书及有私约，或但受聘财而辄悔者，杖六十，婚仍如约；然男家自悔者竟无罪，仅不追聘财而已！若女方悔约更许他人者，则杖一百，已成者徒一年半，后娶者知情减一等，女归前夫；前夫不娶，还聘财，后夫婚如法。元，悔约者笞三十七，男家悔者不坐，不追聘财；更许他人者笞四十七，已成婚者五十七，女归前夫，惟已生有子女者，则有追还聘财与前夫别娶之例。明、清律，女家悔者，主婚人笞五十，女

---

① 见《晋书·刑法志》；并参照《唐律疏义》，卷十三；及《长庆集》，卷四十九。

归本夫；再许他人者杖七十，已成婚者杖八十，后定娶者知情与女家同罪，财礼入官，不知者不坐，追还财礼，女归前夫。前夫不愿者倍追财礼给还，其女仍从后夫。男家悔而再聘者，罪亦如之，仍令娶前女，后聘听其别嫁，以罪不在女家，故不追财礼；若夫男家再聘而已娶者，则后娶之女既已失身，无所归着，惟有听原聘者另嫁耳。

一，就婚约之解除言：往昔虽视婚约缔结，即具有履行成婚之义务，然遇一定之原因存在，仍可于中途解除之。除上述之一女数许及其他情形外，兹择其原因之要者论焉。妄冒是否可以解除婚约？据唐律云，"诸为婚而女家妄冒者徒一年，男家妄冒者加一等；未成者依本约，已成者离之"；是未成者仍依原定，已成者始离之，律文意义仅得其概。明清律均有妄冒之条，《注》更详明其事。即，为婚而女家妄冒之事，如女有残疾却令姊妹妄冒相见，后却以残疾女成婚之类，主婚人杖八十，追还财礼；男家妄冒之事，如与亲男定婚却与义男成婚之类，因其往往致女失身，故罪加一等，不追财礼。未成婚者仍依原定，即与妄冒相见之人为婚，从所愿也；盖虽非解约而约之内容变矣。倘妄冒相见之人另有聘娶，自应别为婚配；与夫"已成婚者离异"，其目的为"不得因已成婚，即听完聚，而遂奸伪之愿"，盖即解除婚约之例矣。犯罪是否可以解除婚约？唐律无规定。元，"诸女子已许嫁而未成婚者，其夫家犯叛逆应没入者，若其夫为盗及犯流远者，皆听改嫁；……诸国女既定婚，其女犯奸事觉，夫家欲弃则追还聘财，不弃则减半成婚……"，是许其解除婚约也。明、清律，婚约不许反悔，但"其未成婚男女有犯奸盗者，不用此律"，即"男子有犯，听女别嫁，女子有犯，听男别娶"，既不在无故悔婚之限,即婚约之可以解除也。① 延期是否可以解除婚约? 唐律,"期要未至而强娶,及期要至而女家故违者,各杖一百",此不过保障礼制上"请期"之效力,明、清律亦有规定,与延期不娶之情形异也。元始规定"五年无故不娶者,有司给据改嫁",明因之。清律附例中并详之曰,"凡期约已至五年,无故不娶,及夫逃亡,三年不还者,经告官给照,并听别行改嫁,不追财礼"。此种情形之解约实亦应有者也。

(丙)结婚方面之仪文 六礼始于纳采,终于亲迎,成妻之仪即以亲迎开其端,成妇等仪又随而举之;后世泛称为结婚仪式是也。虽《昏义》所述,《士昏礼》所记,已立标准于往昔;而《朱子家礼》所示,亦成规范为后世;但历代之因时损益,各地之依俗变易,殊无由统一其事。今,我《民法》称曰,"结婚,应有公开之仪式及二人以上之证人",②盖六礼虽废,结婚仪注仍难划整,不得已而为此概括之规定耳。是故关于此一问题,亦惟择其荦荦大者略述数端而已!

一,就成妻之仪而言:据《礼记·曾子问》,娶女有吉日,婿或女死,相为服丧,既葬而除之;后世所谓"聘妻"及"女身守志"云云,皆由其义而演变者,是纳征以后,即已成立夫妻之关系矣。然夫妻之名确定,仍须经过正式仪注,即夫于昏时,亲迎女归以后,

"共牢而食,合卺而酳,所以合体,同尊卑,以亲之也。"
(《礼记昏义》)

---

① 见《元史·刑法志·户婚》及明清律"男女婚姻"条及注。
② 《民法》第九八二条。

后世成妻之仪一本于此,故无论如何繁冗,而婿迎妇出舆,升堂交拜,而后归房,行交杯共食之礼,究为要端,莫能更易也。①惟在周时,重视亲迎,为制或涉靡侈;但既视婚礼为阴礼,于是婚礼不用乐,以示幽阴之义,婚礼不贺人之序也,则迎娶而归之当夕,一切必从俭焉。降而至汉,嫁娶者,车骈数里,缇帷竟道,骑奴侍童,夹毂并引;富者竞欲相过,贫者耻其不逮,富者空减,贫者称贷,嫁娶奢靡固不仅赵地为然。②而宣帝时,并以郡国二千石禁民嫁娶,不得酒食相贺,认为令民无所乐,非所以导民也;遂诏"勿行苛政"而解之,至是迎娶婚贺皆奢于古矣。以后各帝虽对僭侈过制及纷华靡丽之嫁娶,屡有禁诏,其习已深,终莫能革。③惟晋武帝之立皇后杨氏,成帝之拜皇后杜氏,群臣毕贺,时认失礼。迨至穆帝升平元年纳何后,太常王彪之定礼,始依"娶妇之家三日不举乐"之训,不复贺;八年博士胡讷议迎皇后大驾,宜设鼓吹而不作;永和二年王述议纳后,主三日之后自当乐,三日之内不应贺;皆依古礼以求其合。然在"俗间,既有戏妇之法,于稠众之中,亲属之前,问以丑言,责以慢对,其为鄙黩,不可忍论",其有贺贶共庆之事明矣。他如阮修素贫,年超四十不娶,王敦等敛钱为婚,则婚礼之一般奢侈,更可推知。④南朝,"六门之外有别馆,以为诸王冠昏之所,名曰昏第",此其异于古者。顾婚俗浮丽,历兹永久,"同牢之费华泰尤甚;膳羞

---

① 参照《朱子家礼》结婚之仪式;及《梦粱录》,卷二十。
② 参照《潜夫论·浮侈篇》《盐铁论·国疾篇》及《汉书·地理志》。
③ 《汉书·宣帝纪》五凤二年八月诏,《成帝纪》永始四年诏;《后汉书·章帝纪》建初二年诏,《安帝纪》元初五年诏。
④ 参照《晋书·礼志下》《抱朴子·疾谬篇》及《晋书·阮修传》。

方丈，有过王侯，富者扇其骄风，贫者耻躬不逮；或有供帐未具，动致推迁"，"乃至班白不婚"；故齐武帝以"合卺之礼无亏，宁俭之义斯在"教之也。① 北朝，魏孝文帝既有奢婚之禁，临淮王孝友亦以"共食合瓢，足以成礼，而今之富者弥奢，同牢之设，甚于祭榮"为不可。其实在孝文帝以前，诸王纳妃皆乐部给伎，以为嬉戏，而对于细民则早禁止，此高允所以认为异也。② 其在北齐，俗并有婚夕弄女婿法，段昭仪之兄妻元氏，以是触文宣怒，可证也；其在北周，牢羞之费仍罄竭资财，武帝曾诏禁之，可证也。③ 唐，太宗时，韦挺上疏，谓"今昏嫁之初，杂奏丝竹，以穷宴欢，官司习俗，弗为条禁"；睿宗时，唐绍上疏，称"往者下里庸鄙，时有障车，邀其酒食，以为戏乐；近日此风转盛，上及王公，乃广奏音乐，多集徒侣，遮拥道路，留滞淹时，邀致财物，动逾万计"；故太极元年既为障车之禁，建中会昌间复有婚娶家音乐并公私局会花烛并宜禁断之敕。他如永州民俗，婚日出财会宾客曰破酒，昼夜集，多至数百人，贫者犹数十，力不足，则不娶；韦宙力谋革之，非无故也。④ 宋，民间婚娶仍涉于侈，乐官伎女茶酒诸役皆备，其仪名色亦多；而元祐大婚，吕正献公当国，执议不用乐；宣仁云，"寻常人家娶个新妇，尚点几个乐人，如何官家却不得用？"虽古礼莫之遵也。⑤ 明、清当亦同然，不必缕举。即在现代，婚娶竞尚奢靡，犹恒见之，虽以集团结婚从俭为旨，

---

① 见《南史》及《南齐书·武帝纪》永明七年四月十月两诏。
② 见《魏书·高祖纪》太和二年五月诏，《北史·临淮王传》及《高允传》。
③ 见《北史》文宣皇后附段昭仪传，《周书·武帝纪》上。
④ 见《唐书·韦挺传·韦宙传》；及《唐会要》，卷八十三《嫁娶》。
⑤ 参照《梦粱录》，卷二五；及周辉，《清波杂志》，卷一。

然私自破酒欢会,仍不免焉。非然者,则仅发柬为知,或登报以告,是又矫枉过正,于法不合矣。

一,就成妇之仪而言:往昔视婚姻为合二姓之好,故成妇之目的重于成妻之目的。据《公羊》宣元年,女至其国不称夫人而称妇者,有姑之辞也;似于亲迎而归之途中,即已成妇,实则成妇一如成妻虽可溯及于先,仍须经过一定之仪式始确定也。《仪礼·士昏礼》所谓:

"夙兴,妇沐浴,缅笄宵衣以俟见,质明赞见妇于舅姑……若舅姑既没,则妇入三月乃奠菜。"且无论舅姑存没与否,亦须三月始能助祭,"妇入三月然后祭行",既指此。是故"三月而庙见,称来妇也;择日而登于祢,成妇之义也";女未庙见而死,则"不迁于祖,不附于皇姑,……归葬于女氏之党,示未成妇也"。试观夫家反马必在三月庙见之后,示夫妇之情既固,与之偕老,不复归,则女家原留之马,备女被弃乘之以归,自无所用而反之,即可知矣。惟郑康成则以舅姑若在,即于当夕同牢之明日,谒见舅姑后遂成妇云。①魏晋之间,俗有"拜时",先拜舅姑,即成妇道,其后再行迎娶,故或称其不得与娶妇者同。尚有所谓"三日妇",即先成婚而未拜舅姑,言同牢共衾已三日也;山涛谓拜时重于三日,以拜时已成为妇也。其实"初婚三日,妇见舅姑",乃当时之通例也。②唐,公主下嫁,翌晨亦行拜舅姑之礼,其在民间,腊月娶妇,不见姑;且俗忌,以子午卯酉年谓之当梁年,其年娶妇,舅姑不相见,颜真卿等奏请禁之,

---

① 见《礼记·曾子问》及《注》,并参照《左》宣十年传文及《疏》。
② 参照《通典》,卷五十九;《梁书·徐摛传》。

从。① 宋初士大夫之子有尚帝女者，辄皆升行，以避舅姑之尊；神宗不以为然，诏公主下嫁者行见舅姑礼，亦于翌晨为之；遂以为例。其在民间，则交拜合卺等礼以后，新人换妆毕，诣中堂，行参谢礼，谒见外舅姑礼，两姓叙亲礼，然后入筵，以终其仪，妇对舅姑当非翌晨始见也。惟据《朱子家礼》三日见妇于祠堂，或祭行庙见之义也。元与《朱子家礼》同。② 明，帝王婚嫁均依古礼，翌日见舅姑，洪武三年令庶人婚礼于亲迎之明日，即行见祖祢及见舅姑之礼。清与明同，汉官七品以上之九礼，所谓"六、妇见舅姑；七、妇盥馈，舅姑飨妇；八、庙见"三礼，即成妇之仪也。惟在习俗方面，或于三日以"拜大小"，示其成妇；或以告祖、合卺、谒见舅姑，行于同日，亦非一致。③ 至于成婿之仪，于亲迎而至女家，似即具其性质，以后正式谒见，乃其续也。清七品以上之九礼，最后为"九、婿见妇父母"，即指其事而言。俗，娶妇翌日，妇归其家，婿随后而往，谒拜妇父母及其戚亲，称曰"回门"；今，关中有此习，愚曾行之。此外，尚有致女之仪、馈女之仪，事甚繁琐，从略。

---

① 参照《唐书·礼乐志》第八；《酉阳杂俎》，卷一；及《通典》，卷五十八。
② 参照《宋史·礼志》十八《公主下降仪》；《梦粱录》，卷二十；《元典章》，卷三十。
③ 参照《明史礼志九》；《大明会典》，卷七十一；及《中华通史》，第一五〇二页。

第五章　婚姻效力

今日视婚姻为男女个人之事，故婚姻一旦成立，其所发生之效力，涉及"姻亲"与"家"方面者诚有，而究以夫妻之身分关系及财产关系为主。往昔则不然：既以夫妻为一体，使妻无独立人格之存在，复以此"一体"纳入家族组织之下，使夫妻之同居财产等问题，皆家族化，不能纯然拟为配偶关系矣。盖个体时代之婚姻与家族时代之婚姻，为义既非一致，则婚姻效力所及之方面，自亦异其轻重，不可依今以论古也。兹仍分为配偶关系、姻亲关系及家族关系三端，列其事纲，细目则不必求与现代法适合，就史言史，无可如何者耳。

一　婚姻与配偶关系

无论个体时代或家族时代，婚姻之首一效力，不外使男之一方因婚姻而取得夫之身分，女之一方因婚姻而取得妻之身分；往昔并有仅取得妾之身分者，所谓"有男女然后有夫妇"是也。此种关系除涉及家族问题另及外，其情形依然复杂，可并为左列各问题述焉。

（甲）夫妇之地位问题　因婚姻而发生之男女配合关系，如只客观地称此配合事实,往昔已有用语种种:或称曰妃,曰耦,曰俪;或称曰妃耦,曰匹耦,曰配耦;或称曰伉俪,曰合偶,曰配偶;皆有相敌之义,未含男尊女卑及夫刚妇柔之观念于内,似夫妇地位颇平等也。① 然如专就主观方面论夫妇之地位,则伉、敌、俪、并云云,皆虚语矣。即以"夫妇"用语为证,已充分表示夫妇地位差等之意义;虽"夫妻"用语比较近于平等,但系另有所指,亦非真平等也。

何以言"夫妇"用语充分表示夫妇地位之差等?说者固谓夫妇之本义为"抱负",《老子》"万物负阴而抱阳",犹言妇阴而夫阳,抱负即今言正负,各得体之半而互相依附,其后引伸为伴侣;则夫妇用语之初义未尝不平等云。② 然依经籍之通常意义而言,"夫"字为男子之通称,转而用为对妇对妻之称,在字义上诚未含有特殊的差等之意,顾"妇"字之含有卑下意义,则亦莫能否认;于是对"妇"言"夫",则差等地位见矣。盖《说文》云,"妇、服也";《汇苑》云,"未嫁谓之女,已嫁谓之妇";《公羊传》云,"其称妇何? 有姑之辞也"。③ 则"妇"字之始用也,或系对于舅姑而主称之,观于《内则》所谓"妇事舅姑,如事父母",其处于屈服之地位甚显。因社会上已视一般女子之地位低于男子,遂又泛称一切女子,如谓"女子者,言如男子之教而长其义理者,故谓妇人","妇人有三从之义,无专用之道,故未嫁从父,既嫁从夫,夫死从子",皆以"妇人伏于人者也"

---

① 参照《曲礼》"天子之妃曰后……"及《疏》,《左》桓六年"人各有耦……"成十一年昭三年传文,宣三年杜预注,及《后汉书·邓训传》注,等等。
② 详见吕诚之《中国婚姻制度小史》,第四五至四八页引其所著《释夫妇》文。
③ 见僖二十五年宣元年传文,并参照《尔雅·释亲》及《颜氏家训书证》。

为解,①如此男尊女卑之社会,独谓妇对于夫,初含有平等意义,当不尽然。且依《礼记·郊特牲》云,"……出乎大门而先男帅女,女从男,夫妇之义由此始也;妇人从人者也,幼从父兄,嫁从夫,夫死从子;夫也者夫也,夫也者以知帅人者也",则夫妇地位差等可知。故曰:

"夫者扶也,以道扶接;妇者服也,以礼屈服。"(《白虎通》)

《曲礼》谓"天子有后,有夫人,有世妇,有嫔,有妻,有妾";世妇地位高于妻,但仍加一世字始显其贵;即因"妇,服也,言其进以服事君子也,以其犹贵,故加以世言之",称"妇"而示其地位卑下于"夫",更了然矣。

何以言"夫妻"用语仍非指示夫妇地位之平等?妻在古昔,或为配偶中女方之通称,《诗》"刑于寡妻"是;或特有其指,《曲礼》"公侯有夫人……有妻有妾"是。然无论如何,妻皆有"齐"义。《白虎通》云,"妻者齐也,与夫齐体,自天子至庶人,其义一也";《礼记·内则》郑注云,"妻之言齐也,以礼见问,得与夫敌体也",而妻之古字为"妻"为"妻","𠙹"即"贵"字,乃贵女之意,亦不失齐同之义。顾在古籍中,"夫妇"用语既广于"夫妻",而社会上又一般地视男尊而女卑,则所谓"妻,妇与己齐者也"等类之辞,必非指夫妇地位之平等也可知。愚以为"妻"之言"齐",言"贵妇",当系因妾而生之义,离妾而言,则妻亦卑矣。如云"娶妻不取同姓,故买妾不知其姓

---

① 见《大戴礼记》,及《仪礼·丧服传》。

则卜之";如云,"聘则为妻,奔则为妾",皆妻妾对称。其单独称妻者,亦往往与婚礼有关,如云,"娶妻如之何?非媒不得";如云,"妻也者亲之主也";盖嫁必依礼,不以买,不以奔,有异于妾,遂以妻称也。① 故谓"妻者齐也,与夫齐体,妾者接也,仅得与夫接见,贵贱有分,不可紊也";② 实系妻妾之比较结果而生齐同之义。若夫对夫而专言之,则

"壹与之齐,终身不改,故夫死不嫁;男子亲迎,男先于女,刚柔之义也,天先乎地,君先乎臣,其义一也。"(《礼记·郊特牲》)

虽曰齐同,地位仍卑也。观于甲骨文,妻妾等字从女,皆象人长跪,妻亦有卑下之义颇显;③ 而《仪礼·丧服·传》曰,"夫者妻之天也,妇人不贰斩者,犹曰不贰天也";郑玄注《曲礼》"祭夫曰皇辟"曰,"皇,君也,……辟,法也,妻所取法也";则对夫而言,"妻"与"妇"之为义殊无多别。故夫妻云者,只能谓在妻妾比较上多少含有平等意义,非真与夫平等也;惟今日我《民法》之称"夫妻"云者,当系就其表面上对等地位之"齐"言耳。

(乙)夫妇之一体问题 《仪礼·丧服·传》曰,"……夫妻一体也,……夫妻牉合也";《周礼》亦谓"媒氏掌万民之判";《注》称"判,半也,得耦为合,主合其半,成夫妇也";乃系采夫妇一体主义者。

---

① 见《礼记·曲礼》《坊记》,《诗·齐风·南山》及《礼记·哀公问》。
② 见《大清律例》,"妻妾失序"注。
③ 参照陶希圣,《中国政治思想史》,第一册,第一二页。

此系将妻之人格为夫之人格所吸收，使失其独立存在，遂致与今日我《民法》所采之夫妇别体主义，使双方虽在婚姻关系中，仍各互有独立人格，大异其趣。① 妻既无独立存在之人格，一皆依夫定其分际；不仅夫属父道者妻皆母道，夫属子道者妻皆妇道，抑且"嫁鸡正尔随鸡飞"，②与配偶同其荣共其辱矣。此在另一意义上，或认为同荣辱乃夫妇之分所应尔，其实损害女子之独立地位则亦甚也！

何以言同其荣耶？此因婚嫁而享特权之谓也。试以爵位而论，《郊特牲》云，"共牢而食，同尊卑也，故妇人无爵，从夫之爵，坐以夫之齿"；《杂记》云，"凡妇人无爵，从其夫之爵位"；故夫为天子，妻即后，夫为诸侯，妻即夫人，夫为大夫，则妻为命妇；盖基于妇人无专制之义，生礼死事，以夫为尊卑耳。虽秦违古法，妇人始独有爵位邑号，然泰半由于夫与子之关系乃能如是。③ 其直接因夫之关系而然者，汉时，列侯之妻称夫人，魏晋显宦多授爵，其妻从夫之爵而称夫人，或曰君；唐，外命妇中，一品及国公之妻称国夫人，三品以上称郡夫人，其下依郡君、县君、乡君等号而递降；宋，于郡夫人以下，有淑人、硕人、令人、恭人、宜人、安人、孺人等称；元参唐、宋之制，妇人对号有七；明，一品二品之妻皆称夫人；清，一品则特称一品夫人，二品仅称夫人，其余自三品至七品，明、清同为淑人、恭人、宜人、安人、孺人之称。再以讼案而论，《周礼》云，"凡命夫命妇不躬坐狱讼"，为恐狱吏亵尊，所以贵贵也，虽命妇亦与命夫同焉。唐因周之八辟，于律设八议之目，则妻犯罪而因夫之关系入于

---

① 参照胡长清，《中国婚姻法论》，第一四七至一四八页。
② 许有壬诗。
③ 参照赵凤喈，《中国妇女在法律上之地位》，第一一四至一一七页。

八议者正自不少；其合于《减章赎章》者更夥也。① 是故命妇阶级因夫之贵即随同而享有种种特权矣。虽然，礼法之课于命妇者，正因是而增多；如隋开皇十六年诏九品以上妻，五品以上妾，夫亡不得改嫁；辽开泰六年禁命妇再醮；元至大四年尚书省奏准命妇于夫死后，不得再嫁；与夫命妇遇贼，依礼更须殉节，皆往昔所视为同荣之当然结果也。②

何以言共其辱耶？此因婚嫁而受牵累之谓也。孥戮族诛，奏有其事，外姓女子以妻之资格入家者，即不免与夫同受其诛。汉虽数度废除，然大逆不道，妻与父母子同产皆弃市，即妾亦然。惟如失去妻妾之身分，则或可免株连；哀帝时，淳于长坐大逆，廷臣对其小妻乃始等之连坐，曾起争议，后卒得免者，即因事前更嫁，其义已绝故耳。曹魏，女虽免其婴戮于二门，而"既醮之妇从夫家之戮"，则亦著为律令。晋明帝时，三族刑始不及妇人，其后谋反大逆，妻妾虽坐，大都不至于死。然在唐时，常乐公主以赵瑰之故被杀，北景公主以柴令武之故赐死，因夫而受诛，虽贵为公主，有时竟亦有所不免。③ 次于诛者，则或没入为官奴婢，于汉有之；④ 或用以补兵，魏、晋然也。⑤ 南朝，妻妾多补奚官为奴婢，北朝，妻妾多配舂，配掖庭。⑥ 唐律，谋反大逆者斩，妻妾没官，如谋反情轻，则妻妾流

---

① 参照陈顾远，《中国法制史》，第三〇八至三〇九页；《唐律疏义》《名例》一及《名例》二。
② 《隋书·高祖纪下》；《辽史·圣宗纪》；及《元典章》，卷十八。
③ 参照陈著《中国法制史》，第七一至七二页；及《新唐书·公主传》。
④ 见程树德，《九朝律考》，第八一页。
⑤ 见《隋书·刑法志》。
⑥ 参照朱方，《中国法制史》，第九三页。

三千里。宋同。辽则妻子没入官或没为着帐户,或没入掖庭,或外赐臣下家为奴婢。元至元二十年,对于揭发匿名书告事者,给以犯人妻子;私造酒者配役,财产妻子入官,与古为同。然文宗即位,以古者罪人不孥,既籍家资,又役妻子,实非所宜,遂诏罪人妻子勿役,止及一身。至于夫伪造宝钞者,妻原不坐,而妇人为盗,再犯始并坐其夫;则其对于夫妇之对等地位及独立人格尚稍承认。① 明,夫配边军,妻妾随之;清,妻妾入官以及与夫一同发遣之例,仍时有焉。他如自唐以降,凡奴之妻子往往亦任主家支配,此又因婚嫁而与夫共其辱者。因夫妇之一体共辱,故夫妇得相为隐,汉宣帝曾诏妻匿夫勿坐,夫匿妻殊死皆上请廷尉以闻;后世各律均承认亲属相为隐,则夫妇相匿更系当然。②

（丙）夫妇之顺从问题　夫妇生而偕老,死而同穴,理之所在,互为顺从,原无不可也。惜乎往昔不仅以夫义而妇听,夫和而妻柔为训,抑且片面课妻妾以顺从之责;反之,在特殊情形中妇悍而夫顺者,则又群情骇然,视为异态,其不平等也甚矣!③

何以言视女顺为其责任？女有三从之义,除《仪礼·丧服传》及《礼记·郊特牲》所述者外,《谷梁传》亦曰:"妇人……从人者也;妇人在家制于父,既嫁制于夫,夫死于长子;妇人不专行,必有从也。"④既嫁制于夫,不外因嫁而易其从父之道为从夫之道;故"女子既嫁曰妇,妇之言服也,服事于夫也",于是"父者子之天也,夫者

---

① 见《元史·刑法志·诈伪》及《盗贼》门。
② 参照《汉书·宣帝纪》地节四年诏及唐律《名例》六。
③ 参照《诗·女曰鸡鸣》及《大车》章,《礼记·礼运》及《左》昭二十六年传文。
④ 隐二年传文,《孔子家语》亦有类同之言。

妻之天也",遂为天经地义,而《孟子》亦有"无违夫子"之言矣。至于妾,无妻之齐,以夫为君,则其顺从更无待论。① 汉时,班固既主"夫为妻纲",故"夫有恶行,妻不得去者,地无去天之义也";其妹班昭又称"夫者天也,天固不可逃,夫固不可违也;行违神祇,天则罚之,礼义有愆,夫则薄之";宜乎妻亦称夫曰君,而自称为妾也。② 惟北齐颜之推曰:"夫不义则妇不顺矣;……夫义而妇陵,则天之凶民,乃刑戮之所摄,非训导之所移也",持论尚稍得其平。唐孔颖达谓"夫子须制断事宜,不可专贞从唱",虽系解《经》,亦见其意。宋、儒家极力发挥《易礼》"夫子制义,从妇凶"等等观念,妇顺益为必要。张载曰,"妇道之常,顺为厥正";程伊川曰,"男牵欲而失其刚,妇狃说而忘其顺,则凶而无所利矣";即可知也。③ 降而至明仁孝文皇后撰《内训》亦自认"妇人善德,柔顺贞静,乐乎和平,无忿戾也";"夫上下之分,尊卑之等也;夫妇之道,阴阳之义;诸侯大夫士庶人之妻,能推是道以事其君子,则家道鲜有不盛矣"。清世之言女教者,又莫不以事夫之道,敬夫之容与其他各端并重,而以一味顺从为归结焉。④

何以言视妇悍为违经常?《易》以阴阳刚柔为义,故女壮勿用取女,言其失于刚也。自汉以后,公主下嫁,贵女入家,则往往一反女顺而为夫顺,自非世所认许矣。汉时,王吉疏曰,"汉家列侯尚公

---

① 见《尔雅·释亲》《仪礼·丧服传》。
② 见《白虎通·嫁娶篇》《女诫·专心第五》,及《中国妇女文学史纲》所载徐淑答秦嘉诗及《盘中诗》之称谓。
③ 《颜氏家训·治家第五》;《易·恒卦》六五《疏》;《横渠女诫》;《近思录》,卷十二。
④ 见《内训·积善》及《事夫》章;并参照陈东原,《中国妇女生活史》,第二七五至二八八页。

主,诸侯则国人承翁主,使男事女,夫诎于妇,逆阴阳之位,故女多乱";晋时,谢安妻刘夫人以周姥撰诗,当无《关雎》《螽斯》之章,以制其夫之立妾;皆所谓妇之悍或妒者。南北朝礼教势力益微,诸公主率习于骄淫,不依所谓礼法。宋世诸主莫不严妒,尤以世祖女临川长公主为甚,太宗疾之,使人为江斆作表辞婚,复以此表遍示诸主。宋帝之痛恨妇妒,不仅此也:湖孰令袁慆妻以妒忌赐死,使近世虞通之撰《妒妇记》;尚书右丞荣彦远为妻伤面,赐药杀其妻;刘休妻王氏亦妒,赐休妾责妻二十杖,并令休于宅后开小店使王氏当市以辱之。梁武帝郗后亦性妒,而梁帝则依"鸧鹒为膳疗妒"之法以惩戒之;帝女永兴公主承宋齐公主骄淫之风,屡无礼于其婿殷钧,帝以犀如意击主而碎于背。① 其在北朝,亦因财婚关系或猥婿在门,或傲妇擅室,颜之推戒之深矣。至关于帝女之骄亦不仅北周为然,虽隋独孤皇后曾以周主为诫,而隋公主之独免于骄者,亦仅一兰陵公主而已;况独孤皇后之本身又集悍妒之大成乎?② 唐、宜城公主之辱其夫,任瑰妻之吃其醋,皆妇顺之反面,唐太宗遂称"妇人妒忌,合当七出"云。③ 宋、李玮,王诜皆以奉主无状,遭神宗之谪贬,此亦帝女之故而特异也。若在一般情形中,则如陈季常之"忽闻河东狮子吼,拄杖落地心茫然",自为世所讥笑焉。故明谢肇淛曰,"人有妒妇,直是前世宿冤,卒难解脱";清蓝鼎元曰,"为嫡则

---

① 见《汉书·王吉传》;《妒妇记》;《宋书·孝武文穆王皇后传》;《南史·殷钧传》;及《中国妇女生活史》,第七四—七六页。
② 见《颜氏家训》,卷一;《北史·后妃传》及《列女传》。
③ 参照《中国妇女生活史》所引《耳目记》及《御史台记》。

有去妒"。① 然则妇顺独当于礼,夫顺则为不经,殊亦失平之甚!

(丁)夫妇之贞操问题　男女因婚姻而成夫妇,欲达长久之道,自须相互而负贞操义务,乃得其当,无中外,无古今,理同然也。顾在中国史上,除秦始皇会稽祭禹而立石刻,称曰:

"……有子而嫁,倍死不贞。……夫为寄猳(言夫淫他室若寄猳之猪),杀之无罪。"(《史记·秦始皇本纪》)

尚系兼重男女双方之贞操外,一般独课此义务于女子之身,愈至后世,其力愈大。不特有夫之妇须守其贞,即未嫁之女亦须预守其贞,寡居之妇并须继守其贞矣。所谓童贞、妇贞、及从一之贞是也。惟从一之贞,牵及再嫁问题,于此从略,留后及之。

何以言童贞耶？女不杂交,古有明训。然婚夕,夫之重视其妻之童贞,则又课妇贞于未然也。《诗召南·草·虫》章,"未见君子,忧心忡忡,亦既见止,亦既觏止,我心则降";郑注既觏谓已婚也,《易》曰"男女觏精,万物化生"是;说者谓此即系童贞之试验,与今俗有相合者。② 不过此事之为社会所重视,据陈东原云,始见于宋,且举证焉。③ 愚并观《金史·后妃传》载,海陵遣萧拱取弥勒于汴,过燕京,拱父见弥勒身形非若处女者,叹曰"上必以疑杀拱矣!"及入宫,果非处女,遂遣出之,并致拱于死;则其说或然也。降至近代,依俞樾《右台仙馆笔记》所载,直隶永平府某县尚有重视童贞之敝俗云。

---

① 参照《宋史·公主传》;冯文榴,《苏文忠公诗合注》;《文海波抄》及《女学》。
② 见民国二十五年西京《民意报》所载《遥青》之《悔庐杂钞》八。
③ 见《中国妇女生活史》,第三〇页、第一四五至一四八页。

何以言妇贞耶？《易渐卦》云，"夫征不复，妇孕不育，凶"；已不以有夫奸为然，故"淫佚"列为七出条件之一也。惟旧日之惩奸，并非视为夫妇之相互义务，乃以妇人犯奸有乱血统为主，故男可多娶，女独守贞。历代各律，自唐以来对此皆严其刑：唐律"诸奸者徒一年半，有夫者徒二年"，其为亲属之妻者更加重之，妾各减一等。元律，"诸和奸者杖七十七，有夫者八十七；诱奸妇逃者加一等，男女同罪；妇人去衣受刑，未成者减四等。""诸夫获妻奸，奸拒捕，杀之无罪。""良家妇犯奸为夫所弃，愿为娼者听。"其他在一定情形之下犯奸，并有听夫价卖之文。① 明律，"凡和奸杖八十，有夫杖九十，刁奸杖一百，……其和奸刁奸者男女同罪"；其他关于价卖及本夫于奸所格杀勿论等，亦有规定。清律，"凡和奸处八等罚，有夫者处九等罚"；"凡妻妾与人奸通而于奸所视获奸夫奸妇，登时杀死者勿论；若止杀死奸夫者，奸妇依律断罪，当官价卖，身价入官"；此其大端而已！要之，历代对于有夫奸之处罚皆极严重；对于男子之纳妾等事则视为当然，岂"贞"字专为"妇"而设也欤？

(戊) 夫妇之能力问题　《丧服小记》云，"妇人笄而不为殇"；《公羊》僖九年云，"妇人许嫁字而笄之，死则以成人之丧治之"；此颇与现代婚姻成年制相当，应许其有行为能力。然妇人有三从之义，无专制之道，古即以是为训，于是既嫁从夫，不特行为能力受夫权之限制，即在权利能力上亦不完全。反之，妻妾在刑法上所负之责任能力，则又超过于夫，斯皆夫妇不平等地位之所致也。

何以言妻妾之权利能力不甚完全？妻既合其体于夫，即消灭

---

① 《元史·刑法志·奸非》及《户婚门》。

其人格之独立存在；妻既事事须顺于夫，即无由为权利之平等享有；故女子"辞父母而言归，奉君子之清尘，如悬萝之附松，似浮萍之托津"，其喻确矣！① 盖认为"夫妇之道，如阴阳表里，无阳则阴不能立，无表则里无所附"，②此夫死不嫁，必出于殉者夥焉。至于妾，更贱于妻，视夫为君，视夫为家长，其人格随之消灭自不待言。

何以言妻妾之行为能力受有限制？《曲礼》云"内言不出于梱"，故以内人而称妻妾，一切对夫而服从之。以夫为纲云云，又所以示其行为能力之不备也。明律云："凡妇人犯罪，除犯奸及死罪收禁外，其余杂犯责付本夫收管；如无夫者责付有服亲属邻里保管，随衙听候，不许一概尽禁"；清律同；此隐然视其能力有缺，遂予以优遇耳。明令，凡妇人一应婚姻田土家财等事，不许出官，告状必须代告；若夫亡无子，方许出官理对，或身受损害，无人为代告，许令告诉；清《刑部则例》，凡小事牵连妇女者，提伊子侄兄弟替审：皆不外视其为限制行为能力之人耳。故有夫从夫，无夫从子，必有其所从也。因妻妾之行为能力受有限制，且私合官司亦法所禁，故唐、宋律，夫为人所杀私和者流二千里，处罚最重。明律则杖一百，徒三年；妻妾被杀而夫私和者仅杖八十而已！清条例，妻妾私合者杖一百，流三千里，夫私合者亦仅杖一百而已！然遇特殊情形，妻亦有诉讼上之完全能力，如鸣夫之冤，请代夫罪之伏阙上书，史皆以义称之，即是。③

何以言妻妾之刑事能力特别加重？此于男不罪其纳妾宿娼，

---

① 语见梁乙真，《中国妇女文学史纲》，第一〇〇页所引魏丁廙妻之《寡妇赋》。
② 语见《辽史·列女传》，"耶律述妻"条。
③ 参照谢无量，《妇女修养谈》，第九〇至九二页。

女独罪其不贞,已见之矣。虽如后汉班始尚阴城公主,主淫而始杀之,遂受腰斩之刑;乃因帝女而如此,不可以论一般也。① 依唐律,夫殴伤妻者既减凡人二等,死者仅以凡人论,殴妾折伤以上,并减妻二等。然妻殴夫则徒一年,若殴伤重者加凡斗伤三等,死者斩;媵及妾犯者并各加一等;过失杀伤者各减二等。若媵妾詈夫者亦杖八十。② 明清律,夫殴妻妾非折伤勿论,折伤以上始减凡人二等;妾更减妻二等,夫殴妻致死者绞,而因其殴詈夫之祖父母父母,致夫擅杀死者只杖一百,妾更减之。然而妻殴夫者则杖一百,但殴即坐,夫愿离者听;至年伤以上,各加凡斗伤三等;至笃疾者绞,死者斩,故杀者凌迟处死;妾犯者并加一等。盖认为妻以夫为天,妻而殴夫,是自绝于天,故处刑从重;妾又卑于妻,故再加其"等"也。③

二 婚姻与家族关系

婚姻系合二姓之好,莫难乎家族之范围,故往昔于礼法上,视婚姻效力及于配偶方面者,实不如及于家族方面者之重要。因而关于现代之夫妇同居及财产问题等等,亦惟有于此述之。

(甲)关于入家问题　《白虎通》云,"嫁者,家也,妇人外成,以适人为家";则妇人生以父母为家,嫁以夫为家,故谓嫁曰归,"女生而愿为之有家"云者,即指此也。然妇人既"自家而出谓之嫁",其

---

① 《后汉书·班超传》。
② 唐律《斗讼篇》。
③ 参照清律《总注》。

对于父母之家之关系，自不免有种种之变更。① 反之对于夫家关系之首涉及者，则为姓氏问题，盖妇人以适人为家，而姓氏又与家有其关系也。惟在赘婚事例中，夫因婚姻而入于妻家，是曰入夫婚姻，其情形又不免稍异耳。

　　胡云乎变更母家之关系？所谓已嫁女异于在室女之地位是也。女虽因嫁而称妇，然就其父母方面言，则始终称女，似女子不因嫁而失去向来与母家之关系。② 其实不然，关系虽仍相续，但已较疏。以"丧服"言，《仪礼·丧服》云，女子子在室为父服斩衰三年，适人者则降为期，所谓妇人不贰斩是；故"子嫁反在父之室，为父三年"，则因婚姻解除，遂又回复原来关系矣。其他各服之减降回复亦如之。后世关于服制之内容虽有更改，而女子在室或已嫁被出而归，所服与男子同；女子出嫁为母家各亲降服，母家各亲亦为出嫁女降服，古今各例固所同也。③ 以"受制"言，女子在家制于父，既嫁则制于夫，母家不得而再制之，亦关系疏远之一证。《左》僖元年传"夫人氏之丧至自齐，君子以为齐人杀哀姜也为已甚矣，女子从人者也"；杜预云，"言女子有三从之义，在夫家有罪，非父母家所宜讨也"；可以知矣。然如雍姬信其母"人尽夫也，父一而已"之言，以其夫雍纠奉郑伯命杀其父祭仲之谋，告祭仲，祭仲遂杀雍纠，则又一变例也。④ 以"往来"言，女子既嫁，非归宁及大故不返母家，归宁云者有时而归问父母之宁否，父母没则仅使使归问兄

---

① 参照《公羊》隐二年传文及何休注，《孟子·滕文公章句下》，《扬子方言》。
② 参照《公羊》隐二年、桓三年及桓九年传文。
③ 参照《徐氏读礼通考丧期表》。
④ 参照《左》桓十五年传文。

弟;大故云者奔父母之丧之谓;此皆暂时之"来",与被出而"来归"有异。① 且"妇人既嫁不逾竟",②又为礼之常则,仅就往来之疏又足以证其关系之较远矣。宋世,《郑氏家范》云,"诸妇之于母家,二亲存者,礼得归宁,无者不许;其有庆吊,势不得已者,则弗拘此",即本于此而然。虽然,秦行族诛之法,汉有从坐之律,凡同产者皆诛,则女子出嫁者遂亦不免,其用意固在"欲殄丑类之族,"但对于女子"出适他族,还丧父母,降其服纪,所以明外成之节,异在室之恩",为义悖矣! 后汉明帝虽诏,"……女子嫁为人妻勿与俱",仅在一定情形下不受株连,谋反大逆无道之同诛,依然如故。魏因之。迨毋丘俭族,其孙女已适刘子元,当坐,因晋景帝及荀𫖮有姻亲之关系,主簿程咸仰其意而议曰:

"……男不御罪于他族,而女独婴戮于二门,非所以哀矜女弱,均法制之大分也。臣以为在室之女,可从父母之刑,既醮之妇使从夫家之戮。"(《魏志·何夔传》注引干宝《晋纪》)③ "诏从其请。降而至晋,出嫁女不复坐,遂成定法,后世同。至于财产继承权,女子惟对于绝户有之,自唐宋以来,出嫁女仅能承受其一部分,余则入官,但在室女往往可以全部承受,此亦出嫁女较在室女对于母家关系疏远之一证也。"④

---

① 参照《左》庄二十七传注,《公羊》庄同年传注。
② 参照《谷梁》庄二年、五年、十五年及十九年传文。
③ 参照《后汉书·明帝纪》永平十六年诏,《晋书·刑法志》。
④ 详见《中国妇女在法律上之地位》,第一二至一四页及第七三页。

胡云乎涉及夫家之姓氏？所谓既嫁后之冠姓问题是也。"古者男女异长，在室也称姓，冠之以序，叔隗、季隗之类是也。已嫁也，于国君则称姓，冠之以国，江芈、息妫之类是也。于大夫则称姓，冠之以大夫之氏，赵姬、卢蒲姜之类是也。在彼国之人称之，或冠以所自出之国若氏，骊姬、染嬴之于晋，颜懿姬、鬷声姬之于齐是也。既卒也，称姓冠之以谥，成风、敬嬴之类是也；亦有无谥而仍其在室之称，仲子、少姜之类是也。"①盖周初迄于春秋之世，男子称氏，女子称姓，国君无氏而称国，庶人无氏而称名，则女子既嫁，于姓之上冠以国名或氏名，亦与后世妻冠夫姓，明其所系，有同然也。不过当时除此情形外，并有以姓系夫谥者，郑之武姜，晋之怀嬴，宋之共姬，卫之庄姜是也；子产所云"当武王邑姜方震大叔……"，以武王冠于邑姜之上，与此为同。且有以姓系于子者，则陈夏姬、宋景曹之类是也。②降至后世，姓氏不分，女亦有名，或于名上直冠夫姓，如《汉书·杜钦传》"皇太后女弟司马君力"注称"字君力，为司马氏妇"是也。而班昭之称曹大家亦然。或于姓上冠以夫姓，如《南齐书》"周盘龙爱妾杜氏，上送金钗镯二十枚，手敕曰，'饷周公阿杜'"是也。若自母家称之，则"吾姜氏""吾季姜"之古例，当仍存于后世；不过蔡邕书集呼其姑女为家姑家姊，至南北朝即已不行。故颜之推曰，"凡言姑姊妹女子子，已嫁则以夫氏称之，在室则以次第称之，言礼成他族，不得云家也"；又曰，"吾亲表所行，若父属者，为某姓姑，母属者为某姓姨"，则亦以夫家之姓为主也。各史《列女

---

① 顾炎武，《日知录》，卷二十三，《氏族》条下附录其《原姓篇》文。
② 参照《左》僖二十三年注、成八年注、昭元年传文；及《中国妇女生活史》，第四一页。

传》称谓,大都用"某某妻某氏"之例,今人亦有主张于妻姓名上冠夫姓名者,颇相类似。① 近世,女子无名字者,则"张王氏""李门赵氏";有名字者,则"陈梅晴岚"之类为最普遍;若为赘夫,向例颇少冠妻之姓,其直改用妻姓者则或有之。至于乡俗值有女无子,买子配亲者,往往又有男女易姓之举,即妻改从夫姓,夫改从妻姓是也。②

(乙)关于同居问题　我《民法》云,"夫妻互负同居之义务,但有不能同居之正当理由者,不在此限";又云,"妻以夫之住所为住所,赘夫以妻之住所为住所";其在古昔,大致相同,惟于夫妇同居之外,又涉及家族同居问题,是所异耳。③ 易词以言,夫妇之同居云者,实即在大家庭中之同居问题是也。

胡云乎夫妇之同居?《孟子》云,"丈夫生而愿为之有室",是夫以妇为室,隐示夫妇同居之义;故"受室而归",用言娶妻,"之子于归",藉明嫁女,皆本其义而云。《召南·鹊巢》之章,谓"维鹊有巢,维鸠居之",崔东壁认为系言初婚,明此家乃夫之家,此国乃夫之国,非己所得私,有若鸠但居鹊之巢而已,不得遂以为鸠巢也;愚并认为鸠居鹊巢,实不外妻以夫之住所为住所而行同居之事也。惟在周世,女子嫁而入家,即居于斯,非归宁或有大故不得远行,否则纵与夫俱,亦为世讥。鲁桓公"十八年春,公将有行,遂与姜氏如

---

① 参照《颜氏家训·风操篇》;及王用宾,《妻冠夫姓问题》,三五法学会《法学季刊》一卷一号。
② 见民国二十五年五月十四日南京《朝报》绩溪霞间村《买子继承办法》一文。
③ 《民法》第一一〇一条及第一一〇二条。

齐；申繻曰，'女有家，男有室，谓之有礼，易此必败'"；其证也。①妻之外，有妾，亦入夫家同居，惟非正寝，此以嫡室正室称妻，以侧室副室偏房称妾之所由来也。郑康成释《昏义》有群妃御见之法，语虽荒诞，然妻妾同居欲维持其和平，则妻妾当夕有定，自系一法，后世恒有其例也。不过事实上妾亦有别居于外者，《左》昭十一年载，"孟僖子会邾庄公盟于祲祥，修好礼也。泉丘人有女……奔僖子，其僚从之；……僖子使助薳氏之簉。反自祲祥，宿于薳氏，生懿子及南宫敬叔于泉丘人，其僚无子，使字敬叔"。《注》谓"簉、副倅也；薳氏之女为僖子副妾，别居在外，故僖子纳泉丘人女令副助之"，即副妾奔女聚居于外是也。《列女传》所谓"鲍苏仕卫三年而娶外妻"，意相近也。至于公主下嫁之使男就女，赘婿之入居妇家，虽亦同居，却系夫以妇之住所为住所，乃特殊情形所致，非可以论一般也。其有婚而不同居者，或先就妇家居，待产乳男女，然后归舍者，是又边族之俗，亦非可以论诸夏也。②

胡云乎家族之同居？娶族而居，古昔已然。《易·家人卦》云，"家人有严君焉，父母之谓也；父父，子子，兄兄，弟弟，夫夫，妇妇而家道正，正家而天下定矣"，则以家为国之单位，大家族制所由尚焉。故妻以嫁而入夫之家，实即与夫同居于大家族之内也。秦孝公变法，稍变古制，民有二男以上不分异者倍其赋，则夫妇同居于小家庭中，此或其始。然在以后，除尚主外，于礼法上求一婚后即

---

① 见《滕文公章句下》；《左》桓六年传文；《诗鹊巢》章；《读风偶识》，卷之二。
② 参照赵翼，《檐曝杂记》，粤西土民及滇黔苗倮之俗；李心卫，《金川琐记》及《隋书北狄传》铁勒婚俗等记载。

与父母别居若真腊国之例，殊不多见。① 降而至唐，家族同居之观念益为严格：襄城公主下嫁萧锐，有司告营别第，辞曰，"妇事舅姑如父母，异宫则定省阙"，止葺故第，门列双戟而已！已破公主下嫁别居之例。唐律中谓"诸祖父母父母在，而子孙别籍异财者，徒三年；若祖父母父母令别籍，……徒二年，子孙不坐"；别籍系异其户籍之谓，无论由谁为之，皆所禁止，则家族同居并为法定之事。若夫外居妻妾，更否认之：天宝间敕，凡百姓百官身亡之后，称是在外别生男女及妻妾先不入户籍者，一切禁断。宗子王公以下在外处生男女不收入宅，其无籍者，身亡之后，一切准百官百姓例处分云云即是。② 唐以后各律对别籍之禁止略同。顾此仅就礼教与法例而言耳。其在事实上，屡世同居之义门，虽历代不乏其例，有如赵翼《陔余丛考》之所云；然"共甑分炊饭，同铛各煮鱼"，自昔亦为习见之事，且如宋时士大夫父母在而兄弟异居，计十家而七，庶人父子殊产，八家而五，又见正牍，则顾炎武谓异籍已行于古之言亦不虚也。③

（丙）关于财产问题　在宗法社会中，"父者家之隆也，隆一而治，二而乱"；斯谓之家长，妻妾子女皆其所有物，可得而鬻之；则子也，妇也不能有其私财，自可推知。以故现代法上之所谓夫妇财产制，欲证诸中国往昔之礼制，直缘木而求鱼矣！④ 然在后世法制或

----

① 参照《隋书·南蛮传》。
② 《新唐书·公主传》；《唐律疏义》，卷十二；《宋刑统》，卷十二所引唐敕。
③ 参照吕诚之，《中国宗族制度小史》，第四五至五一页。
④ 参照《荀子·致仕篇》及《左传》，冯堪、彭学海合著《夫妻财产制》，第三三至四〇页。

事实上亦不能谓其绝无关于夫妇财产之端倪,且由是或又引起财产继承及清算问题焉。

　　胡云乎礼制方面对于夫妇财产之否认？婚姻须待父母之命,由家长或宗子为其主持,其费用亦由家中负担,男子除少数自食其力者外,本身已无经济上之能力,尚何夫妇财产之是云？盖家事统于一尊,财关尊者,故《礼记·曲礼》云,"父母存……不有私财",则夫之财产依礼而失其存在矣。在妻之方面,虽《左》哀十一年载"陈辕颇为司徒,赋封田以嫁公女",是否纯为嫁资,抑为嫁奁,固难为断。即使妆奁制度已兴于周,顾仍不能认为妻之私有财产。① 盖

　　　　"子妇无私货,无私畜,无私器;不敢私假,不敢私与。妇或赐之饮食、衣服、布帛、佩帨、茝兰,则受而献诸舅姑;舅姑受之,则喜如新受赐。若反赐之,则辞;不得命,如更受赐,藏以待乏。妇若有私亲兄弟,将与之,则必复请其故,赐而后与之。"(《礼记·内则》)

亦本于家事统于一尊,财产为家所有之观念,妇无财产所有权也。倘必有之,则构成七出中之"窃盗"罪名,行既"反义",例可"出"焉。观于"卫人嫁其子而教之曰:'必私积聚,为人妇而出,常也;其成居,幸也。'其子因私积聚,其姑以为多私而出之",② 即知其然。降至后世,妇或可有其小部分之财产,不为家所没收,如"拔侬头上

---

① 参照〔德〕缪勒利尔,《婚姻进化史》,叶启芳译,第一六四页"妆奁婚姻"。
② 《韩非子·说林上》。

钗,与郎资费用",即属妇之私有品而赠与夫者;但夫之财产于一般情形中始终混入家产之内,仍不得为夫妇财产制之拟也。①《北史·崔昂传》"孝芬兄弟孝义慈厚,一钱尺帛不入私房";《周书·韦叔裕传》"早丧父母,事兄嫂甚谨,所得俸禄,不入私房",既为世所称许,而唐律又有祖父母父母在,子孙不许别财之禁,力求与礼之所示相合,故只有家之财产,殊无夫之财产可言也。宋世社会虽父子殊产之事实甚多,然非礼所许也。司马光曰,"凡为子者,毋得蓄私财,俸禄及田宅所入,尽归之父母,当用则请而用之,不敢私假,不敢私与",可知之矣。② 其后,所谓礼教之家,一皆本此而行。是故夫妇财产制度在昔之不能依礼存在,并非全因女子无有私产,实因在家财之目标下,任何男女不能有私财故也。

胡云乎事实方面或有夫妇财产之发现?先就妻之财产而言,妆奁之制,或兴于古,初仅赠与夫家,后世,被嫁者或在事实上亦有相当支配之权;且奁具繁细,有仅供所嫁女私用者,自不能谓其非私有也。汉时,帝女下降,营第别居,其有私产,自不待言;窦宪夺沁水长公主田,其例也。仕庶"遣女满车",奢纵无度,故至魏初,曹操愍嫁娶之奢僭,公女适人皆以皂帐,从婢不过十人,然仍有遣嫁之器具与财物,可推知也。③ 唐,公主嫁者与汉同,长乐公主之下嫁,太宗敕有司装赍视长公主而倍之;永安公主之匄为道士,文宗诏赐邑印,且归婚赀;皆自有其财产之证。高宗时,依李义府奏,诏

---

① 参照胡长清,《中国婚姻法论》,第一九八至二〇〇页;《中国妇女文学史纲》,第一四〇页。
② 见《涑水家仪》及《朱子家礼》。
③ 参照《后汉书·五行志》《盐铁论国病篇》及《魏志·武帝纪》注。

天下嫁女者所受财皆充所嫁女赍妆等用,其夫家不得受陪门之财;是陪嫁之财虽禁,而赍妆则仍女之私有也,①五代时,蜀并有嫁装税之设,宋开宝六年始罢之;嫁装而至纳税,其量之丰也可知。迄于现代,旧式婚仪于结婚前一日,必有送妆奁——或称送陪房——之举,即其续也。此外,唐文宗时,曾敕令后如百姓及诸色人死绝,无男,有女已出嫁者,令其合得资产,但与婿合谋有所侵夺者除外;惟以后则定为三分给一分耳。五代,周世宗敕死商财物,于一定条件之下,出嫁亲女得于三分财物中收一分。宋《丧葬令》亦谓诸身丧户绝者,营葬及量营功德而外之余财,给与女,但亡人在日有遗嘱处分者不用此令。元、明、清皆承认户绝财产果无同宗应继之人,由亲女承受,无女者始入官。②则妇因承继母家财产之故,得自有其财产更甚显然。惟世俗囿于《内则》之言,拘于从夫之义,虽为妇之私产,或竟为夫家所制,虽为妻之嫁装,或竟妇夫氏支配,女虽不愿,莫敢反抗;盖其界限不清,义理不明,由来久矣!前大理院始正式承认曰,"为人妻者,应有财产";"嫁女妆奁应归女有";"妻于婚前或婚后,所得之赠与及遗赠,皆归妻有";惟妻于其所有私产,为行使权利之行为,而不属于日常家事者,仍应得夫之允许耳。③次就夫之财产而言,此本统之于家,然在各别资财,同居异爨,或娶妇而后,兄弟分异之情形中,析大家庭而为小家庭,家之财

---

① 见《新唐书·公主传》及《旧唐书·高宗纪》。
② 《宋刑统·户绝·资产》条所引各敕及《丧葬令》,《元典章》卷十九,《明会典》卷十九及清律《卑幼私擅用财》门《条例》。
③ 二年上字第三三号,第三五号,第二〇八号判例;七年上字第一四七号,第六六五号判例。

产亦即夫之财产矣。于此，与妻之私财比照而言，或可称其关系稍近于统一财产制云。

胡云乎夫妇财产发生继承清算之问题？夫妇既在特殊情形中各有财产可言，遂即发生彼此财产之继承或清算问题。秦时，蜀寡妇清，其先得丹穴，而擅其利数世，清能守其业，用财自卫，人不敢犯，始皇以为贞妇而客之；如系承自夫家之财，则寡妇清乃妻继夫产之首者也。汉律，"弃妇畀所赍"，言出妻时，退还其母家于初嫁时所送之仆妾财物也；则汉律亦发现财产清算问题焉。① 降至后世，关于夫之财产问题：宋《户令》云，兄弟亡者，子承父分，兄弟俱亡者，则诸子均分；……寡妻妾无男者承夫分，若夫兄弟皆亡，同壹子之分；清《条例》云，妇人夫亡无子守志者，合承夫分，须凭族长择昭穆相当之人继嗣；然其意不过认为代应继人承受夫产，而为管理，并非即系夫产之承受人。故妇人改嫁，凡由夫家所承受之财产仍听前夫之家为主，虽曰意在奖励守志，并亦因其无夫家财产之所有权而始然也。② 关于妻之财产问题：宋《户令》云，"诸应分田宅者及财物，兄弟均分，妻家所得之财不在分限"；然"妻虽亡没，所有资财及奴婢，妻家并不得追理"，而为夫所承受矣。元《典章》云，"随嫁奁田等物，今后应嫁妇人，不问生前离异，夫死寡居，但欲再适他人，其随家妆奁财产等物，听前夫之家为主，并不许似前搬取随身。……无故出妻，不拘此例"。而"诸子不孝，父杀其子因及其妇者，杖七十七；妇元有妆奁之物，尽归其父母"，亦一例外。清《条

---

① 见《史记·货殖传》；《九朝律考》，第八二页。
② 《宋刑统》，卷十二《户婚律》引《户令》；清律卷八《户律·户役》"立嫡子违法"《条例》，前大理院四年上字五六七号及七年一四七号。

例》云,"妇人夫亡,……其改嫁者,夫家财产及原有妆奁并听前夫之家为主"。① 惟嘉庆《会典事例》谓"凡有夫与妻不和离异者,其妻现有之衣饰嫁装,凭中给还女家",尚稍合理云。

(丁)关于妇道问题 往昔社会,男尊而女卑,父严而子顺,则女子之嫁入也,亦惟妇行妇职之是务;盖拟为"牝鸡无晨;牝鸡之晨,惟家之索"焉。是以人有嫁其女而教之曰,"尔为善,善人疾之";对曰,"然则当不善乎?"曰,"善尚不可为,而况不善乎!?"何其言之痛而深哉!②

胡云乎妇行耶?《昏义》称曰妇顺,"妇顺者顺于舅姑,和于家人,而后当于夫,以成丝麻布帛之事。……是以古者妇人先嫁三月,……教以妇德、妇言、妇容、妇功,……所以成妇顺也"。婚嫁之夕,父送女,戒之曰"戒之敬之,夙夜无违命";母施衿结帨曰"勉之敬之,夙夜无违宫事"……又所以戒以妇道也。故至夫家,以顺为则,盖"家人嗃嗃,未失也;妇子嘻嘻,失家节也",一则"悔厉吉",一则"终吝"耳。③ 汉班昭为《女诫》序曰:"……男能自谋矣,吾不复以为忧也,但伤诸女方当适人,而不渐训诲,不闻妇礼,惧失容他门,取耻宗族,……每用惆怅,因作《女诫》七篇。……"故在《女诫》中,一本此意,重视女子之四行——妇德、妇言、妇容、妇功;并以曲从舅姑和叔妹为训。此四行云云,在《后汉书·后纪》称曰"四德",与女子之"三从"同为后世示妇人卑顺之口头禅矣。因维持大家族制度之存在,于是妇于曲从舅姑以外,尤以和睦家人为贵。依颜之

---

① 《元史·刑法志杀伤》门,清律《户律·户役》。
② 参照《书经牧誓》及《世说新语·贤媛第十九》赵母嫁女条并注引《淮南子》云云。
③ 参照《仪礼·士昏礼》,《谷梁》桓三年传文,《易·家人》卦。

推云,"……及其壮也,各妻其妻,各子其子,虽有笃厚之人不能不少衰也;娣姒之比兄弟,则疏薄矣,今使疏薄之人而节量亲厚之恩,犹方底而圆盖,必不合矣!"又曰,"娣姒者多争之地也,……能无间者鲜矣!"①则和睦家人之事殊亦难能。此崔休之为子侄娶妇愿使姊妹联肩,而钟郝为娣姒雅相推重,遂称可贵者也。②

胡云乎妇职耶?《孔子家语·本命解》云,"……教令不出于闺门,事在共酒食而已,无阃外之仪";其次则织纴组纫之属而已!盖主中馈,乃妇人之专责,故《内则》一篇皆闺门之训,而多言饮食者非无故也。《诗·小雅·斯干》章亦曰,"无非无仪,唯酒食是议",言其主务在于是耳。汉班昭之妇有四行,"专心纺绩,不好戏笑;洁齐酒食,以供宾客,是谓妇功",即指此云。自此以后,若《颜氏家训》曰:"妇主中馈,惟事酒食衣服之礼耳,国不可使预政,家不可使干蛊,如有聪明才智,识达古今,正当辅佐君子,助其不足,必无牝鸡晨鸣以致祸也。"若《内训》曰:"夫治丝执麻,以供衣服,幂酒浆,具菹醢,以供祭祀,女之职也;不勤其事,以废其功,何以辞辟?"③仍一本其原则而云。

(戊)关于主名问题　异姓主名,治际会,其夫属乎父道者,妻皆母道也,其夫属乎子道者,妻皆妇道也。故女子之间,因主名之关系,遂于家族中有地位之高下,姑与子妇是也。然因宗法制度之存在,则宗妇家妇之地位又高于众妇;并因媵妾制度之并行,则主妇之地位,亦高于妾,斯皆与主名问题有关,乃维持大家族之必要

---

① 《颜氏家训·兄弟第三》。
② 见《合璧事类》及《世说新语》。
③ 见《治家篇》及《勤励章》。

条件也。

　　胡云乎姑的地位高于子妇耶？姑为夫之母，其地位因男尊女卑之关系，固低于父，所谓"母亲而不尊"，以符"家无二尊"之旨，而免"夫妻持政，子无适从"之弊；即服制亦有差等，至明始改为父母同服斩衰三年；然在子妇方面对姑所施之敬顺，与舅则全然相同。① 依《内则》所述，妇事舅姑如事父母，鸡初鸣，服一定之衣，佩一定之物，以适舅姑之所；"下气怡声，问衣袄寒，疾痛苛痒而敬抑搔之；出入则或先或后而敬扶持之。进盥，少者奉槃，长者奉水，清沃盥；盥卒，授巾。问所欲而敬进之，柔色以温之。……"即此一端可推其余，岂仅《檀弓》所谓"妇人不饰，不敢见舅姑"而已哉!? 故《内则》所述子妇地位之详之低，实为后世言妇事舅姑者立一标准，莫能超其范围也。因子妇地位之低则姑的地位之高，自可想见。于是自唐以后各律，凡子妇或妾殴詈舅姑者之处刑，不特较舅姑殴子妇者为重，抑且较夫殴其父母者为重矣。甚至夫亡改嫁后，对于前夫家之舅姑而殴詈者，仍有较凡人加重之处刑，则名分之定又终身焉。②

　　胡云乎宗妇地位高于他妇耶？此之宗妇云者，指大宗长妇也。在宗法制度中，大宗能率小宗，藉以收族，故在同族中，宗子除父母外，惟己独尊；则女嫁而为宗子之妇者地位自高。盖在主祭时，宗子领宗男于外，宗妇领宗女于内，故宗子虽年七十，仍必有其主妇也。③ 不特宗妇位高于他妇，且依《内则》云"适子庶子只事宗子宗

---

① 见《礼记·表记》《孔子家语·本命解》《韩非子·扬权篇》。
② 参照《中国妇女在法律上之地位》，第七〇至七一页。
③ 参照《仪礼·丧服传》《白虎通》及《礼记·曾子问》。

妇",则因主名之结果,又高于适子庶子矣。惟后世因宗法制度之形式改变,此宗妇之尊遂亦无由再见。

胡云乎冢妇地位高于介妇耶？冢妇乃嫡长子妇,介妇乃众妇；《尔雅》谓"子之妻为妇,长妇为嫡妇,众妇为庶妇",或即指此。《内则》云:"舅没则姑老,冢妇所祭祀宾客,每事必请于姑,介妇请于冢妇；舅姑使冢妇毋怠,不友无礼于介妇；舅姑若使介妇毋敢敌耦于冢妇,不敢并行,不敢并命,不敢并坐。"冢妇既能代姑之事,且介妇依舅姑命而下冢妇,其地位较尊可知。后世大家庭中,具有此种礼貌者甚夥。

胡云乎主妇地位高于媵妾耶？主妇云者,正室也,妻之谓也。《曲礼》虽言国君不名世妇,大夫不名侄娣,士不名长妾；此不过在妾之中,有其所贵,非即与主妇地位相等也。妾既称夫为君,并"谓夫之嫡室曰女君,夫为男君,故名其妻曰女君也"；既皆以君称,则其同尊也可知。其妾之贱者,更称夫为主父,妻为主母矣。① 故《仪礼·丧服》,妾为女君期服。"何以期也？妾之事女君与妇之事舅姑等。"即女君死,妾并为女君之党服,惟妾摄女君则否；顾妾虽可于女君死后,摄治内事,仍不可称嫡,故"惠公元妃孟子卒,继室以声子,生隐公"云云,不称夫人也。反之,若母以子贵尊为夫人,后世虽盛其事,在古则有所讥,夫人风氏夫人嬴氏之类是也。观于古之以妾为妻,礼所否认；后之以妾为妻,法所禁止；即知其尊卑位定,莫可紊易；所谓"亏夫妇之正道,黩人伦之彝则,颠倒冠履,紊乱

---

① 见《仪礼·丧服》；刘熙,《释名》；《战国策》。

礼纲"者也。① 宋，《郑氏世范》亦云，"主母之尊，欲使家众悦服，不可使侧室为之，以乱尊卑"。明，妻亡以妾为正妻者，问；不应改正；即，科其罪，而不必使其仍回妾之位也。清，妻不在而以妾为妻者，罪应稍轻，仍改正；即古代摄女君终不得称夫人之例是也。然至清末，扶正之事既已通行；民国成立，前大理院亦明认妻不在者得以妾为妻焉。② 妻妾地位既不平等，故依唐律，妻殴伤杀妾减凡人二等，死者以凡人论，过失杀者勿论；若妾犯妻者徒一年半，死者斩，完全与夫与妻之处刑轻重同。至于媵犯妻者减妾一等，妾犯媵者加凡人一等，盖媵犹贵妾也，乃如是耳。明清各律除媵外，均有类似之规定，以示妻尊而妾卑，于其刑度之差别上即可知矣。

三　婚姻与亲属关系

亲属关系之发生除血统的连锁及法律的拟制外，以婚姻的原因为其主。然有夫妇而后有父母子女兄弟姊妹，则血统关系之始源亦由婚姻而来；养父母与养子女之关系，固系拟制血亲关系而生，顾继父与继子之关系，仍莫外乎婚姻之所致也。是故无论以配偶列入亲属范围之内与否，而配偶关系为其他亲属关系之所本则一也。③ 第关于亲属关系之内容，不惟父系社会与母系社会异致，即在父系社会之中，亦因时代而难为同，且其问题牵涉又广，殊非

---

① 见《唐律疏义》，卷十三。
② 明律妻妾失序条备考，清律同条辑注，及六年上字第八九六号判例。
③ 参照《中国婚姻法综论》，第一〇六至一〇八页；《中国婚姻法论》，第一五〇页。

兹之所能详也。兹惟就由婚姻而生之亲属称谓，由婚姻而生之亲属服制，由婚姻而生之亲属则例论焉。

（甲）由婚姻而生之亲属称谓　母系社会之亲属称谓，不可得而知也，自父系社会言之。配偶为称，曰昏曰姻，曰夫曰妻，曰君曰妾，女子或又以妇称；此即表示婚姻成立后，婚姻当事人间首先发生所谓配偶之亲属关系焉。① 然夫有其族，妻有其宗，非如亚当夏娃之结合，仅由配偶关系然后发生血亲关系，其结合之始，即已互相错综而发生其他之亲属关系，于亲属称谓之复杂性上即可知矣。不过往昔对于亲属关系之类名既与今异，而亲属间之彼此相称，亦难尽同耳。

曷谓亲属关系之类名与今不同？《尔雅·释亲》从《宗族》《母党》《妻党》《婚姻》四方面，释其相互之称谓，此最早亲属关系之类名也。《宗族》系指同一祖宗所出之亲属称谓而言，与婚姻之原因尚少外；②《母党》则系就子女对于母系血亲之称谓而言，其始源虽亦由于母与父之婚姻，但实际上仍为对血亲之称谓，与父党无异。且在母系社会中，母党亲属之称谓实较父党为主；而当民知有母而不知有父时代，则更无父党称谓矣。至于《妻党》乃以指示夫对妻的亲属称谓为主，而外亲则连类及之；《婚姻》乃以指示妻对夫的亲属称谓为主，而夫妇之党之互称亦连类及之：故《妻党》与《婚姻》实

---

① 《礼记·经解》郑注，《内则》郑注，《仪礼丧服》，《汇苑》。

② 我《民法》以血亲之配偶为姻亲，则《尔雅》所谓"父之世母叔母为从祖祖母，……父之从父晜弟之母为从祖王母，父之从祖晜弟之母为族祖王母，父之兄妻为世母，父之弟妻为叔母，父之从父晜弟之妻为从祖母，父之从祖晜弟之妻为族祖母，……父之从祖祖母为族曾王母，父之妾为庶母"，当为姻亲中之尊亲属也。

直接由婚姻而生亲属称谓关系之类名也。在实际上，宗族一称宗亲，母党又称外亲，《仪礼·丧服传》"外亲之服皆缌也"是。妻党通常置于外亲之外，然《史记》有《外戚世家》，并帝王之母党妻党而入之，后世修史者本此，于是外亲云云，又不必即限于母党矣。后世各律所载大都分为宗亲、外亲、妻亲三类，其指示之范围殊与《尔雅》有异。宗亲并非以同一祖宗所出之男系血统为限，妇对夫族之亲属关系亦在其内；外亲固不包含妻党，顾亦不限于母族，凡姑、姊妹、女子子嫁出而生之亲属关系亦入之；妻亲系夫对于妻之亲属而言，范围尚较确定，惟夫之宗亲与妻之宗亲相互间，则在法律上之关系殊为淡薄，"妇之父母婿之父母相谓为婚姻……妇之党为婚兄弟，婿之党为姻兄弟"，亦只古礼之称，习俗择用而已！① 我《民法》以此种分类，既具有宗法社会之色彩，且条理亦不清晰，于是不问宗亲或外亲，凡与己身有直系或旁系之血统关系者曰血亲；以外，若血亲之配偶，配偶之血亲，血亲之配偶之血亲，配偶之血亲之配偶，皆曰姻亲，盖示其为由婚姻所生之亲属关系是也。②

曷谓亲属相互之称谓与今或异？就配偶之血亲言之，在夫族方面："妇称夫之父曰舅，称夫之母曰姑姑舅在则曰君舅君姑，没则曰先舅先姑。"舅、旧也，姑、故也；旧故老人称也，故用以称夫之父母，而含"如事父母"之义。③ 然其变也，称舅为公最早已见于汉，称姑为婆至迟亦在清初，而阿翁、阿公、阿家、阿姑之称，隋唐以前

---

① 参照徐朝阳，《中国亲属法溯源》，第四七至五五页。
② 《民法》第九六七至九七〇条。
③ 《尔雅·释亲婚姻》及其《疏》，《释名》，并《礼记·内则》。

即已有之，元旦以"翁"字入律焉。① 至"谓夫之庶母为少姑"，后世则不行也。此其一。妇谓"夫之兄为兄公，夫之弟为叔，夫之姊为女公，夫之女弟为女妹"；公、尊称也，叔、妹、皆幼小也，故用以分别称夫之兄弟姊妹。然其变也，兄公之称，在汉已有兄章兄松之异，在晋又有兄钟之转，五代以来称阿伯矣。女妹之称虽汉晋犹然，但女叔兼用已见周汉之世；而叔妹为称东汉亦有其俗，隋唐以来之小姑称谓又沿用于今日矣。女公或转为女妐，今俗则称大姑，惟叔之称谓未变耳。② 此其二。在妻党方面："妻之父为外舅，妻之母为外姑"；愚曾以此认为交换婚时代用语之遗迹，但说者则谓妻以夫之父母称舅姑，则夫亦从而舅姑之，惧其同于母党或父党也，故别曰外舅外姑云。然其变也，匈奴单于以和亲关系，称汉天子为丈人行，丈人之称始此，而外姑遂亦有丈母之号。唐玄宗封禅泰山，张说因而迁其婿郑镒官，玄宗怪而问之，镒无辞以对，黄幡绰曰，"此泰山力也"。泰山之称始此，而外姑遂又有泰水之号。于是岳父、岳丈、岳公、岳母之用语，并因泰山有丈人峰之义而生矣。③ 此其三。"妻之晜弟为甥，妻之姊妹同出为姨"；甥或称外甥，乃婚兄弟也，言"其姊妹女也，来归已内为妻，故其男为外姓之甥，甥者生也，不得如其女来在已内也"；同出则谓俱已嫁矣，《诗·卫风》"邢侯之

---

① 《汉书·贾谊传》"与公并倨"，《康熙字典》"俗称舅姑为公婆"，《辞源阿家翁条》，《宋书范晔传》"阿家莫念"，《颜氏家训》"落索阿姑餐"，《元史·刑法志·奸非门》"诸翁欺奸男妇未成者"。

② 见《释名》及《玉篇》，《尔雅》郭注，《五代史补》"新妇参阿伯，岂有答礼"，《礼记·昏义》注，《后汉书》。

③ 《辞源·外舅条》引汪尧峰云，《汉书·匈奴传》，柳宗元有《祭独孤氏丈母文》，《酉阳杂俎》，《归田录》，《辞源·岳丈条》。

姨"是；媵亦曰姨，以其为妻之妹也。然其变也，甥之称不用于敌体，或以内兄称妻兄，或以内弟称妻弟焉。惟姨之称未变，但亦有姨妹、大姨、小姨之异。① 此其四。就血亲之配偶言之："子之妻为妇，……女子子之夫为婿"；妇者有姑之辞也，宋荡伯姬来逆妇是；婿亦称甥，"谓我舅者，吾谓之甥也"，《孟子》云帝馆甥于二室是。然妇既有子归之称，于宋时则一变而为息妇，以后再一变而为媳妇。顾在元律中则又以男妇称之。至于称婿为甥固未通行，而婿则仍沿用，不过自汉以来，并有子婿女婿之称耳。② 此其五。"谓弟之妻妇者，是嫂亦可谓之母乎"；则兄妻称嫂，弟妻称妇，所以尊兄，所以远嫌也。惟"女子谓兄之妻为嫂，弟之妻为妇"，当系仿用，无此义也。此在后世尚无何改，仅晋时称妇为新妇而已。"姊妹之夫为甥……女子谓姊妹之夫为私"；甥犹生也，取相亲之义也，晋时犹存其称；私之为称，见于《诗》"邢侯之姨，谭公维私"，意指非正亲耳。然在后世皆不通行，汉时已以甥之称易为姊夫妹夫，并有姊婿妹婿之用语继其后，而姊丈妹丈之称谓亦兼用之，女子称姊妹之夫同然。③ 此其六。就配偶之血亲之配偶言之："长妇谓稚妇为娣妇，娣妇谓长妇为姒妇……长妇为嫡妇，众妇为庶妇"；娣姒系由己身之长幼而计，郑玄、杜预谓兄弟之妻相谓为姒，言两人相谓，长者为姒，知娣姒之名不计夫之长幼也；嫡庶则依夫之长幼或辈分称

---

① 《尔雅·释亲·妻党》，《释名》，《晋书·阮籍传》，《世说新语》。
② 《尔雅·释亲·婚姻》及《妻党注》，《公羊传》，《内则》，《能政斋漫录》，《元史·后妃传》及《刑法志》，《史记·张耳传》，《汉书·淮阳宪王钦传》。
③ 《仪礼丧服传》，《尔雅·释亲·婚姻》及郭注，《诗·卫风·硕人》，《释名》，《后汉书》，《白居易诗》。

矣。然其后则变为筑里,又变为妯娌,今秦人且以"先后"为称,盖本于晋时之俗而然。① 此其七。"两婿相谓为亚",《诗》曰"琐琐姻亚",《左氏传》曰"昏媾姻亚"是。唐时虽仍存娅婿之称,但汉时已有友婿之名,晋时江东人复呼同门曰僚婿,宋以后通称连襟或连衿矣。② 此其八。凡此八端,仅就其要者例示之,若夫古今来无若何重要之变更者则从略。且瓜葛之亲甚泛,葭莩之末亦微,欲尽及其因婚姻而引起之种种称谓,其势更所不能也。

(乙)由婚姻而生之亲属服制 丧服之制今已废除,然自周迄于清末,则认为圣人所以经纬万端,皆从此始,殊重视之。其为用借以表示亲属之亲疏,略近现代法之亲等计算。惟因含宗法观念于内,虽起源于亲亲之义,而又以尊尊之义加入,夫妇之男女双方遂不得各亲其亲矣;且因受男女有别之影响,虽有亲道竟推而远之,故不仅袒免亲及外姻之疏系为无服亲,即相近之亲属或亦有无服者矣。盖其加隆减降之本身,纵有定则,但进而求其确定之亲等,殊难以之为据。③ 然则由服制而观察亲属关系仅能及其重要部分也可知。此种丧服关系之生也,依《礼记·大传》云:"服术有六:一曰亲亲,二曰尊尊,三曰名,四曰出入,五曰长幼,六曰从服";又曰"从服有六,有属从,有徒从,有从有服而无服,有从无服而有服,有从重而轻,有从轻而重"。则在其中,与婚姻效力最有关者当

---

① 《尔雅·释亲·妻党》及《婚姻》,本文第二章第一节,《扬子方言》,《广雅》。
② 《尔雅·释亲·婚姻》,《诗·小雅·节南山》,《左》昭二十五年,《唐书》,《汉书·严助传》,《尔雅》郭注,《容斋笔记》。
③ 参照陶汇曾,《现于服制之亲属制度》及《民律草案》,丧服关系与亲属关系之异(《法制论丛》)。

为"从服",其次若"出入"若"名",亦有关也。

曷谓从服?随从他人之服之有无轻重,而依一定法则定自己之服等是也。此在服制全部上固不限于夫妻之相从,如子为母之党乃属从关系,臣为君之党乃徒从关系即是;然由婚姻而成夫妇之后,发生从服事例殊为普遍,不可轻视也。在从服之六种中,"属从"系指骨肉连续以为亲,遂从其所从而为之服,妻从夫,夫从妻是也。所谓夫族之服,妻党之服皆由是而生,所从虽没,犹从之服其亲也。① 至于妾之服其君也,虽与妻同为斩衰三年,且从夫而为夫族服,然仅有尊尊之义在无亲亲之道,观于夫因至亲之关系报妻以期,对妾之有子者仅报以缌,无子则已,明代以后更无报服可知,则为其"君"之"夫"不为妾之党服者,正以其贱也。② "徒从"系指与彼无亲属,空从其所从而为之服,妻为夫之君,妾为女君之党是也。至于子从母服于母之君母——嫡母非生母,妾子为君母之党,虽非直接由婚姻而生,但君母生母之别,嫡子妾子之分,则亦由婚姻关系上妻妾名分之异致而然也。在徒服中,所从亡,则不服,惟女君既没,除妾摄女君外,则犹为女君之党服,此又由于妾卑于妻所致也。③ "有从有服而无服",兄弟有服,而叔之与嫂,兄公之与弟妇,因远嫌关系,在唐以前无服是也。又"公子为其妻之父母"亦然;盖其妻为本生父母期,公子为君所厌,不得服从,是妻有服而夫无服也。"有从无服而有服",叔嫂无服,娣姒有服,顾炎武所谓"存其恩

---

① 《丧服小记》"属从者所从虽没也服";《疏》"属者骨肉连续以为亲也"。
② 参照《仪礼·丧服传》;《礼记·丧服小记》;及《中国亲属法溯源》,第一九页。
③ 《礼记·大传疏》及《杂记》,《仪礼丧服传》。

于娣姒，断其义于兄弟"是也。又"公子之妻为其外兄弟"亦然，盖公子被君厌，为己外亲无服，而妻犹服之，是夫无服而妻有服也。"有从重而轻"，"为妻之父母"，妻虽降其本宗之服，然为其父母犹服期，而夫从妻服之，仅服缌，是妻重而夫轻也。"有从轻而重"，"公子之妻为其皇姑"，公子为君所厌，自为其生母练冠，舅不厌妇，故公子之妻则为其君姑服期，是夫轻而妻重也。①

曷谓出入？女子子在室为入，适人为出，故曰"妻谓之入，女子子谓之出"；再详言之，母与妻皆入本族之异姓也，女子子则出本族之同宗也。一出一入皆由婚嫁之关系而然，其服制亦因之发生变更。就出而言：凡姑姊妹女及孙女在室或已嫁彼出而妇服，无论己服人，人服己，并与男子同。但出嫁而入他人之家，虽曰"出者其本重"，而犹有服，究以男系为主，服统于宗，既为夫氏之宗有其所隆，即为自己之宗不能无杀，在室为父斩，出嫁则斩于夫而为父期，所谓不贰天不能贰尊是也。就入而言：以主名之关系定其位，以属位之原因从其服，虽异姓而各有相当之服，盖"入者其卒重"耳。至对于入者之本宗，一因父母之恩不殊，对外亲亦有其服，然因尊祖祢之故，外亲之服皆缌，仅外祖父母以尊加而为小功，姨母以名加而为小功而已！至唐始加舅小功五月，而开元间杨仲昌犹以"无轻议礼"非之。一因夫妻之亲甚显，对妻党亦有其服，然只服妻之父母以缌，妻父母亦报之以缌，其他若妻伯叔，妻之姑，妻兄弟及妇及子，妻姊妹及子，妻之外祖父母，皆为无服之亲。此外"出继为人后

---

① 《礼记·大传疏》及《服问》，《日知录》卷五《兄弟之妻无服》条，《丧服传》"何以缌？从服也"。

者",亦曰出,其妻则为本生舅姑服大功云。①

曷谓名?"其夫属乎父道者,妻皆母道也,其夫属乎子道者,妻皆妇道也"之谓,换言之"嫁于父行则为母行,嫁于子行则为妇行"之谓;其为服亦出于从服之原因而然,若妻与夫之祖父母、世父母、叔父母是。其实妇对舅姑虽以义服,究不能谓与名无关,嫂叔无服亦系由名而治,乃推而远之;至妻妾之关系,亦因从夫从君之异,乃名曰妻曰妾,均可于兹以论其服制也。② 就妇与舅姑言:妇为其夫斩,则从夫而为舅姑期,亦不贰尊之义;然在唐时,世俗已行三年之丧,贞元定礼,李岩议曰:"……父母之丧尚止周岁,舅姑之服无容三年,且服者报也,虽有加降不甚相悬,故舅姑为妇大功九月,以卑降也,妇为舅姑齐衰周年,以尊加也";仍如礼旧。迨至后唐,三年齐衰,一从其夫,宋乾德三年议礼从之;元,为舅斩衰,为姑齐衰;明,子为父母同服斩衰三年,妇亦同然。就为兄弟之妻及为夫之兄弟言:古皆无服,盖推而远之也;唐以外亲之同爨犹缌,遂为制服小功,明清同。就妾与妻言:妾之事女君与妇之事舅姑等,故妾为妻服期;但妻对妾则无报服也。此外若妇对夫之祖母、伯叔母则服大功……云,不详举。③

(丙)由婚姻而生之亲属则例 两姓既缔其婚,内外连而成姻,则在礼法上或应有其回避之处,在刑典上或竟有其株连之条;若夫

---

① 参照吴嘉宾,《丧服会通说》;《日知录》,卷五;《唐会要》,卷三十七—三十八"服纪"上下条,《礼记大传疏》。

② 《仪礼·丧服传》及郑注;《日知录》,卷五"三年之丧"条。

③ 《唐会要服纪下》,《日知录·三年之丧》原注,《元史·刑法志·名例》,《仪礼丧服》。

夫人裙带，姻故不遗，乃人情之弱点，不足为论也。

曷谓姻亲之回避？汉制，以州郡相党，人情比周，乃使婚姻之家，及两州人士，不得对相监临，是曰三互法；史弼迁山阳太守，其妻巨野薛氏女，以三互自上转拜平原相是也。元律，诸职官听讼者，事关有服之亲并婚姻之家……应回避而不回避者，各以其所犯坐之。此其例也。①

曷谓姻亲之株连？三族九族之说初果计入母族及妻族，则秦之三族刑，母党妻党皆受株连矣。降而如北魏崔浩之诛也，清河崔氏无远近固所不免，而范阳卢氏，太阳郭氏，河东柳氏皆浩之姻亲，遂亦尽夷其族。明方孝孺之族也，宗族亲友前后坐诛者数百人，并门生而灭及十族；其姻亲亦入于九族之内可知。② 不过族诛之在后世已非常例，而姻亲不免尤为例之偶见也。

此外，在旧律中，并有亲属相盗、亲属相窃、亲属容隐、亲属强卖、亲属略诱、亲属为婚等条，涉及姻亲关系者甚夥，或勿论，或禁止，或分别按服制减等科罪，或分别依名义加重处刑：皆与婚姻效力之问题不无间接关系焉。

---

① 《后汉书·蔡邕传》及注，《元史·刑法志·职制门》。
② 《白虎通·九族》，《史记·秦本纪》注，《魏书·崔浩传》，《明史·方孝孺传》及《方正学年谱》。

第六章　婚姻消灭

夫妇之道不可以不久也,故《易》于《咸》卦后,即以《恒》卦继之。然"宜言饮酒,与子偕老",虽为人之所期,而鳏寡遭遇究属事之难免;况"不思旧姻,求尔新特",既系世之恒有,则反目仳离遂成例之习闻:于是婚姻关系纵已成立,在实际上自难皆如《恒》卦所示,使其不消灭也。① 其中,因配偶一方之死亡,致终断其共同生活关系者,是曰自然的消灭原因;此在中国史上曾发生再娶再嫁之再婚问题。因琴瑟不调或他故,致难继续其共同生活关系者,是曰人为的消灭原因;此在中国史上曾发生相弃义绝七出之离婚问题。至于婚姻效力依然存在,而惟免除共同生活义务之别居制度,今我《民法》并不承认,求诸往昔,除前大理院判例一度采用外,为例亦属稀少。② 必欲求之,则《晋书礼志》所云"沛国刘仲武先娶毌丘氏,生子正舒正则二人。毌丘俭反,败,仲武出其妻,娶王氏,生陶。仲武为毌丘氏别舍而不告绝。及毌丘氏卒,正舒求附葬焉,而陶不许……",或不失为别居一事之先例。

---

① 见《易·序卦》,《诗·郑风·女曰鸡鸣章》,《小雅·我行其野》章。
② 参照张绅,《中国婚姻法综论》,第一六八至一七〇页;〔日〕栗生武夫,《婚姻法之近代化》,胡长清译,第一〇七至一一〇页。

一 婚姻之自然的消灭——再婚问题

男女之初成室家者曰新婚,《诗·谷风》云"宴尔新昏,如兄如弟"是;但如指其为第一次之结婚则曰初婚,若再与以后之再婚比照而言,则曰前婚。再婚用语不限于配偶一方死亡,他方再行结婚之谓,即夫妇离婚而再娶再嫁者亦然。① 不过在中国婚姻之史的用语,似应偏于前端,盖再娶再嫁云云,多因配偶一方死亡而发生此问题也。

(甲)妻死与再娶 妻之死亡使婚姻关系消灭云者,只指夫妻共同生活关系之消灭而言,若夫亲属关系等等,除赘婚中夫再婚外,一般情形则不消灭,此其异于离婚也。纵夫再娶亦然。惟在中国往昔,虽非采绝对的一夫一妻主义,然在一特定阶级间或受有他种影响者,则亦往往倾向不再娶之义。其至事实上为再娶者,仍重视其与始娶之妻之关系,苟非后妻有子而前妻又无子时,即无由使后妻名分超过前妻也。于此,所谓夫妻身分仍非如今世之视为绝对消灭也。

先就不再娶之情形言:《公羊传》云,"诸侯壹娶九女,诸侯不再娶"。《白虎通》云,"或曰,天子娶十二女,……必一娶何? 防淫佚也;为其弃德嗜色,故一娶而已! 人君无再娶之义也"。故后世谓天子诸侯一娶多女,正由不再娶也,其不再娶为防淫佚,而在重国广继嗣之下,遂又不能不一娶多女焉。其实古者贵族多娶已成惯

---

① 参照《民法》第九九四条。

例,初或非因不再娶而多娶,当系多娶结果,嫡室死以妾摄治内事,始生不再娶之义;何休谓"不再娶者,所以节人情,开媵路"是也。①《左传》谓"惠公元妃……孟子卒,继室以声子生隐公",言声子摄治内事,犹不得称夫人,仅继续元妃在夫之室而已!故依原则而言,人君唯有继室之事,实无重娶之礼。然其变也,如昭三年,齐侯使晏婴请继室于晋,而晋许之,盖少姜已葬,齐复以女为继,虽曰继其室,实即再其娶;宜乎朱子称齐鲁之破法矣。至于天子诸侯以外,义得再娶无待言也。降至后世,人君不再娶之例亦革除焉。② 然同时则又因妻死后,恐其遗子遭后母之蹧,虽在士庶人方面亦有主张其不应再娶者。盖鉴于"高宗以后妻杀孝己,尹吉甫以后妻放伯奇",防假继之惨虐孤遗,离间骨肉耳。故"曾参妇死,谓其子曰'吾不及吉甫,汝不及伯奇';王骏丧妻亦谓人曰'我不及曾参,子不如华元'……并终身不娶"。南北朝时,"江左不讳庶孽,丧室之后多以妾媵终家事,疥癣蚊虻或未能免,限以大分,故稀斗阋之耻。河北鄙于侧出,不预人流,是以必须重娶,至于三四,母年有少于子者,……身没之后,辞讼盈公门,谤辱彰道路,子诬母为妾,弟黜兄为佣,播扬先人之辞迹,暴露祖考之长短,以求直己者往往而有";此颜之推所以慨叹,而认为可畏者也。③ 唐时有于义方者,目睹时人再娶之害,并作《黑心符》一文以戒子孙。中谓"……万一不幸,中道鼓盆,巾栉付之侍婢,盐米畀之诸子,日授方略,坐享宴安。又或无嗣孤单,则宜归老弟侄,以心与之,孰敢不尽?若更重婚续

---

① 《公羊》庄十八年传文及《注·疏》。
② 参照《左传》"继室以声子"疏,《朱子语录》。
③ 见《孔子家语》,《琴操》及《颜氏家训·后娶篇》。

娶，定见败身殒家！"则其反对再娶更极端矣。宋儒中如程子则主张"凡人为夫妇时，岂有'一人先死，一人再娶，一人再嫁'之约？——只约'终身夫妇'也。但自大夫以下，有不得已再娶者，盖缘奉公姑或主内事耳。如大夫以上自有嫔妃可以供祀礼，所以不许再娶也"。① 是在所谓不得已之情形下，得再娶也。

次就再娶者之情形言：诸侯既不再娶，嫡夫人称曰元妃，死则由妾摄治内事称曰继室，明其只一娶也。但再娶者仍以初娶之妻为重，于是以前妻称元妃，以后妇称继室，又成通义矣。妃与配通，后世元配之称本此；继之言续，《仪礼·丧服》"继母如母"是也。《宋书》谓"孝穆后殂，孝皇帝聘后为继室"，《宋史》谓"孝惠崩，周显德五年太祖为殿前都点检，聘后为继室"，皆再娶而仍以继室称也。② 且在唐后，俗间对继配之妻往往以"接脚夫人"谑之，今陕俗前妻母家每称其继室为"续脚姑娘"，即基于此；而嫁于再娶者称曰填房，均含有逊于元配之意在。关于元配最重要之权利，则为合葬与祔祭：例如《明史·后妃传》载"穆宗即位，礼臣议'孝洁皇后大行皇帝元配，宜合葬祔庙；若遵遗制祔孝烈，则舍元配也，若同祔，则二后也。大行皇帝升祔时，宜奉孝洁配，迁葬永陵；孝烈宜别祀。'报可"。余可知矣。然母以子贵，继室之合葬并祔者，例亦夥也。

（乙）夫死与再嫁 夫死妻之地位与妻死夫之地位略同，仍非绝对消灭婚姻之效力。虽于夫之丧服满后，依律，妻则有改嫁之自由，至是由婚姻所发生之各种关系，因妻之再婚似归消灭。然在往

---

① 见陈东原，《中国妇女生活史》，第一三八页所引《性理大全》。
② 《宋书·后妃传》，"孝懿萧皇后"条；《宋史·后妃传》，"孝明王皇后"条。

昔,则视为夫可以出妻,妻不得弃夫,故惟在被出及和离或断离情形下,可以消灭一切关系;至于因夫亡而改嫁,虽妇之节已移,而于义则未之绝,盖妻无身绝于夫之理,并不因改嫁而即消灭一切关系也。唐律,妻妾殴詈故夫祖父母父母者,各减殴詈舅姑二等,仍较凡人为重;明清律更直与殴舅姑罪同;即不外以夫死改嫁,义仍未绝,舅姑名义依然存在故耳。① 虽然,关于夫死再嫁之事,律所禁止者除居夫丧而改嫁者外,惟对于强嫠妇改嫁者罪之,倘再嫁而出自所愿,于原则上均未禁也。然在礼之方面则以夫死不嫁为极则,后儒又从而张大之,政府又从而奖励之,女子从一而终遂于数千年来无人敢非之矣。不过在实际上,自周以迄于唐,夫死再嫁纵不视为合于礼制,顾亦不视为奇辱大耻,其轻视再醮②之妇,乃自宋以后始甚也。

先就礼教上对于再嫁之态度言:《礼记·郊特牲》云,"一与之齐,终身不改,故夫死不嫁";此礼教上反对再嫁之最早者。说者谓系指不得以妻为妾,非谓不嫁,夫死不嫁云云,乃后人窜入之文;观于卫有七子之母不能安其室,而孟子以为小过,即知其非以夫死不嫁为礼之极矣。③ 愚以为夫死不嫁云云纵非窜文,亦不过基于"妇人贞吉从一而终"之义,作为最高之理想,非强人必行,而视再嫁为非礼也。是故父卒继母嫁,仍从而为之服遂,以终恩为贵,不以再

---

① 参照程树德,《中国法制史》,第一五四页;《唐律疏义》,卷二十二;及清律卷二十八及《注》。

② 再醮或称改醮,原指男子再婚而言,后男女兼用,今则专用于女子再嫁或改嫁方面。

③ 参照吕诚之,《中国婚姻制度小史》,第五九页。

嫁为嫌焉。《家语》虽曰"礼无再醮之端,言不改事人也",此乃从"夫死从子"所引申者耳。况今本《家语》最早亦只魏王肃之托,非可以绝对视为孔子之言也。① 汉儒兴起,鼓吹贞顺,刘向之作《列女传》以"避嫌别远,……终不更二"叙其事;班昭《女诫》又自认"夫有再娶之义,妇无二适之文"。而陈寡孝妇之一醮不改,文帝使使者赐之黄金四十斤,复之终身,号曰孝妇;宣帝神爵四年并有诏赐贞妇顺女帛;安帝元初六年对贞妇且甄表门闾,旌显厥行;则汉世已奖励从一之贞矣。② 然无论如何,均莫如宋以后之甚! 宋,程伊川既以"凡取以配身也,若取失节者以配身,是己失节也",认为孀妇不可取;并答"居孀贫穷无托者可再嫁否"之问曰

"只是后世怕寒饿死,故有是说。然饿死事极小失节事极大!"(《近思录》卷六)

于是朱子与陈师中书,劝其妹守节,遂称曰,"昔伊川先生尝论此事,以为饿死事小,失节事大,自世俗观之,诚为迂阔,然自知经识理之君子观之,当有以知其不可易也"。自经程朱深刻地为夫死不嫁之说后,世俗遂以再嫁为奇耻。清,王相母为《女范捷录》,其《贞烈篇》有言曰:"忠臣不事两国,烈女不更二夫,故一与之醮,终身不移,男可从婚,女无再适",可知其然。即如毛奇龄虽不主张室女守志殉死合葬,但言外已嫁而成妇者,自应如是焉。惟俞正燮谓"再

---

① 《易恒卦》六五《象曰》;《仪礼·丧服》;《孔子家语本命解》;姚际恒,《古今伪书考》。

② 见刘向,《列女传》,卷三,"陈寡孝妇"条;《汉书·宣帝纪》及《后汉书·安帝纪》。

嫁者不当非之,不再嫁者敬礼之,斯可矣",实得其平云。① 其在政府之奖励方面:自元以迄明清,封爵之典不及夫亡改嫁之妇;而明洪武元年令民间寡妇三十以前,夫亡守制,五十以后不改节者,旌表门闾,免除本家差役;清对节妇贞女并旌表之;②然而违志茹苦,重名轻生者夥矣!

次就事实上关于再嫁之认识言:有夫而与人通,当视为恶,夫死而再嫁之古不为嫌。是故孔子之子伯鱼卒,其妻嫁于卫,虽生有子思,亦再嫁之,其视再嫁为不足轻重也可知。③ 即在汉世,离而再嫁固甚普通。夫死再嫁例亦极夥:武帝外祖母臧儿,既嫁王仲槐生男信及两女,仲死,再嫁为长陵田氏妇,生男蚡、胜;蔡邕之女文姬嫁卫仲道,仲道死为匈奴所掳,充左贤王妾,生二子,曹操以金赎其回国,再嫁为董祀妻皆是。④ 其在帝王方面,若文帝后七年遗诏"归夫人以下至少使",荀悦《汉纪》作"所幸慎夫人以下至少使,得令嫁";景帝后三年遗诏"出宫人归其家复终身";平帝崩,"太后诏出媵妾皆归家得嫁,如孝文时故事";则虽帝王之尊,亦未见其皆以奉陵为制,而强其不嫁也。⑤ 但如守志终身,纯出个人意志,则亦有足闻者:如前述之陈寡孝妇,以扶养其夫之父母为职,虽无子而亦不嫁;荀爽之女采年十九而寡,爽使改嫁郭奕,自缢以免;桓鸾之女寡居十年,子忽夭殁,虑不免于再嫁,遂预刑其耳以示决绝。降

---

① 见《禁室女守志殉死文》及《节妇说》。
② 参照元《典章》,明清《会典·封赠门》,又明《会典·旌表门》,清《会典·风教门》。
③ 参照《礼记·檀弓》"子思之母死于卫"郑玄注。
④ 《汉书·外戚传》及《后汉书·列女传》。
⑤ 见《西汉会要》卷六《出宫人条》及《汉书·景帝本纪》注。

至魏晋，如夏侯令女夫死无子，父母欲嫁之，则断发为信，后曹氏灭，族父母以其无依，又欲嫁之，则截耳断鼻，以死自誓；段丰妻慕容氏，年十四适丰，丰被杀，父令嫁人，虽成婚而仍自缢；寡妇淑夫死守志，兄弟将嫁之，誓而不许，为书责之以义：①是皆情操所致，非要名也。若夫北魏高聪有妓十余人，有子无子，皆注籍为妾，及病，不欲令他人得，并使烧指吞炭，出家为尼；虽道学亦当指其非正也。此种强其不嫁与强其再嫁均系支配他人意志，大为不可。然强其再嫁者，在通常情形中，大都以无子或子少而无以为养者居多，而妇女对于有子被逼，其见拒亦更烈也。② 迨至隋唐五代，一方面夫妇情好，寡居不嫁者固富其例，一方面则视再嫁仍非过恶。隋、兰陵公主初嫁仪同王奉孝，奉孝卒，适河东柳述；唐公主不特再嫁，抑且三嫁，视为固然，不以为异，故改醮者达二十余人之多；韩愈之女先适李氏，后嫁樊宗懿，"传道统"者亦未以为非。③ 五代郭威后柴氏，本唐庄宗宫人；杨氏，本石光辅妻；张氏，本武从谏之子妇；董氏，先嫁刘进超：凡四娶皆再醮妇，则孀妇不可取之理由必亦未成立也。即在宋初，秦国大长公主初适米福德，太祖即位，再适高怀德，殊与唐同。然以后，除徽宗女荣德帝姬至燕京，驸马卒，改适习古国王外，前后再无一人，斯不能不谓夫死不嫁之观念，乃确定于宋兴以后也。然其始也，程伊川虽主张失节事大，顾其甥女侄妇皆有改嫁事实，是当时尚未能完全转变其风可知。④ 继经朱之

---

① 参照《后汉书·列女传》；吕新吾，《闺范》；《晋书·烈女传》；《历代女子文集引》。
② 《魏书·高聪传》及《各史列女传》。
③ 《隋书·列女传》；《新唐书·公主传》；及《中国妇女生活史》，第一一八页。
④ 《新五代史·周家人传》及《宋史·公主传》。

子提倡,元世之崇尚,而迄于明清,士庶遂莫不以再嫁为耻矣。试举《明史·列女传》两事以例其余:一曰,孙义妇夫死,育子湄成立,求兄女为配,甫三年,生二子,湄亦卒。尚书蹇义见其姑妇孤苦,诘曰"何为不嫁?"对曰"饿死事小,失节事大!"义嗟叹久之。一曰,张维娶妇而卒,其妇誓不再嫁,舅姑慰之曰"吾二人累逼矣,尔年尚远,何以为活?"妇曰"耻辱事重,饿死甘之!"则程朱学说毒人之深,演成悲惨事实,不知几何焉!

再就律令上涉及再嫁之规定言:依《管子》云,齐合鳏寡,自非禁止再嫁,且提倡之矣;惟女子三嫁则入于舂谷耳。秦皇立石会稽"有子而嫁倍死不贞",乃于有子之条件下,为再嫁之禁也。汉、有夫死未葬而母嫁之者,或议曰,"夫死未葬,法无许嫁,以私为人妻当弃市";董仲舒则曰,"……夫死无男,有更嫁之道也";然后世夫丧未除,不得改嫁之律,实本或者所议而然。① 隋唐以后《十恶》条中,即以此为"不义",此非禁其再嫁,乃罪其再嫁非时而已!惟隋禁止品官之妇之妾改醮;唐宣宗诏"夫妇教化之端,其公主县主有子而寡,不得复嫁";辽、元、明、清不许命妇于夫死后改嫁,即命妇之因子孙而受封者亦然。盖于此种特殊条件下乃为再嫁之禁也。虽然,依今观之,再嫁与否为孀妇之自由,宋儒禁其再嫁,诚不合理,而他人强其必嫁者则亦非法。盖如"贞洁寡妇,遭值不仁世叔,无义兄弟,或利其娉币,或贪其财贿,或私其儿子,则迫胁遣送,有自缢房中,饮药车上,绝命丧躯,孤捐童孩者。……后夫多设人客,

---

① 程树德,《九朝律考》,"董仲舒春秋决狱",第一九八页。

威力胁载……"；①则在汉世已视强嫁者为犯罪，唐、明、清各律并明定其罚矣。惟须知者，女之祖父母父母强嫁之者，在唐律上并不论罪；清律则仅女之父母不论罪；盖往昔视父母之命为婚姻要件之一，故亦得强其再嫁云。②

二　婚姻之人为的消灭——离婚问题

就离婚问题而通论之，在立法主义上则有禁止离婚主义与许可离婚主义之分，并有自由——一种无因——离婚主义与限制——一称有因——离婚主义之别；在离婚分类上又有强制离婚、协议离婚、裁判离婚种种之异。③ 其在中国往昔，虽视夫妻为一体，而归于"天作之合"，并以妇人从一而终，为其理想；然于礼既有七出之目，于律又有义绝之条，自非采禁止离婚主义也。④ 自由离婚主义只须根据一方或双方之自由意志即可离婚，不须法律上之一定原因存在，不惟协意离婚属之，即单意离婚亦然；故学者以七出视为单意离婚者夥矣。⑤ 然既曰七出，即系有七种原因存在；且七出并受三不去之限制，则七出亦非可绝对即属自由离婚主义也。

---

① 王符《潜夫论·断讼》。
② 唐律《户婚下》，明清律《户律·婚姻篇》。
③ 参照胡长清，《中国婚姻法论》，第二六二至二六五页；程树德，《中国法制史》，第一五二至一五三页；及《法律大辞书》，"强制离婚"各该条。
④ 《诗》"文王初载，天作之合"；《马太福音》第十九章"神作之合者，人不得而离之"；可参照也。
⑤ 胡长清，《中国婚姻法论》，第二六四页注九；徐朝阳，《中国亲属法溯源》，第一二六页。

限制离婚主义乃指夫妻之一方须基于法定之原因始可呈诉其离婚,故裁判离婚属之,则七出义绝每规定于历代法例中,自与今日裁判离婚之原因相当,可无疑义。① 然七出乃本于礼而出之,义绝则本于律而出之,本于礼者可出可不出,本于律者则非绝不可;于是两者之间既有所异,而义绝之原来地位虽系"有因",究与现代之裁判离婚性质,不尽合也。因此之故,学者遂又有以违律结婚而离与义绝而离视为裁判离婚外之强制离婚矣。其实由违律结婚之原因而离,殊与现代法上结婚之无效等事相当,与通常原因之离婚又自有异。愚于本文,系以史的叙述为立场,仅揭明其问题之所在,而不必事事皆求其与今义合,前已论之,兹仍如旧;惟依下列三纲,分而述焉。

（甲）离婚之意义 离婚云者,夫妻于生前解除其婚姻关系之谓也,惟此纯就今义言耳。中国往昔视成妇之义重于成妻,则离婚用语与离异等等用语殊有区别,盖离婚为言每只以消灭与夫家或妻家之姻亲关系为主,而离异云云则非绝对消灭夫妻关系不可也。故在离婚等事之性质上亦有别于今义也。至于社会对于离婚之态度,并因时代有其所异,并附论之。

以离婚之用语为论:最早称离婚曰绝婚。《左》文十二年"杞桓公来朝,始朝公也;且请绝叔姬而无绝婚,公许之";《注》"不绝婚,立其娣以为夫人";则此绝婚云者乃指绝两性之好是也。因离婚为男家之专权,女子又以夫之家为家,故指女子之身而言,则曰"出",于是七出与三不去遂为对照之言。且"妇人之义嫁曰归,反曰来

---

① 参照陶汇曾,《离婚原因之义绝》(《法制丛刊》)。

归",故"郯伯姬来归""杞叔姬来归"云云,皆指被出而言;其对他人姊妹则仅称曰归或大归,"夫人姜氏归于齐",其例也。① 若夫和离则称曰弃或称曰相弃,毛《诗序》屡言之矣。② 至于离婚用语,依《晋书·刑法志》云:"毋丘俭之诛,其子甸妻荀氏应坐死,其族兄颀与景帝姻通,表魏帝以匄其命,诏听离婚";其魏帝之诏用此语句,抑唐太宗撰《晋书》而用之,未可知也。然刘宋之临川王义庆撰《世说新语》也,既有"贾充前妇是李丰女,丰被诛,离婚徙边"之语,梁之沈约撰《宋书》也,又有"王藻尚太祖第六女临川长公主,讳英媛;……景和中,主谮之于废帝,藻坐下狱死,主与王氏离婚"之文;则离婚为语最迟在南北朝即已有之。③ 此后,如《旧唐书》云"固安公主……与嫡母未合,递相论告,诏令离婚";《新唐书》云"李德武妻裴字淑英,安邑公矩之女。……德武在隋坐事,徙岭南,时嫁方逾岁,矩表离婚……";《辽史》云"淑哥与驸马都尉卢俊不谐,表请离婚,改适萧神奴";又"道宗惠妃萧氏……选入掖庭立为皇后,居数岁未见皇嗣;后妹……先嫁乙辛子绥也,后以宜子言于帝,离婚,纳宫中";皆有"离婚"用语,④可知其已甚普遍矣。惟在律令上则不用"离婚"两字,改用"离""离之""和离""两愿离"等语,唐律及其《疏义》可证;而明清律又有"离异归宗"之语也。惟民间关于出妻之事,不曰出而曰休,故出妻称曰休妻,出妻之文件称曰休书;其用语北宋时已有,《东轩笔录》载汴京谚语曰:"王太祝生前嫁妇,侯工

---

① 《礼记·内则疏》"出谓出去也",《谷梁》成五年,《左》宣十六年及文十八年传文。
② 参照陈顾远,《中国古代婚姻史》,第四九至五一页。
③ 《世说新语·贤媛篇》;《宋书·后妃传》,"孝武文穆王皇后"条。
④ 《旧唐书·北狄传》,《新唐书·列女传》,《辽史·公主表》与《后妃传》。

部死后休妻"云云,即其一证。

　　以离婚之性质为论:往昔之所谓离婚以绝两姓之好为主,故杞桓公绝叔姬而不绝婚。即出妻系以夫之名义行之,似与家族问题无关,然在实质上,"子甚宜其妻,父母不悦,出;子不宜其妻,父母曰'是善事我,子行夫妇之礼焉',没身不衰";则出妻亦不问乎两性情感如何矣。是故不仅《孔雀东南飞》之咏为千古所悲,且"君听姑恶声,无乃遣妇魂",亦足证明举世之同恨。① 所以然者,既视婚姻为两姓之事,而与个人之关系较微则在其解除时自亦以配偶以外之关系为重焉。因之,离婚后而个人关系仍能复续者有之,夫妇一方死亡而仍然离婚或出妻者有之,均与现代法不同其趣。前者若贾充已与李丰之女离婚,丰女遇赦,充已娶郭配女,武帝特听置左右夫人;刘仲武以毌丘俭之诛出其妻毌丘氏,另娶王氏,为毌丘氏别舍而不告绝:盖仅两姓关系之绝,夫妻身分未尽绝也。后者如刘宋临川长公主,其夫已下狱死而主犹与王氏离婚;梁元帝徐妃,为帝所疾,太清三年逼令自杀,妃知不免,乃透井死,帝以尸还徐氏,谓之出妻;宋,侯叔献为王荆公门人,娶魏氏女少悍,叔献死而帷薄不肃,荆公奏逐魏氏妇归本家:盖一方死亡虽绝夫妻之共同生活关系,而姻亲关系等等仍未见绝,故依然以"离婚""出妻"之手段而绝之也。② 至于律令上之"离""两愿离"等等指示;尚与现代之"离婚"用语相当;然明清律既间以"离异归宗"为言,则亦隐然含有家族之意味于内也。

---

① 《礼记·内则》,《孔雀东南飞》序,陆游诗句。
② 《世说新语》及王隐《晋书》,《晋书礼志》,《南史·后妃传》,《宋人轶事汇编》卷十。

以离婚之趋势为论：说者有谓古代实际上大都以离婚乃人生惨事，最为可丑，故上流社会敢于离婚者极少；即如春秋战国时代，中冓之乱极矣，然记载离婚之事并不多见。例如无子为七出之一，可以去矣；而卫庄姜无子，且庄公多淫，宠姬数人，亦未尝去庄姜也。淫僻亦七出之一，可以去矣；而鲁桓夫人齐姜淫乱，与兄襄公通，亦未尝出齐姜也云云。① 其实不然。依前所述，再嫁既非与礼极反，离婚自不视为畏途，观于晋重耳奔狄，将适齐，谓季隗曰"待我二十五年不来而后嫁"，即知相离再嫁，并无如何有失。应出而不出之者固有其例，而出之者亦未尝以为丑也。《春秋》所载"来归"之辞非一，若子叔姬、郯伯姬、杞叔姬皆是，此犹就鲁女而言，其他被出者不知若干例矣。② 即以孔子之家，数世出妻不以为嫌；孟子之娶，妇不客宿尚自请去；而黎庄公之傅母，则直曰"夫妇之道，有义则合，无义则去"，盖当时之通论也。③ 不过古人忠厚，虽出妻不必即以恶言相向，故"诸侯出夫人，夫人比至于其国，以夫人之礼行，至以夫人入。使者将命曰'寡君不敏，不能从社稷宗庙，使使臣某敢告于执事。'……妻出，夫使人致之曰'某不敏，不能从而共粢盛，使某也敢告于侍者'"。"曾子去妻，藜蒸不熟，问曰'妇有七出，不蒸亦预乎？'曰'吾闻之也，绝交令可友，弃妇令可嫁也，藜蒸不熟而已，何问其故乎？'"此外《管子》云"士三出妻，逐于境外"，则对于

---

① 见〔日〕东川德治，《中国法制史研究·离婚·概说》，廖维勋译，《中华法学杂志》三卷九号。
② 《左》传二十三年传文；《春秋》文十五年、宣十六年、成五年。
③ 《礼记·檀弓》，《列女传》，《母仪传》及《贞顺传》。

再三出妻者似亦有所不满,与"女子三嫁入于春谷"之用意同然。①如再就汉代史实以言,则视离婚之事亦甚自由,平阳公主嫁于曹寿,寿有恶疾,遂诏卫青尚主;臧儿长女嫁为金王孙妇已生一女,臧儿夺之,纳于景帝;甚如高祖长公主已嫁赵王敖,娄敬竟说高祖,欲离之和亲匈奴,苟非吕后不悦,则亦必成事实。② 降而至唐,公主再嫁者甚多,其中必有因离而然者。他如《云溪友议》载杨志坚之妻求去,虽颜鲁公不能断其复合,仅决二十而任其改嫁,亦一显例。宋时,世俗渐视出妻为无行,为丑行,故士大夫难之,遂不敢为;然司马光则曰"夫妻以义合,义绝则离";即程子犹曰"妻不贤,出之何害"?③ 不过此仅就夫之专权而言,若女子之求去,恐又必受"从一而终"之限制,则在实际上离婚并不如前代之自由矣。元脱脱之修《辽史》也,为《公主表》,凡离婚改嫁之事既不列入"下嫁"栏,又不列入"事"栏,乃并入"罪"栏,盖可知也。直至清时,有钱大昕者,固以七出为正,偏向男子方面,但对离婚则主张自由。善夫其言曰:

> "夫父子兄弟,以天合者也;夫妇以人合者也;以天合者无所逃于天地之间,以人合者,可制以去就之义。……先王设为可去之义,合则留,不合则去,俾能执妇道者,可守从一之义;否则宁割伉俪之爱,勿伤骨肉之恩。故嫁曰归,出亦曰归,以此坊民,恐其孝衰于妻子也。……去妇之义,非徒以全丈夫,

---

① 《礼记·杂记下》,《白虎通·谏诤》及《管子·小匡篇》。
② 《汉书·卫青传》,《外戚传》及《娄敬传》。
③ 《中国妇女生活史》,第一四一至一四五页。

亦所以保匹妇,后世闾里之妇,失爱于舅姑,谗间以叔妹,抑郁而死者有之,或其夫淫酗凶悍,宠溺嬖媵,陵凭而死者有之;准之古礼,固有可去之义,亦何必束缚之,禁锢之,置之必死之地而后快乎?"

且认为先儒虽戒寡妇之再醮,以为饿死事小,失节事大,实则全一女子之名其事小,得罪于父母其事大;故父母兄弟不可乖,而妻则可去,去而更嫁者不谓之失节。又以妇犯七出之条,有司之断斯狱者犹欲合之,知女之不可事二夫,而不知失妇道者,虽事一夫,未可以言烈也云云。① 则依其言,宋、元以后,律虽设有七出之条,有司废而不用已久,并可藉而知焉。

(乙)离婚之原因 夫之出妻往昔最为普通,妻之去夫后世视为非正,和离与相弃亦例之所有,强离与义绝又事之特出。若夫请求有司而求其去,则在形式上颇类今世之裁判离婚,惟其事多与他端相关,不再为详,仅附论于各端中而已!

以出妻为论:所视为最正当之原因者,则为七出,此或儒家所创,一若今世民法设有离婚之原因,逾此条目则不应出也云。《大戴礼·本命篇》云,妇有七去:……不顺父母,为其逆德也;无子,为其绝世也;淫,为其乱族也;妒,为其乱家也;有恶疾,不可与共粢盛也;口多言,为其离亲也;盗窃,为其反义。惟何休注《公羊》则以无子、淫佚、不事舅姑、口舌、盗窃、嫉妒、恶疾为目次,并称之为七弃;《孔子家语》同,称曰七出;其目次乃后世礼律之所本。据云,天

---

① 全文见杨鸿烈,《中国法律发达史》,第一二二至一二三页所引,惟内有错字数处。

子诸侯之妻无子不出,则犹有六出;然天子之后虽失礼无出道,废远而已,故无子则亦不废。① 凡此七出之理由皆与宗法制度有其关系,②即以盗窃而论,亦因子妇无私货私畜私器,不敢私假私与之观察而来,故如卫女遂以多私而被出之矣。然在另一方面,则又受三不去之限制:三不去云者,"尝更三年丧,不去,不忘恩也;贱取贵不去,不背德也;有所受无所归,不去,不穷穷也"。③ 所谓"贫贱之交不可忘,糟糠之妻不下堂";"古人虽弃妇,弃妇有归处",即本此义而言耳。④ 七出三不去之文或载于汉令,今不可考;然"信无子而应出,自典礼之常度",则汉魏重视七出,自甚显然。⑤ 唐,七出定之于令,而律则规定"诸妻无七出及义绝之状而出之者徒一年半,虽犯七出,有三不去而出之者杖一百,追还合;若犯恶疾及奸者不用此律"。盖用以为出妻之限制,惟犯恶疾及奸,虽有三不去情状亦在出限而已!至所谓无子之出,在解释上,依律妻年五十以上无子,听立庶以长,即是四十九以下无子,合未出之;顾如是则当无子而出之际,三不去之条件于实际上必有完成者;故无子而出,虽不合理,于唐律则已等诸具文矣。⑥ 元《典章·休弃门》亦有七出三不去之记载,惟仅使犯奸者不受三不去之保障而已,明、清律同。明、刘基对于七出,极反对恶疾与无子两事之不合理;谓"恶疾之与

---

① 《公羊》庄二十七年何休注,《仪礼丧服》"出妻之子为母",《疏》,《礼记·内则疏》引《易·同人》六二及《鼎》初六郑注。
② 参照陶希圣,《婚姻与家族》,第四八至五〇页。
③ 《公羊》庄二十七年何休注,并参照《孔子家语·本命解》,《大戴礼记·本命篇》。
④ 《后汉书·宋宏传》;及顾况,《弃妇词》。
⑤ 《九朝律考》,第一四〇页;及曹丕,《出妇赋》。
⑥ 《唐律疏义》,卷十四《户婚下》;又《九朝律考》引李慈铭《越缦堂日记》云云。

无子,岂人之所欲哉?非所欲而得之,其不幸也大矣!而出之,忍矣哉!"①然王祎则又驳之,谓"妻道二,一曰奉宗祀也,一曰续宗祀也,二者人道之本也;今其无子,则是绝世也;恶疾则是不与共粢盛也,是义之不得不绝者也。……夫妇之道以义合,以礼成者,其成也则纳之以礼,不合也则出之以义,圣人之所许也。……谓妇人无子恶疾为不当去,而欲减七出为五出者,可谓野于礼也已!"其实七出在律已成具文,清钱大昕所谓"自七出之法不行"云云可知,故七出也,五出也,只事理上之争论而已!② 清律"凡妻无应出……之状而出之者,杖八十,虽犯七出,有三不去而出之者减二等,追还完聚"。《辑注》云"七出,于礼应出,三不去,于礼应留;义绝必离,姑息不可;七出于礼可出,未必即谓之应出,与义绝不同",是七出无必然性可知。既非必出不可,则虽犯七出之条,而后世以妇人不贰节为旨,于是有司遂以劝其和谐是务矣。由此观之,七出属于夫方专权离婚之事,于现代诚极不合理由,然在往昔,则设此七种条件以限制其专权之行使,故黎蒸不熟,或人即以为问,对社会亦未尝无相当之功效也。盖往昔男权高张,女子或以色衰而被弃,男子或以富贵而再娶,比比皆是。且如周时公仪子相鲁,之其家,见织帛,以夺民之利,怒而出其妻;唐时某甲以其妻于姑前叱狗而出之,其妻向白居易前诉非七出:又皆以细故而出。则在礼法上设为七出之条件,并受三不去之限制,实不容已也。③

---

① 见其所著《郁离子》,《中国法律发达史》谓系宋濂著,误。
② 《皇明文衡》,卷九;程树德,《中国法制史》,第一五三页。
③ 参照《中国妇女生活史》,第八至一三页;吕诚之,《中国阶级制度小史》,第一三页;白居易,《长庆集》判文。

以去夫为论：夫妇相离，虽以夫之出妻为常，然妻之去夫者，历代亦有其例，惟后世律令则严为禁止耳。太公望，齐之逐夫，此原于赘婚关系，故妻能出其夫，固无论矣。然如前述 孟子既娶将入私室，其妇袒而在内，孟子不悦，遂去不入；妇以"妇人之义，盖不客宿"，辞孟母而求去，则在古代社会中，妇固可以自去也。降而如汉朱贾臣妻憎贾臣贫而求去；宋临川长公主谗其夫于死而离婚；唐杨志坚妻不望锦衣而求改嫁；辽道宗女越国公主以驸马萧酬斡得罪而离之：不问其正不正，皆妻去夫之例也。① 惟在后世一般情形中，每以夫有出妻之理，妻无去夫之道，女子既不得向夫提出离婚，惟有逃之而去，如是则认为"心乖唱和，意在分离，背夫擅行，有怀他志"，较夫无故出妻，重其罪矣。唐律云，"妻妾擅去者徒二年，因而改嫁者加二等"是；惟"室家之敬亦为难久，帷薄之内能无忿争，相嗔暂去，不同此罪"耳。后周又重其刑，擅去者徒三年，因而改嫁者流三千里；宋与唐同。元，诸妇人背夫弃舅姑出家为尼者杖六十七，还其夫；是亦不许妻之擅去也。明清律，"若妻背夫在逃者，杖一百，从夫嫁卖，因而改嫁者绞"，则并以价卖为示其罚，清末始改"嫁卖"之文为"听夫离异"，则妻因离婚之不得而逃，其结果反成为夫之卖妻出妻根据矣。② 然则妻无去夫之事由乎？亦有之，乃在一定情形下，本于夫之过犯经官断离而已！然此并非妻之去夫，乃官之强离，妻纵不愿亦不能不离也。惟有一事，夫逃亡而妻得以去之，尚不失为妻绝其夫之例。惟仍须经官乃可，此颇与现代之呈诉

---

① 《汉书·朱买臣传》，《宋书·后妃传》，《云溪友议》，《辽史·公主表》。
② 《唐律疏义》，卷十四；《宋刑统》，卷十四；《元史·刑法志·户婚》，明清律《户律·婚姻》。

离婚相类。元,曾有女婿在逃,依婚书断令两离之事例;不过旋即仅令有司教谕,不许以离为断矣。洪武二年令,夫逃亡过三年不还者,听经官,告给执照,别行改嫁;不过依律"其因夫逃亡,三年之内,不告官司而逃去者,杖八十;擅改嫁者杖一百,妾各减二等",仍有罚焉。清律例同。① 不特一般情形中,妻之去夫为难,即赘婚中亦然,逐婿嫁女之罚非轻,可以知也。

以和离为论:协议离婚古亦有其事,《周礼·地官·媒氏》云"娶判妻……皆书之";郑锷《注》云"民有夫妻反目,至于仳离,已判而去,书之于版,记其离合之由也";盖不问其原因如何,只须男女合意分离,即可离矣。然除此琴瑟不调,改弦更张之情形外,并有由种种外因,演成相弃之现象者,愚尝于《中国古代婚姻史》中分相弃为四种,除淫于新婚,夫妻离绝,责在男子外,若《郑风》之"兵革不息,男女相弃";若《王风》之"凶年饥馑,室家相弃";若《卫风》之"男女无别,遂相奔诱,华落色衰,复相弃背";虽与通常和离有异,究亦非单方求离之比。② 且在所谓"礼义消亡,淫风大行"之时地,男女之婚配也简易,则其离弃也不难,于是由小故而反目,以致两愿离者,必更成为通常之现象。后世各律虽准许夫妇之和离,然在实际上妻易为夫虐待,妻求去,夫往往不许;况以妻无去夫之理以制之,则和离之规定实一具文也。虽如《辽史》载"景宗女淑哥与驸马都尉卢俊不谐,表请离婚";"圣宗女严母堇……改适萧海里,不谐,离之";"兴宗女跋芹与驸马都尉萧撒八不谐,离之";此不过依

---

① 元《典章·户部·嫁娶》门;明《会典》,卷二十《婚姻》。
② 《中国古代婚姻史》第四章。

帝女之威而如此耳。① 至于律之所规定，有若唐律"若夫妇不相安谐而和离者不坐"；《疏义》"谓彼此情不相得，两愿离者不坐"；元律"诸夫妇不相睦……和离者不坐"；明、清律"夫妇不相和谐，两愿离者不坐"皆是。此外，明清律中，夫殴妻至折伤以上，先行审问，夫妇如愿离异者，断罪离异，不愿离异者，论罪收赎；则以妻方可以请求离婚之理由，改为协议，殊失公允；盖夫正可不同意离婚，而以论罪纳赎了事，且可继续其虐行，以图报复也。

　　以强离为论：最主要者为义绝，唐律谓"妻无七出及义绝之状而出之者徒一年半"，又谓"诸犯义绝者离之，违者徒一年"；其首见也。何谓义绝？《疏义》谓"殴妻之祖父母父母，及杀妻之外祖父母，伯叔父母，兄弟姑姊妹"；此其一，乃夫有殴之事实，始犯义绝也。"夫妻祖父母，父母，外祖父母，伯叔父母，兄弟姑姊妹自相杀"；此其二，乃双方亲属相属，虽与夫妻本人无涉，并犯义绝也。"妻殴詈夫之祖父母，杀伤夫外祖父母，伯叔父母，兄弟姑姊妹"；此其三，乃不仅殴，即詈仍犯义绝也。"与夫之缌麻以上亲若妻母奸"；此其四，乃从夫妻双方各定其奸之范围，以示义绝也。"欲害夫者"；此其五，乃对夫害妻不问，独以妻害夫为义绝也。其间，妻所负之责任特重，殊不平等。② 义绝之所以必离者，盖夫妻原以义合耳。违而不离，则归责于不离之一人，倘两不愿离，则以造意不离者为首，随从者为从；惟此皆谓官司判为义绝者方坐，未经官司处断，则不合此科；斯又唐律之义也。明、清律之规定除刑度外与

---

①　《中国婚姻制度小史》，第七二页；《辽史·公主表》。
②　《中国妇女在法律上之地位》，第五三页。

唐同,《现行律》则为"凡妻于七出无应出之条及于夫无义绝之状而擅出之者,处八等罚";又"若犯义绝而不离者,亦处八等罚"云。然依清律注,则谓"义绝者,谓于夫妇之恩情礼义,乖离违碍,其义已绝也。律中未曾备详其事,而散见于各条之中";是采扩张之解释,宜乎或称义绝之为词浑涵也！盖如受财将妻妾妄占姊妹嫁人者,纵容或抑勒妻妾与人通奸者,皆可视为义绝,须离异也。① 反之,如妻殴夫,夫殴妻至折伤以上,亦认为义绝,但愿离之者始离之也。以之学者遂谓向之强制离婚,惟义绝一种而已！至于诸违律结婚,若干分嫁娶,非偶嫁娶,及男女有配偶而重娶重嫁者,亦须离异;说者谓此乃系法律之所禁,根本即不成立婚姻,故不得视同离婚,愚按今义则亦云然。但旧律既未采用婚姻无效或可得撤销一类之语,而仍用"离"或"离异"之语表示,就史言史,似亦可称其为强制之离婚云。②

（丙）离婚之效力 离婚除违律而离之外,在古昔亦视为其效力仅向将来发生,而使婚姻关系从此终止。姓氏称冠归于原态,同居义务随而解除,贞操拘束不必遵守,姻亲关系同告销灭,大体言之,固与现代无异也。然若详细察之,则亦有同有异焉。

以夫妻关系为论:古之所谓绝婚离婚重在绝两姓之关系,故虽出妻而与其同来之媵娣不消灭关系者有之,前述杞桓公绝叔姬,以其娣为夫人,而不绝婚是也。大叔疾出其妻,而仍诱致其娣,寘于犁,与后娶者同居一宫,如二妻,亦是也。惟对于所出者,则亦视为

---

① 《唐律疏义》,卷十四;清律《婚姻篇》"出妻"条注、"典雇妻女"条注,《犯奸篇》"纵容妻妾犯奸"条。

② 东川德治不认为离婚,程树德则承认之。

断绝夫妻关系，因之，鲁成九年春王正月，杞伯来逆叔姬之丧以归，《公羊》即称系鲁胁内归之，《谷梁》更以夫无逆出妻之丧示之焉。①降至秦、汉、魏、晋，或则本于五不娶之见解，而与逆家乱家之女不婚，且尝因罪及出嫁之女，于是女家有罪，婚姻每归于解除；②或则行罪及妻孥之令，而为免祸同诛，亦往往以离婚方式避之；是故所谓离婚者，又系远离其家而已。虽离婚后，男可再娶，但女如遇赦得还，则夫妻关系依然存在；虽离婚后，女可再嫁，但女之不嫁者社会上视为正则，男如遇赦，则仍继续其夫妻关系；例已见前，不必重举。然则所谓"离婚"之效力，并非绝对即消灭夫妻之关系也可知。惟在律令上所用"离""离异"情形之下，与今之离婚用语尚近，夫妻关系自因离婚而消灭矣。元律并规定"诸弃妻改嫁后，夫亡，复纳以为妻者离之"；③则既嫁而欲于其后夫死后重合亦所禁止，但如弃妻未嫁，则原来之夫妇仍可再婚，似又当然之解释也。

以母子关系为论：父母子女之关系本诸自然之血统所致，无所逃于天地之间；故夫妻虽因离婚而消灭其关系，但其子女与其母之血亲关系，则仍存在，不过稍有变更耳。依《仪礼·丧服》所示，父卒为母服疏衰三年，父在为母服疏衰期；然出妻之子为母亦服疏衰期，不绝其服。惟"绝族无施服"，遂为外祖父母无服；且为父后者则为出母无服，盖与尊者为一体，不敢服其私亲也。④ 易词以言，

---

① 《左》哀十一年传文，《春秋》成九年及三传文。
② 五不娶见《大戴礼·本命篇》及《孔子家语·本命解》。
③ 《元史·刑法志·户婚》。
④ 《丧服·疏》"绝族者，嫁来承奉宗庙，与族相连缀，今出，则与族绝，故云绝族也；无施服者，傍及为施，以母为族绝，则无傍及之服也。……为父后者谓父没适子承重；……父已与母无亲，子独亲之，故云私亲也。"

母子至亲固无绝道,但既绝族而去,则母党之恩即随同而绝;因之,嫡子承重,以续祭祀,此际,更不敢以己之私,对出母服矣。① 虽然,古昔对此问题,亦非一致,即以孔子之家而论,依《檀弓》所记:"子上之母死而不丧。门人问诸子思曰,'昔者子之先君子丧出母乎?'曰,'然!''子之不使白也丧之,何也?'子思曰,'昔也吾先君无所失道,道隆则从而隆,道污则从而污,伋则安能?为伋也妻者,是为白也母,不为伋也妻者,是不为白也母。'故孔氏之不丧出母,自子思始也。"然在后世,究视不断绝母子关系为正,《大清律例·丧服图辑注》谓嫁母虽义绝于父,出母虽为父所绝,而子无绝母之义,故皆服杖期,乃以仪礼所示是承,得其要也。至对于子女之监护问题,历代法令诚无此种规定,第妻之去也与族为绝,子女又因与父血统关系而属于族,则离婚后,母无监护子女之责,甚为显然。是以蔡文姬被赎而归,其二子即不能不遗于胡;"喜得身还兮逢圣君,嗟别稚子兮会无因";"汉使迎我兮四壮骓骓,胡儿号兮谁得知";"日月无私兮曾不照临,子母分离兮意难任";遂为《十八拍》中之血泪语矣!刘宋临川长公主虽自绝于王氏,而子则仍归于夫族,殆后因再嫁不成,思子情深,遂又表乞还身王族,守养弱嗣,则妻于离婚后不能监护其子女,盖成当然,故必表请还身夫族而后可也。②

以姻亲关系为论:此归于消灭无何问题;唐、明、清律,妻妾殴詈故夫父母等加以相当惩治,乃指夫亡改嫁者而言,若被出及和离者,则义已绝,舅姑之名分不存,即无适用此律之必要矣。惟须注

---

① 参照《礼记·服问》及《丧服小记》注疏。
② 梁乙真,《中国妇女文学史纲》,第八四至九四页;及《宋史·后妃传》。

意者，近亲不婚早为禁例，凡受此项限制者，于离婚后并不因姻亲关系之消灭而解其禁也。唐律，尝为小功以上亲之妻而嫁娶者，以奸论，妾减二等，离之；《疏义》谓"以奸论者并依奸法，小功之妻若寡在夫家而嫁娶者，各依奸小功以上妻法；其被放出，或改适他人，即于前夫，服义并绝，奸者依律，止是凡奸"。虽曰服义并绝，但仍以凡奸论，且须离矣。明、清律，娶亲属妻妾条虽规定其亲之妻曾被出，及已改嫁，而娶为妻妾者，科罚从轻，然仍各杖八十；倘兄亡收嫂，弟亡收妇，不问被出改嫁，各绞，而收父祖妾，伯叔母者，亦不问被出改嫁，各斩；盖姻亲之关系虽绝，而伦常之道不可废也。今我《民法》中亦有类似之规定云。①

以财产关系为论：今之夫妻财产制原未成立于往昔，已如前述，则离婚及于财产方面之效力鲜矣。顾亦有可得而言者，《礼记·杂记》"诸侯出夫人，……有司官陈器皿，主人有司亦官受之"；《注》"器皿其本所赍物也；律'弃妇畀所赍'"。《疏》"有司官陈器皿者，使者既得主人答命，使从己来有司之官，陈夫人嫁时所赍器皿之属，以还主国也；主人有司亦官受之者，主人亦使有司领受之也，并云官者，明付受悉如法也"。《韩非子·外储说》亦云，吴起出妻，"使之衣而归"；则容饰之事又其次也。汉律既有"弃妇畀所赍"之条，是与古同。然在以后，离婚而出于女方罪过者，夫家则抑留其私财，不畀其所赍，惟和离者，女之现在衣饰嫁装，凭中给还女家，清有其例焉。至前大理院时代，始明认"离婚之妇，无论由何原因，

---

① 《民法》第九八三条第二项："前项姻亲结婚之限制，于姻亲关系消灭后亦适用之。"

其妆奁应听携去"云。① 此外,若离婚时之赡养问题,今之所重,古则无之。但三不去中,"有所取无所归,不去",系谓妇被出时,家中父母不在,并无归处,则不得而出之,此亦重视其离婚后之生活问题也。其与今异者,一以给与相当之赡养费为补救方法,一直列为不得离婚之原因耳。②

---

① 前大理院六年上字第一一八七号判例。
② 参照《民法》第一〇五七条。

陈顾远先生学术年表[*]

1896 年（光绪二十二年）

出生于陕西三原县。幼读私塾。

1911 年

少年时即受于右任影响，考入中学，加入"同盟会"三原支部。在中学发起组织"警钟社"，宣传革命；喜欢秦腔，试编戏剧唱本。

1915 年

在西安中学时参加反对袁世凯"称帝"、驱逐陕西督军陆建章活动，几乎遭遇捕杀；经于右任帮助，到北京。

1916 年

考入北京大学法学预科，"接受西文文化洋装书之教育"，对中国经史子集"仍心喜或有涉猎"①。喜爱话剧、平（京）剧，组织实验剧社，创办人艺戏剧专门学校。

1919 年

升入北大政治系本科。参加"五四"运动。转入法科"从程树

---

* 本年表系段秋关依据相关资料编定。其中引语，凡未注明者，均取之陈顾远先生《回顾与远瞻——八十自述》一文。

① 陈顾远：《中国文化与中国法系》，中国政法大学出版社 2006 年版，第 64 页。

德先生修习中国法制史,颇感兴趣"①;并研究历代律例与刑名,撰写著作。

1920 年

与北大同学郭梦良、朱谦之等共同编辑《奋斗》杂志(旬刊),出版9期。又与郭梦良、黄觉天等同学创办《评论之评论》(季刊),出版4期。12月,以"奋斗社"身份列为李大钊创办的"北京大学社会主义研究会"8位发起人之一。

参加当年"文官考试",以"优等中式"成绩分配到北洋政府平政院任候补书记官,后来调任农商部秘书处帮办。著《孟子政治哲学》,由上海泰东书局出版。

1921 年

《墨子政治哲学》,由上海泰东书局出版。

1922 年

在北大加入中国国民党。又参加最先反对"西山会议"派的"民治主义同志会"。著《地方自治通论》,由上海泰东书局出版。

1923 年

北大毕业,获法学学士学位。留校任政治系助教,并在北平中国大学、平民大学等私立大学兼课。曾与同学邓鸿业、苏锡龄等组成(政治考察)"十人团",赴广州晋见孙中山,"亲聆其讲授三民主义及五权宪法,深知中国固有文化并不因五四运动前后之新文化运动而全部变为僵石,仍与西洋文化有其互相参照者在,尤以法制

---

① 陈顾远:《中国文化与中国法系》,中国政法大学出版社2006年版,第64页。

方面为甚。余毕生决心为中国法制史之深入研究，实植因于此"①。著《五权宪法论》，由北平孙文学会发行。

1924 年

在北大任助教，兼任上海《民国日报》、东北《民报》驻北平记者，从事反军阀活动。

1925 年

与"梅丽女士由热恋而成婚"。因加入国民二军到天津欢迎孙中山，并创办国民革命军第二军《国民通信社》，遭奉军张宗昌通缉，"遂与妻微服逃沪，而结束三十年间之北方生活"。著《中国古代婚姻史》，由商务印书馆出版。

1926 年

在上海法科大学（上海法学院）任教，后为系主任。"奠定余个人五十余年来之教书命运"。

1928 年

审计院成立，于右任为院长；任于院长机要秘书，"为余任国民政府之始"。后又随于右任辞职返上海法学院教书。

1930 年

安徽大学成立，接受杨亮功校长聘请，任法学院（院长张慰慈）法律系主任。

1931 年

《国际私法总论》上册、下册，由上海法学编译社出版。

---

① 陈顾远：《中国文化与中国法系》，中国政法大学出版社 2006 年版，第 64 页。

1932 年

任国民党中央党部民众运动指导委员会特种委员及办公室主任,三年。著《国际私法本论》上册、下册,由上海法学编译社出版。

1934 年

《中国法制史》《中国国际法溯源》,商务印书馆出版。

1935 年

以专家资格任训政时期立法院立法委员。之后继任立委达14 年之久。著《土地法实用》,由商务印书馆出版。

1936 年

《中国婚姻史》,由商务印书馆出版。《国际私法》,上海民智书局出版。

1937 年

在(重庆)立法院工作期间,又在复旦大学(北培北温泉)、朝阳学院及法官训练所(兴隆场)、中央政治学校(南温泉)、高等警官学校(弹子石)、立信专科学校(北培)等兼课;十几年一直未断。抗战期间,"匆忙入陕",曾在西北大学讲学。所著《国际私法要义》,由上海法学书局出版。

1939 年

《中国法制史》(日文),译者西冈弘,由东京岩波书局出版,"开日本人翻译近代中国学人此类著作之创例"。

1940 年

《中国婚姻史》(日文),译者藤泽卫彦,由东京山本书店出版。

1942 年

《立法要旨》,由重庆中央训练委员会发行。

1943 年

《保险法概论》，由重庆正中书局出版。《公司法概论》，重庆正中书局出版。

1946 年

抗战胜利后返回南京，当选"国民大会"制宪委员，筹备宪法制定和宪政实施。著《民法亲属实用》，由上海大东书局出版。

1948 年

当选宪政时期第一届立法院立法委员。著《政治学概要》，由上海昌明书局出版。

1949 年

随迁台湾，继任"立法委员"。

1950 年

在担任立法委员同时，又任台湾大学、政治大学、文化大学、东吴大学、中兴大学等大学兼职教授，仅在台大任教达 25 年之久；"将心力集中于中国法制史、中国政治思想史及现实法学之讲述"。还作为律师，承办案件与法律事务。

1953 年

《政治学》，由中国台湾中国法政函授学校发行。

1955 年

《法律评估》，由中国台湾法律评论社出版。《海商法要义》，中国台湾中国交通建设学会发行。

1956 年

《民法亲属实用》《民法继承实用》，由中国台湾法官训练所发行。

1958 年

《中国政治思想史绪论》,由中国台湾政工干部学校发行。

1961 年

《立法程序之研究》,由中国台湾国民大会发行。

1964 年

《中国法制史概要》,由中国台湾三民书局出版。

1966 年

《商事法》,由中国台湾复兴书局出版。

1969 年

《中国文化与中国法系》,由三民书局出版。

1976 年

受聘为国民党第十一届、继任十二届中央评议委员。

1981 年

因病在台北去世,享年 85 岁。

一生所任大学 30 多所,从教 55 年,"出于门下者最保守之计算或不下于三万人";任"立法委员"约 45 年,"为中央民意代表对国家立制,对政府建言"。

1982 年,《陈顾远法律论文集》上、下册,由中国台湾联经出版事业公司出版。

法学家陈顾远笔下的《中国婚姻史》

尤陈俊[*]

一

在一篇旨在回顾二十世纪中国的婚姻家庭法学研究发展历程的学术论文中,法学研究者马忆南将1920年代至1940年代视为中国婚姻家庭法学理论体系开始真正建立的历史时段,并在其中特别提及三位前辈学者的贡献。她在文中如此写道:"这个时期亲属法学研究最具代表性的人物有胡长清、赵凤喈和陈顾远。"[①]其中胡长清出版有专著《中国婚姻法论》(法律评论社1931年初版)、《中国民法亲属论》(商务印书馆1936年初版)和译著《婚姻法之近代化》(栗生武夫原著,法律评论社1931年初版,商务印书馆1935年初版),赵凤喈著有《中国妇女在法律上之地位》(商务印书馆1928年初版)和《民法亲属编》(国立编译馆1945年版)两书,而陈顾远在此方面的学术贡献,则集中体现为《中国古代婚姻史》(商务

---

[*] 法学博士,现为中国人民大学法学院副教授、博士生导师。

[①] 马忆南:"二十世纪的中国婚姻家庭法学",载李贵连主编:《二十世纪的中国法学》,北京大学出版社1998年版,第197页。

印书馆1925年初版)和《中国婚姻史》(商务印书馆1936年初版)这两本专著。陈顾远的上述两本专著在该文中所受到的评价尤高:"我们可将这两部著作视为社会学和法学相结合的作品。就其学术地位而言,这两部书可以称得上是婚姻史领域的担纲之作。"①

就中国婚姻史研究的学术史而言,1930年代是个值得纪念的时期。正是在这一时期中,多位学者开始酝酿或者发表出版了后来在学界产生重要影响的一些作品。就在陈顾远出版《中国婚姻史》一书的同年春天,陈鹏开始着手写作那本后来长达50余万字的煌煌巨作《中国婚姻史稿》。②而在陈顾远《中国婚姻史》一书出版之前,从1934年开始任教于中山大学社会学系的董家遵,已经在《现代史学》《社会研究》《文史学研究所月刊》《社会研究季刊》《文史汇刊》等学术刊物上陆续发表了《唐代婚姻研究》《中国古代婚姻制度研究》《中国古代婚姻政策的检讨》《论中国古代结婚的年龄》《从汉到宋寡妇再嫁习俗考》《论汉唐时代的离婚》《汉唐时"七出"研究》等多篇专论中国古代婚姻史的文章。③尽管这些先后发表或出版

---

① 马忆南:"二十世纪的中国婚姻家庭法学",载李贵连主编:《二十世纪的中国法学》,北京大学出版社1998年版,第198页。

② 参见方生:"序",载陈鹏:《中国婚姻史稿》,中华书局2005年版,第1页。

③ 这些发表于1933年至1935年之间的文章,后来被汇集并冠以"中国婚姻史丛稿"之总名,收入董家遵著、卞恩才整理:《中国古代婚姻史研究》,广东人民出版社1995年版,第203—351页。此外,根据姜伯勤等人为该书所撰的前言中所说,董家遵在1934年和1936年还分别发表了《中国外婚制与内婚制》和《中国收继婚的沿革》两篇论文,参见同书,"前言",第4—5页。

④ 管见所及,陈顾远的《中国婚姻史》一书并未引用过董家遵的任何一篇论文,董家遵也未在其上述任何一篇论文中引用过陈顾远1920年代出版的《中国古代婚姻史》一书,而陈鹏的《中国婚姻史稿》一书,亦未引用陈顾远和董家遵的作品。这种潜藏在

的学术作品之间往往缺乏相互引证,④但这并不妨碍我们数十年后将其相互进行比较。而通过这种比较,我们也可以更为清晰地了解陈顾远《中国婚姻史》一书的独特风格和学术贡献。

二

不同作品的学术风格,往往与其作者接受不同学术训练而形成的知识背景差异有关。

董家遵先就读于厦门大学社会学系,后转入中山大学社会学系,1934年毕业后留校任教。①这种社会学训练的背景,使得其关于中国婚姻史的一系列作品,往往都呈现出以社会人类学、民族学方法来分析相关史料的特点。最可说明此点的证据,是董家遵在分析中国婚姻相关问题之时,通常都会引用国外社会人类学家的相关论著进行对照阐释。例如他在《中国古代婚姻制度研究》一文开篇讨论婚姻的起源之时,便是首先从介绍摩尔根(Thomas Hunt Morgan)、韦斯特马尔克(Edward Alexander Westermarck)和布里弗路特(Robert Briffault)等社会人类学家的不同观点交

(接上页)作品背后的学术史关注之缺憾,也影响到学界后来的一些相关评论。例如一位并非史学本行的前辈学者在评论其兄陈鹏的《中国婚姻史稿》时,称该书为"一部填补学术空白的学术专著",参见方生:"一部填补学术空白的学术专著——简评陈鹏著《中国婚姻史稿》",载《法律学习与研究》1990年第3期,第96页。《中国婚姻史稿》一书至今仍是研究中国婚姻史最为详尽全面的学术专著之一,誉之为现代学者以传统史学进路研究中国婚姻史的集大成之作亦不为过,但坦率地讲,称之为"填补空白"则多少属于溢美之词,因为至少陈顾远早在民国中期就曾先后出版过《中国古代婚姻史》和《中国婚姻史》两书。

① 参见"董家遵先生小传",收入董家遵著、卞恩才整理:《中国古代婚姻史研究》,广东人民出版社1995年版,第356—357页。

锋开始。① 诸如此类以社会人类学作为行文之理论背景的地方，在董氏笔下数见不鲜。

陈鹏早年毕业于朝阳大学法科，1935年东渡扶桑，在京都帝国大学法学部继续深造，后在1937年日本发动侵华战争前夕，毅然辍学归国。② 他那本自1937年开始着手写作、绵历廿载方才成书的鸿篇巨作《中国婚姻史稿》，其体例"以考证为主"，而其取材则"以经史及历朝之典礼律令为主，判牍事例次之，至诸家之论著、笔记、诗歌、戏剧，足供参考者，间亦引证"，③史料之丰富与考证之深入，至今令人叹为观止。不过，正如曾有评论者已经指出的，"从全书的体例和行文上看，《史稿》的写作方式属于传统旧学方式"。④ 多少有些出人意料的是，像陈鹏这样一位法学训练出身的学者，却撰写了一本完全属于传统史学风格且令历史研究者也不得不钦佩的学术专著。个中因由，在我看来，除了与陈鹏在朝阳大学"专攻法学，兼修历史"⑤的经历有关，很可能还与其在京都帝国大学法学部所受的无形氛围熏陶有某种联系。陈鹏于东瀛求学的京都帝国大学法学部，其法制史研究的总体特点，自明治、大正时代以来，便形成了有别于东京帝国大学之"法科派"风格的"文科派"风格。具体而言，"法科派受德意志法学影响，自法学立场出发，长于概

---

① 参见董家遵著、卞恩才整理：《中国古代婚姻史研究》，广东人民出版社1995年版，第205—207页。
② 参见方生："序"，载陈鹏：《中国婚姻史稿》，中华书局2005年版，第1页。
③ 参见陈鹏：《中国婚姻史稿》，中华书局2005年版，"例言"，第1页。
④ 曾宪义、郑定："评陈鹏先生的《中国婚姻史稿》"，载《中国人民大学学报》1992年第1期，第117页。
⑤ 方生："序"，载陈鹏：《中国婚姻史稿》，中华书局2005年版，第1页。

念、体系的运用,弱于对时代背景、社会现象的把握;而文科派则长于考证,注重时代背景的考察,主要贡献在于律令的文献学研究,但因法学知识的不足而存在史料解读、构成分析上的缺憾"。①

与之相比,陈顾远的《中国婚姻史》一书,虽然既不像董家遵那样以社会人类学为论学基石,也不似陈鹏那样以史学考证为行文旨趣,但实则也兼备20世纪前期中国婚姻史研究领域中这两种不同学术风格之优点。

(一) 对社会学、人类学、民族学等学科相关文献的重视

在《中国婚姻史》一书中,味斯忒马克原著、岑步文翻译的《婚姻》一书(商务印书馆1933年再版)曾多次被陈顾远所引用,②而"味斯忒马克"正是董家遵经常引用的芬兰人类学家韦斯特马尔克的另一个中译名。③除此之外,《中国婚姻史》一书参考过的社会

---

① 赵晶:"近代以来日本中国法制史研究的源流——以东京大学与京都大学为视点",载《比较法研究》2012年第2期,第58—59页。陈鹏1935年至1937年求学于此之时,京都帝国大学法学部的"法制史讲座"系由牧健二教授负责,小早川欣吾担任助教授,参见同文,第64—66页。

② 参见陈顾远:《中国婚姻史》,商务印书馆1937年版,第33页注1、第73页注30、第116页注28。商务印书馆曾于1998年将此一版本影印重版,本文以下所参考的均为这一影印本。此外,上海书店曾于1984年将《中国婚姻史》的商务印书馆1936年版影印出版,作为其"中国文化丛书"中之一种,1989年又再次将此书影印收入"民国丛书"(据其影印之底权页所示,其底本是商务印书馆1936年11月初版的《中国婚姻史》一书)。经过核对比较发现,商务印书馆1998年作为底本的1937年版,和上海书店两次作为底本的1936年版,无论是内容还是排印均完全相同。

③ 中国百科网上有关于韦斯特马尔克的简介:"Edward Alexander Westermarck(1862—1939),芬兰人类学家、社会学家、哲学家。又译韦斯特马尔克、魏斯特马克、卫斯特马克。1862年11月20日生于赫尔辛基。1890年在赫尔辛基大学毕业,1894年任该校道德哲学教授;1907—1930年任英国伦敦大学社会学教授;1930—1935年任芬兰土库大学哲学教授。1939年9月3日卒于芬兰的拉平拉赫提。主要著作有:《人类婚姻史》(1891)、《道德观念的起源和发展》(2卷,1906—1908)、《摩洛哥的婚姻仪式》(1914)、《人类婚姻简史》(1926)、《摩洛哥的宗教仪式和信仰》(2卷,1926)、《摩洛哥的

学、人类学作品，还有缪勒利尔（Franz Carl Müller Lyer）的《婚姻进化史》（叶启芳重译，商务印书馆 1935 年出版）、爱尔乌德（Charles A. Ellwood）的《社会学及现代社会问题》（赵作雄译，陶孟和校，商务印书馆 1910 年初版、1932 年第一版、1933 年第二版）①、甄克思（E. Jenks）的《社会通诠》（严复译述，商务印书馆 1917 年第八版）②、鲁妥努（Charles Letourneau）的《男女关系之进化》（郭冠杰译，乐群书店 1930 年版）③等译著以及李达的《现代社会学》④等国人之作。陈顾远还在论述原始人类是否经过乱婚时代之时，提及莫尔干（Thomas Hunt Morgan，今译"摩尔根"）和恩格斯（Frederick Engles）的看法。⑤他在主张中国往昔非采禁止离婚主义之时，甚至还引用了《马太福音》第十九章"神作之合者，人不得而离之"一句以作对比。⑥

值得指出的是，陈顾远这种重视社会学、人类学、民族学等相关学科文献的倾向，并不仅仅停留于对那些已经出版成书的学术著作的引用，还体现其在对当时的一些社会调查成果和报导的关

（接上页）机智和智慧》（1931）、《论理学相对论》（1932）、《早期信仰及其社会影响》（1933）、《西方文明未来的婚姻》（1936）、《基督教与道德》（1939）。"

① 参见陈顾远：《中国婚姻史》，商务印书馆 1937 年版，第 73 页注 19。
② 参见陈顾远：《中国婚姻史》，商务印书馆 1937 年版，第 71 页注 3、第 115 页注 4。
③ 参见陈顾远：《中国婚姻史》，商务印书馆 1937 年版，第 115 页注 4。
④ 参见陈顾远：《中国婚姻史》，商务印书馆 1937 年版，第 71 页注 1、第 72 页注 9。
⑤ "上古乱婚之说，莫尔干（Morgan）、恩格斯（Engles）等主张之，味斯忒马克、爱尔乌德（Ellwood）等否认之。"参见陈顾远：《中国婚姻史》，商务印书馆 1937 年版，第 35 页注 36。但他并未列明其对莫尔干和恩格斯之观点引述，具体是参考何种文献。
⑥ 参见陈顾远：《中国婚姻史》，商务印书馆 1937 年版，第 233 页、第 253 页注 27。

注。1918年2月,北洋政府司法部发布训令,命令全国各省区调查民商事习惯。此后约十年的时间内,各省区法院上报了大量的调查资料,虽然其中很多如今都已不知所踪,但所幸尚有两本当时编纂成册的汇编作品保留了不少内容。这两本汇编作品,其一是1923年由施沛生、鲍荫轩、吴桂辰、晏直青、顾鉴平共同编纂的《中国民事习惯大全》,其二是1930年5月由南京国民政府司法行政部编纂的《民商事习惯调查报告录》。① 在《中国婚姻史》一书中,陈顾远便多次征引《民商事习惯调查报告录》之相关内容作为论据。例如在论及当时在冀、鲁、浙等地尚可见到的冥婚(所谓的成阴亲、阴配)之时,陈顾远提及《民商事习惯调查报告录》中即有记载②;在论述一些地方男女不举行仪式便即相结合而社会亦并不以姘度

---

① 《中国民事习惯大全》和《民商事习惯调查报告录》两书,1949年之后在海峡两岸均得到影印或重校再版。《中国民事习惯大全》现有两个影印版,分别为台北文星书店1962年版和上海书店出版社2002年版;《民商事习惯调查报告录》亦现有两个版本,分别为台湾进学书局1969年的影印版和中国政法大学出版社2000年的点校版。唯需指出的是,中国政法大学出版社的点校版鉴于《民商事习惯调查报告录》实际上并未包含有关商事部分,有其名而无其实,故将该书易名为《民事习惯调查报告录》,并于2005年出版了修订版。关于民国时期的民商事习惯调查活动,可参见胡旭晟:"20世纪前期中国之民商事习惯调查及其意义",载《湘潭大学学报》(哲学社会科学版)1999年第2期,第3—10页。

② 参见陈顾远:《中国婚姻史》,商务印书馆1937年版,第112页,第120页注84。不过陈顾远在书中但凡提及《民商事习惯调查报告录》之时,往往都只是注明参照该书或者据该书云之类,而并未具体标明参照该书何处。这种没有标注具体参照页码的缺陷,可谓陈顾远《中国婚姻史》一书之白璧微瑕。经查《民商事习惯调查报告录》,可以发现如下与此处所述内容相关的具体记载:"豫西河北等处,凡子未婚而故,往往择别姓未字而殇之女结为冥婚,俗谓之'娶鬼妻',又曰'配骨',以结婚后往往合葬也";山东省东阿、堂邑等县习惯,"男未订婚而死,由男之父母遭媒择女之未许嫁而死者,为之结婚,迁女柩祔葬于男之墓,谓之'成阴亲'";山西省汾城、怀仁等县习惯,"凡男子已婚而故,其妻再醮,或未婚而故,年在十二岁以上者,其父兄为娶未婚已故之女与之合葬,俗

称之的时候,陈顾远引述了《民商事习惯调查报告录》所记载的平泉、隆化等县的婚俗为证①;在论述老妻少夫之婚配时,他指出根据《民商事习惯调查报告录》之记载,山东各县有此风俗。②陈顾远还经常援引当时报刊上的一些报导作为论据。例如,在论述抢亲习俗之时,他引述了《妇女杂志》1928年刊载的两篇报导,以说明此

(接上页)名'老妻',亦有称为'鬼妻'者;山西省广灵县习惯,"凡早夭未婚之男,得与已卒未笄之女相婚配。此事之成,仍假媒妁之言,向两造提议,如两造同意,即选择吉日以作嫁娶之良辰,所有经过状况及办理情形与活配无异,惟手续较为简略。至办理完竣,两造即以亲属往来,俗称之为'配死婚'";浙江"平湖县上、中、下三等社会,凡子弟未婚夭亡,类必择一门当户对、年龄相若之亡女,为之订婚,迎接木主过门,礼节如生人嫁娶,名曰'冥配'";陕西省清涧、葭县习惯,"民间有女,年已及笄,无论许字与否,设或夭亡,则先将女尸浮厝于地,俟有男子未娶者身死,即请媒说合,两相匹配,合厝一穴,并与女另易新衣,若出嫁然,名曰'娶鬼妻'"。参见前南京国民政府司法行政部编:《民事习惯调查报告录》,胡旭晟等点校,中国政法大学出版社2005年修订版,第649页、第656页、第663页、第670页、第733页、第800页。

① 参见陈顾远:《中国婚姻史》,商务印书馆1937年版,第114页、第120页注88。经查《民商事习惯调查报告录》,有如下记载:热河省平泉、隆化等县习惯,"穷民结亲,多于年终除夕夜成婚,不必定择吉日,男家不送礼物,女嫁亦无陪[赔]奁,以节省费用也"。参见前南京国民政府司法行政部编:《民事习惯调查报告录》,胡旭晟等点校,中国政法大学出版社2005年修订版,第848页。

② 参见陈顾远:《中国婚姻史》,商务印书馆1937年版,第130页、第166页注30。经查《民商事习惯调查报告录》,有如下记载:山东省历城、观城等县习惯,"俗多早婚,有女大于男六、七岁或七、八岁者";山东省寿光、宁阳、青城、巨野、濮县习惯,"男子成婚年龄,普通在十四、五岁之间,甚有早至十二、三岁者。若逾十五、六岁尚未成婚,其父母即引以为耻。殷实之家,此风尤甚。至女子出嫁多在二十岁上下,其故因本地习惯以女子年龄比男子较大为合宜,竟有大至八、九岁者。按:男子早婚及女大于男,为本省最通行之习惯。弊害多端,亟应矫正";山东省德平县习惯,"家无兼下,即为幼子娶长媳,长于子至十六、七岁者,意在娶媳持家,故名(管家婆)";山东省临淄县习惯,"小康之家,为三、四岁幼子娶十于岁之媳,令其照看";山东省邹平县习惯,"乡民有子十三、四岁,即以授室。大都女大而男小,甚有长至七、八岁者"。参见前南京国民政府司法行政部编:《民事习惯调查报告录》,胡旭晟等点校,中国政法大学出版社2005年修订版,第655页、第656页、第658页、第659页、第661页。

类风俗当时甚至在绍兴、萧山等地犹存其迹。①而在叙及童幼许婚之时，援引了《妇女杂志》1928年同期登载的另一篇讲述安徽无为之"抱小媳妇"风俗的报导作为例证。②在叙及当时各地尚可见到的收继婚形式（所谓叔接嫂、接续婚、转房、升房、接面、上舍等）之时，他所引用的论据材料，除了《民商事习惯调查报告录》之外③，

---

① 参见陈顾远：《中国婚姻史》，商务印书馆1937年版，第94页、第117页注42。陈顾远此处所引述的两篇报导，分别为天任的"绍兴的旧式婚姻"和王焕珍的"萧山的婚事琐记"。此外，陈顾远在论及"代婚""冲喜"之时，也引用了"萧山的婚事琐记"一文，参见同书，第113页、第120页注85。

② 参见陈顾远：《中国婚姻史》，商务印书馆1937年版，第125页、第165页注10。陈顾远援引的这篇文章为倪象乾："无为的婚嫁情形"，载《妇女杂志》第14卷第7号。

③ 经查《民商事习惯调查报告录》，有如下记载：山西省闻喜县习惯，"兄故嫂寡，其弟无妻者，得经人说合，与孀嫂配为夫妇，俗名'接续婚'"。在江西省，"赣南风俗有升房之说，例如，一家有兄弟数人，其弟已娶妻而病故，其弟妇可配其兄，即谓之升房。惟此等恶习，亦惟贫家有之"，"民间转婚恶习，赣县最盛。例如，兄弟数人只有一人娶妇，而此一人死亡，其妇即由他兄弟转娶，转娶者死，又可递娶。经某前府知事严禁后，风已稍杀，而僻远之乡仍复不少，此亦财礼过重，有以迫之使然也"。浙江省"临海县每有家贫之人，娶妻维艰，若兄已成婚而亡，由父母作主，将寡嫂改嫁与叔为妻，名为'接面'"，而该省平湖县"有一种叔娶嫂之习惯，例如，夫故，叔已成年，家景困难，或由其翁姑作主，或两相允洽，结为夫妇"。湖南省长沙、沅陵、宝庆等县习惯，"兄死后，弟无配偶，可以其兄嫂为妻；弟死后，兄无配，可以其弟妇为妻。此种恶习类多出于下流社会"。陕西省镇巴、邠阳、汉阴等县习惯，"转房，又名刲裁，即兄弟间有死亡时，所遗寡妻即以转配其鳏居兄或弟之谓也。此等习惯，多系下等愚民目前夫既无子嗣，鳏居兄弟又贫不能娶者，方有此举，一般虽不以为怪，但渎伦实甚"。陕西省定边县习惯，"定邑，有兄弟二人家素寒微，兄娶妻身死，遗留孀嫂，不欲出嫁，弟又无力婚娶，为嗣续起见，遂央宗族乡长，招纳孀嫂为妻，亲族亦相庆贺，俨与正式婚姻同"。陕西省平利县习惯，"平利有孀妇转房之恶习，其夫故后，对于夫之兄弟暨嫡堂兄弟或族兄弟，均得配为夫妇"。甘肃泾原道习惯，"有为法律所不许可之婚姻，而民间视为通常者，即兄纳弟妻、弟招兄妻是也。例如，甲、乙、丙、丁兄弟四人，甲死而乙无妻，即以甲妻妻之，往往出于父母之命，而甲妻之母家亦无异言；乙死而甲无妻时亦同；若丙、丁有夭亡或断弦时，亦可类推。此项情事，多在于下等社会之中"。参见前南京国民政府司法行政部编：《民事习惯调查报告录》，胡旭晟等点校，中国政法大学出版社2005年修订版，第675页、第709页、第728页、第732页、第789页、第806页、第819页、第820页、第834页。

还有来自《东方杂志》和《中央日报》的两篇报导。① 在论述女子之童贞为社会所重视时,他以遥青1936年连载于《民意报》的《悔庐杂钞》之八来说明此俗留存至今。② 在论及有女无子而买子配亲时往往发生的夫妻易姓之情形时,他援引《朝报》1936年登载的一则关于安徽绩溪霞间村的报导为论据。③ 此外,陈顾远在论及"回门"习俗(即"娶妇翌日,妇归其家,婿随后而往,谒拜妇父母及其亲戚,称曰'回门'"),甚至以自身亲历之事作为确证——"今关中有此习,愚曾行之"。④

(二)对相关历史学文献的广泛关注

在立足于历史文献的史学考证方面,陈顾远做得较之专业史家也毫不逊色。

据我的初步统计,总约13万字的《中国婚姻史》一书,共有注释497处,仅被直接援引的一手史料便多达130余种。若从传统的四部分类来看,这些被征引的古籍中,属于经部的有《诗经》《尚书》《周礼》《仪礼》《礼记》《周易》《左传》《公羊传》《谷梁传》《论语》

---

① 参见陈顾远:《中国婚姻史》,商务印书馆1937年版,第107页、第119页注70。这两篇报导为黄华节:"叔接嫂",载《东方杂志》第31卷第7号;学本:"羌戎考察记",载《中央日报》1936年2月13日。"学本"即庄学本,他在1930年初曾任《中华》画报、《申报》《良友》画报等多个报社的记者,"羌戎考察记"系其1934年以"开发西北协会"调查西北专员的名义,由成都至阿坝时所写的沿途考察记,报导了当地的羌族、藏族(嘉戎藏族)包括婚姻习俗在内的不少鲜为人知的情况,曾连载发表于《中央日报》,并在1937年由上海良友图书出版公司以《羌戎考察记》为名结集出版,四川民族出版社2006年曾将此书再版。

② 参见陈顾远:《中国婚姻史》,商务印书馆1937年版,第184页、第216页注26。

③ 参见陈顾远:《中国婚姻史》,商务印书馆1937年版,第191页、第217页注49。被征引的这则报导为(绩溪霞间村)"买子继承办法",载《朝报》1936年5月14日。

④ 参见陈顾远:《中国婚姻史》,商务印书馆1937年版,第164页。

《孟子》《礼记正义》《尚书大传》《白虎通》《大戴礼记》《读风偶识》等,属于子部的有《素问》《管子》《韩非子》《墨子》《盐铁论》《抱朴子》《玉泉子》《太平御览》①、《郁离子》《方言》②、《朱子语录》《近思录》等,属于集部的有《毛诗》《楚辞》《昭明文选》等。不过《中国婚姻史》一书最常引用的一类史料,则是史部古籍,其中除了属于二十四史之列的如《史记》《汉书》《后汉书》《三国志》《晋书》《宋书》《魏书》《北齐书》《周书》《隋书》《南史》《北史》《旧唐书》《新唐书》《新五代史》《宋史》《辽史》《金史》《明史》等之外,尚有《国语》③、《战国策》《西汉会要》《东汉会要》《汉晋春秋》《通典》《唐会要》《路史》《大金国志》《新元史》等。

　　就其文献形式而言,陈顾远所援引过的文献,既有历朝正史、官颁通礼、律令典章、判牍判例等,还包括经籍史札、诗作词赋、笔记述闻、家仪家范、解字辞书等。历朝正史已如前述,而被引用过的官颁通礼类文献则有《大明集礼》《大清通礼》等,律令典章类文献有《唐律疏议》《宋刑统》《元典章》《大明律》《大清律》以及《大明会典》等。除了下文将予详叙的北洋政府时期大理院的判例、解释例和南京国民政府时期最高法院的解释之外,陈顾远还曾引用过

---

　　①　陈顾远在书中引为《御览》,参见陈顾远:《中国婚姻史》,商务印书馆 1937 年版,第 167 页注 33、第 168 页注 60。

　　②　《方言》为西汉扬雄所著,全名为《辅轩使者绝代语释别国方言》。陈顾远在书中引为《扬子方言》(参见陈顾远:《中国婚姻史》,商务印书馆 1937 年版,第 217 页注 38、第 220 页注 91),但严格来讲,不能将作者名和书名合称,故改今名。

　　③　陈顾远在书中还曾提及《春秋外传》一书(参见陈顾远:《中国婚姻史》,商务印书馆 1937 年版,第 165 页注 15),而《春秋外传》正是《国语》之别称。将《国语》称为《春秋外传》,据考证始于西汉刘歆,可参见邱锋:"《国语》名称演变探源",载《管子学刊》2006 年第 2 期,第 120—121 页。

唐代著名诗人白居易所著《白氏长庆集》卷四十九中的一则判文内容("婚书未立,徒引以为辞;娉财已交,亦悔而无及"),以说明唐时许婚之书为婚约之要件而受娉财即系许诺。① 经籍史札类文献有《皇明文衡》《书经》②、《大学衍义补》《初学记》《陔余丛考》《古今伪书考》《廿二史札记》《潜夫论》《秋槎杂记》《日知录》《徐氏读礼通考》等。除了常被引用的《诗经》之外,其他诗作词赋类亦复不少。例如陈顾远引以说明妻与夫同其荣辱的"嫁鸡正尔随鸡飞"一句,出自元人许有壬《题友人所藏明妃图》一诗③;引以说明悍妇为世所讥的"忽闻河东狮子吼,拄杖落地心茫然"一句,语出苏东坡戏谑其好友陈季常惧内的诗作《寄吴德仁兼简陈季常》④;引以说明妻依附于夫的"辞父母而言归,浮奉君子之清尘,如悬萝之附松,似浮萍之讬津"一句,语出曹魏时人丁廙之妻所作的《寡妇赋》⑤;论及以绝两姓之好为主而不重视男女双方情感的离婚为世所悲恨时,举五言长诗《孔雀东南飞》与陆游诗作《钗头凤》中的"君听姑恶声,

---

① 参见陈顾远:《中国婚姻史》,商务印书馆1937年版,第159页、第170页注95。除此之外,他还曾经提及白居易就一起出妻案所作的判文(某甲因其妻于婆婆面前叱狗而出之,其妻向白居易诉称自己非犯七出之条),参见同书,第243页、第255页注51。惟需指出的是,陈顾远此处所引的白氏判文,系出自被收于《白氏长庆集》之中的《百道判》(又称《百节判》),而《百道判》中的一百篇判词,均系用骈体写就,虽然也带有唐代官方法律文书的一些程式化特点,但实际上乃白居易早年为了应付科举考试中的试判所撰之习作,因此有学者称之为"科判"或"拟判",以区别于司法实践中真正的"案判"。
② 指宋人蔡沈集传的《书经》六卷。
③ 参见陈顾远:《中国婚姻史》,商务印书馆1937年版,第177页、第215页注9。
④ 同上书,第183页、第216页注28。
⑤ 同上书,第185页、第216页注32。

君听姑恶声,无乃谴妇魂"一句为证①;说明"七出"受"三不去"中之"有所受无所归"限制时,引顾况《弃妇词》中"古人虽弃妇,弃妇有归处"为证②;论述汉魏重视七出时,则举《出妇赋》中"信无子而应出,自典礼之常度"一句为证③。此外,陈顾远在论及汉代以后姊婿、妹婿、姊丈、妹丈等称谓兼用时,还曾提及有白居易之诗为证,虽然并未具体指明白氏何诗。④ 家仪家范类有《闺范》《家范》《列女传》《广列女传》《孔子家语》《陈氏礼书》《涑水家仪》《颜氏家训》《郑氏家范》《朱子家礼》《家礼目式》等。解字辞书类如《说文解字》《康熙字典》《辞源》等。在陈顾远所引用的诸多文献中,笔记述闻类古籍尤为丰富,涉及《本事诗》《辍耕录》《归田录》《过庭录》《梦粱录》《南渡录》《搜神记》《演繁露》《夷坚志》《世说新语》《菽园赘谈》《金川琐记》《青琐高议》《清波杂志》《曲洧旧闻》《容斋笔记》《文海披沙》《雪溪友议》《檐曝杂记》《酉阳杂俎》《云溪友议》《余墨偶谈》《能政斋漫录》《邵氏闻见录》《越缦堂日记》《燕翼贻谋录》《右台仙馆笔记》《开元天宝遗事》《宋人轶事汇编》《胜朝彤史拾遗记》》⑤等。其中的一些文献,恐怕连很多专业史家也感陌生。陈氏寓目之广,令人既感且佩。

与一些只关注原始史料而对学界同行之研究置若罔闻的史家

---

① 参见陈顾远:《中国婚姻史》,商务印书馆1937年版,第236页、第254页注34。
② 同上书,第241页、第254页注46。
③ 同上书,第241页、第254页注47。
④ 同上书,第209页、第220页注90。
⑤ 陈顾远在书中引为《彤史拾遗记》,参见陈顾远:《中国婚姻史》,商务印书馆1937年版,第73页注25。

不同，陈顾远对同时代的其他史学研究者的相关作品也颇多借鉴与引用。如前所述，在《中国婚姻史》一书中，尽管他并未提及董家遵的先行研究（或许是因为董氏发表论文的刊物当时并不易见），但全书引用过的其他史学同行的研究论著，亦有近三十种。这些被引用的文献，既包括《中国妇女生活史》（陈东原著）、《中国法制史》（程树德著）、《中国法制史》（朱方）、《中国法律发达史》①（杨鸿烈）、《中国宗族制度小史》（吕诚之著）②、《中国婚姻制度小史》（吕诚之著）、《中国娼妓史》（王书奴著）、《中国妇女文学史纲》（梁乙真著）、《中国政治思想史》（陶希圣著）、《婚姻与家族》（陶希圣著）、《中国政治史要》（易君左著）、《中国文化史》（梁启超著）、《中国亲属法溯源》（徐朝阳著）、《中国妇女在法律上之地位》（赵凤喈著）等专门史著作，也包括《中华二千年史》（邓之诚著）、《中国历史教科书》（刘师培著）、《中国古代史》（夏曾佑著）、《中华通史》（章嵚著）等通论性史著和《新中华本国史》（金兆梓编）等断代性史著。一些发表于报刊的相关史学论文，也被陈顾远所注意。例如他曾引用朱希祖的一篇论文，以解说明代宫中诸妃位号之别③；在论及收继

---

① 陈顾远曾引刘基所撰《郁离子》中的一段文字（"恶疾之与无子，岂人之所欲哉？非所欲而得之，其不幸也大矣！而出之，忍矣哉？"），以说明该书作者极力反对七出中的恶疾和无子两条，并指出杨鸿烈将《郁离子》一书的作者误写为"宋濂"。参见陈顾远：《中国婚姻史》，商务印书馆1937年版，第242页、第254页注49。关于杨鸿烈之误笔原文，参见杨鸿烈：《中国法律发达史》，范忠信等校勘，中国政法大学出版社2009年版，第484页。

② 吕诚之即中国近代著名史家吕思勉（1884—1957年），"诚之"系其字。

③ 参见陈顾远：《中国婚姻史》，商务印书馆1937年版，第66—67页、第76页注63。陈顾远所引用的是朱希祖的"再驳明成祖生母为碽妃说"一文，但并未在书中注明该文的具体刊载信息。经查，朱氏此文刊发于《东方杂志》第33卷第12期（1936年6月16日出版）。

婚在汉人社会中之存在时,他引述了李鲁人和陶希圣各自发表在《大公报》和《食货》半月刊上的论文以作说明。① 除了这些在当时已经公开出版或发表的史学作品之外,陈顾远还注意到当时一些史学名家的授课讲义。例如他在评述学界关于"俪皮委禽"之意涵解释时②,曾引述过柳诒徵在东南大学的"中国文化史"课程讲义。③ 此外,陈顾远还曾引用过《殷虚书契考释》(罗振玉著)、《观堂集林》(王国维著)、《中国古代社会研究》(郭沫若著)等考据学名作。

三

自《中国婚姻史》出版以来,陈顾远此书便为相关学界所推重。究其原因,与该书重视社会学、人类学等相关学科的文献资源以及立足于对史学文献的广泛阅读之基础上进行深入考证的兼容之风

---

① 参见陈顾远:《中国婚姻史》,商务印书馆1937年版,第106—107页、第119页注66及注67。这两篇被引用的论文为:李鲁人:"元代蒙古人收继婚俗传入内地之影响",载上海《大公报》之"史地周刊"第80期,1936年4月10日;陶希圣:"十一至十四世纪的各种婚姻制度",《食货》半月刊第1卷第12期(1935年5月16日出版)。

② 所谓"俪皮委禽",乃是关于中国古代婚姻六礼中的纳吉、纳征之描述。古制,成婚需经纳采、问名、纳吉、纳征、请期、亲迎等"六礼"。按《仪礼·士昏礼》,"纳吉,用雁,如纳采礼。纳征,玄纁束帛,俪皮,如纳吉礼",其意即为完成纳吉之礼,男方需向女方送上雁作为贽礼,故亦称纳采为委禽,而为完成纳征之礼,男方需向女方送上"玄纁束帛"及两张鹿皮(郑玄注曰"俪皮,两鹿皮也")。

③ 参见陈顾远:《中国婚姻史》,商务印书馆1937年版,第84页、第116页注22。柳诒徵八十余万言的名著《中国文化史》,系其本人根据任教于各大学时所用的同名讲义修订成书,后来曾被多次重印出版。参见柳诒徵:《中国文化史》,上海古籍出版社2001年版。

自然不无关系。不过,在我看来,真正使得《中国婚姻史》一书在众多同主题论著当中脱颖而出并被后世奉为经典之作的原因,除上述两大优点之外,恐怕还在于陈氏此书有着其他同主题论著所不具备的另一种鲜明特色。这种相较于其他同类论著的独树一帜之处,指的乃是陈顾远此书洋溢于字里行间的法学色彩。

这种法学色彩,最为直接地体现于陈顾远在《中国婚姻史》一书中所利用的文献类别方面。在陈顾远的《中国婚姻史》一书所征引的诸多文献中,除了前述历史学(包括原始史料和当代论著)、社会学、人类学等丰富文献之外,他经常引用的另一类文献——法律类论著和资料——很值得我们注意。

大凡论述中国婚姻史的作品,通常都会提及帝制中国时期历代法典中的相关规定,例如最常见的有《唐律疏议》和《宋刑统》中的"户婚律"①、《大明律》和《大清律例》中的"户律"之"婚姻"门②。陈顾远的《中国婚姻史》一书也不例外。不过,在陈顾远此书所引述过的传统中国法律类文献中,除了《唐律疏议》《宋刑统》《大明律》和《大清律例》之外,还包括不少在当时其他学者所撰的同主题论著中几乎难得一见的文献。例如在论及主婚人与婚姻意志之

---

① 可参见《唐律疏议》,刘俊文点校,法律出版社1999年版,卷第十二、卷第十三和卷第十四,第252—298页;《宋刑统》,薛梅卿点校,法律出版社1999年版,卷十二、卷十三和卷十四,第210—259页。《唐律疏议》还在卷第十二之卷首简述了"户婚律"在唐代以前的沿革:"'疏'议曰:户婚律者,汉相萧何承秦六篇律后,加厩、兴、户三篇,为九章之律。迄至后周,皆名户律。北齐以婚事附之,名为婚户律。隋开皇以户在婚前,改为户婚律。既论职司事讫,即户口、婚姻,故次篇制之下。"参见同前书,第252页。

② 可参见《大明律》,怀效锋点校,法律出版社1999年版,卷第六,第59—66页;《大清律例》,田涛、郑秦点校,法律出版社1999年版,卷十,第203—215页。

时,陈顾远所引的清代《刑部现行则例》之"偷嫁女儿"条,便非一般的婚姻史论者所能注意。① 除此之外,陈顾远引用过的诸如《棠阴比事》之类的案例集和《寄簃文存》这样的清末法律人士之论著,一般的史家往往也不甚关注。②

在陈顾远所引用的同时代学者之论著中,同样有很多出自法学家之手笔而不为一般史家所关注的法学文献。除了可被归为法制史这一专门史门类的一些现代论著,例如程树德的《中国法制史》和《九朝律考》、朱方的《中国法制史》、杨鸿烈的《中国法律发达史》、徐朝阳的《中国亲属法溯源》、赵凤喈的《中国妇女在法律上之地位》以及日本学者东川德治被译为中文连载的《中国法制史研究》③等,还包括不少部门法研究者的论著,例如冯堪、彭学海编著的《夫妻财产制》,胡长清的《中国婚姻法论》,黄右昌的《罗马法与现代》,陶汇曾编著的《民法亲属》,张绅的《中国婚姻法综论》,郑竞毅编著的《法律大辞书》,栗生武夫著、胡长清译的《婚姻法之近代化》等书,以及诸如王用宾的《妻冠夫姓问题》④之类发表于法学刊物的论文。而前已提及的由南京国民政府司法行政部编辑印行的

---

① 参见陈顾远:《中国婚姻史》,商务印书馆1937年版,第146页、第169页注69。
② 参见陈顾远:《中国婚姻史》,商务印书馆1937年版,第76页注69、第166页注37。
③ 参见陈顾远:《中国婚姻史》,商务印书馆1937年版,第33页注6。该书的日文原版,为1924年有斐阁印行的《支那法制史研究》一书。陈顾远在书中指出,东川德治《中国法制史研究》此书,系由廖维勋翻译,登载于《中华法学杂志》各期。该书的日文原版,为1924年有斐阁印行的《支那法制史研究》一书。
④ 参见陈顾远:《中国婚姻史》,商务印书馆1937年版,第191页、第217页注48。此处被引述的文章具体信息为:王用宾:"妻冠夫姓问题",载《法学季刊》1卷1号(1930年12月)。

《民商事习惯调查报告录》一书，在当时，一般史家也很少注意到，例如董家遵在其论述中便无提及。陈顾远这种对相关法学文献和资料的掌握，非精擅法学者所不能为。

在陈顾远《中国婚姻史》一书中那些不见于一般史家之著述的法律类资料中，他所经常参照的一类"特色"资料尤其值得一提。这便是民国时期的法律、大理院判例和解释例与最高法院的解释。

1930年代是近代中国立法史上极为重要的时期，而《中国婚姻史》初版印行的1936年，正处于一些中国近代史研究者所谓的"黄金十年"（1927—1937年）之末尾。南京国民政府主政的这十年中，在法制方面的一个重要成就，就是在形式上建立起完整的"六法体系"，其中尤以《民法》（1929年至1931年间分五编陆续颁布）和《刑法》（1928年颁布，1935年修正）最为世人所关注。

在成书于1930年代后期的《中国婚姻史》一书中，陈顾远曾多次引用过当时的一些具体法律条文。例如，在论及婚姻年龄之时，举《民法》第974条和第981条为例，指出当时的《民法》"以成年与否定同意年龄之标准"。① 在论及相奸不婚之时，引《民法》第986条和第993条以说明"我民法于一定条件下，亦为相奸婚之禁止"。② 在论及结婚之仪文时，引《民法》第982条之规定"结婚，应

---

① 陈顾远此处所谓的"同意年龄"，系"男女婚嫁于一定年龄内，须取得有同意权者同意之谓也"。参见陈顾远：《中国婚姻史》，商务印书馆1937年版，第123页、第165页注6。

② 参见陈顾远：《中国婚姻史》，商务印书馆1937年版，第138页、第168页注56。查1931年5月5日起施行的《中华民国民法》之"亲属编"，其第986条规定"因奸经判决离婚，或受刑之宣告者，不得与相奸者结婚"，第993条则规定"结婚违反第九百八十六条之规定者，前配偶得向法院请求撤销之。但结婚已逾一年者，不得撤销"。

有公开之仪式及二人以上之证人",以说明结婚仪式虽难划一规定,但法律对其的重视至今犹存。① 在对比中国今昔的同居问题之时,引《民法》第1101条和第1102条之规定,以说明两者既在夫妇同居方面大致相同,又在家族同居方面有所差异。② 在论及亲属关系之称谓古今有别之时,指出古时往往从宗族、母党、妻党和婚姻等四方面解释其相互称谓,而"我民法以此种分类,既具有宗法社会之色彩,且条理亦不清晰",所以其第967条至970条仅区分血亲和姻亲两大类。③ 在论述再婚一词所指为何的问题时,引用了《民法》第994条以说明该词的使用"并不限于配偶一方死亡,他方再行结婚之谓,即夫妇离婚而再娶再嫁者亦然"。④ 论及受近亲不婚之限制的姻亲并不因后来姻亲关系之消灭而解其禁时,在

---

① 参见陈顾远:《中国婚姻史》,商务印书馆1937年版,第160页、第171页注97。附带一提的是,民国《民法》第982条对婚礼仪式的规定,曾引发一些始料不及的后果,其中之一便是许多妾反而藉此争得了合法妻子的身份,或以此来威胁丈夫以争得某种利益,因为纳妾仪式实际上很多都符合第982条关于婚姻仪式的规定,而这恰恰构成了对当时民法立法者试图否定妾之婚姻地位的意图的反讽,参见〔美〕陈美凤(Lisa Tran):"从妾到妻:国民党民法之婚礼要求的未预后果",朱腾译,尤陈俊校,载〔美〕黄宗智、尤陈俊主编:《从诉讼档案出发:中国的法律、社会与文化》,法律出版社2009年版,第321—350页。

② 参见陈顾远:《中国婚姻史》,商务印书馆1937年版,第191页、第217页注50。

③ 参见陈顾远:《中国婚姻史》,商务印书馆1937年版,第206页、第220页注83。

④ 参见陈顾远:《中国婚姻史》,商务印书馆1937年版,第224页、第252页注3。不过严格地讲,陈顾远此处所引的民国《民法》第994条并不能完全说明问题,因为第994条乃是与第987条相互关联,只有同时引用才能真正说明问题。《民法》第987条规定:"女子自婚姻关系消灭后,非逾六个月不得再行结婚。但于六个月内已分娩者,不在此限。"第994条规定:"结婚违反第九百八十七条只规定者,前夫或其直系血亲得向法院请求撤销。但自前婚姻关系消灭后已满六个月,或已再婚后怀胎者,不得请求撤销。"

阐述明清律中那些对在姻亲关系断绝后结婚的男女处以不同程度的刑罚的规定之后,接着举民国《民法》第983条中的"前项姻亲结婚之限制,于姻亲关系消灭后亦适用之"为例,以说明在《民法》中亦有类似于此"姻亲之关系虽绝,而伦常之道不可废也"的规定存在。① 在比较中国今昔离婚时之赡养问题时,指出民国以来在此方面的一个新变化,在于其《民法》第1057条新规定"以给予相当之赡养费为补救方法"。② 除了这些无一例外地来自民国《民法》

---

① 参见陈顾远:《中国婚姻史》,商务印书馆1937年版,第250页、第256页注66。陈顾远此处所引《民法》第983条中所谓的"前项姻亲结婚之限制",系指同一条文所规定的"与下列亲属,不得结婚:一、直系血亲及直系姻亲。二、旁系血亲及旁系姻亲之辈分不相同者。但旁系血亲在八等亲之外,旁系姻亲在五等亲之外者,不在此限。三、旁系血亲之辈分相同而在八等亲以内者。但六等亲及八等亲之表兄弟姊妹,不在此限"。

② 参见陈顾远:《中国婚姻史》,商务印书馆1937年版,第251页、第256页注67。查《民法》第1057条,其规定为"夫妻无过失之一方,因判决离婚而陷于生活困难者,他方纵无过失,亦应给予相当之赡养费"。实际上,在《民法·亲属编》正式颁布之前,民初大理院也在相关判例表达了类似立场,尽管其所使用的名目是"慰抚费"而非"赡养费",例如八年上字第1099号判例便指出,"离婚原因如果由夫构成,夫应暂给妻以相当之赔偿或慰抚费,至其给与额数则应斟酌其妻之身分、年龄及自营生计之能力与生活程度,并其夫之财力如何而定"。参见郭卫编辑:《大理院判决例全书》,会文堂新记书局1932年版,第237页。不过,在民国时期,由于讼费不菲、程序繁杂等实际影响,并非所有的离婚妇女都能够利用这一条文从其前夫那里真正争到赡养费,因此,在离婚案件中提出赡养费要求的妇女(以比较富裕的中等和上等阶层的妇女为多),其实并不多见。例如,白凯(Kanthryn Bernhardt)指出,在其所研究的1940年代北京和上海的那些离婚案例中,仅有19%的女性原告会在离婚诉讼中提出赡养费的要求;郭贞悌(Margaret Kuo)在考察了来自南京、河北和北京的一些离婚案例后也认为,当时立法者这一有意扶持女性弱者的法条,其实际作用不应被过高估计。参见:Kanthryn Bernhardt, "Women and the Law: Divorce in the Republican Period", in Kanthryn Bernhardt & Philip C. C. Huang, eds., *Civil Law in Qing and Republican China*, California: Stanford University Press, 1994, P198;〔美〕郭贞悌:"配偶的经济权利和义务:民国赡养案件中的婚姻概念(1930—1949)",李彤译,尤陈俊校,载〔美〕黄宗智、尤陈俊主编:《从诉讼档案出发:中国的法律、社会与文化》,法律出版社2009年版,第299—320页。

之"亲属编"的条文外,陈顾远对当时的《刑法》也有所引用。例如在论及重婚罪时,他便举了当时《刑法》第237条的规定以作说明。①

晚清末年的司法改革,为近代中国历史上影响深远的重大事件之一,其中尤以行政与司法审判的权限分际最为法学研究者所关注。在光绪三十二年(1906)九月二十日那道旨在厘定官制的著名上谕中,明确写有如下文字:"……刑部著改为法部,专任司法。大理寺著改为大理院,专掌审判。"②自此以后,在清末的中央机关设置中,法部专掌司法中之行政,而大理院则专掌司法中之审判,遂为定制。晚清大理院也因此成为了当时的最高司法审判机关。③ 其后清廷倾覆而民国肇造,根据袁世凯于民国元年(1912)三月十日所颁布的临时大总统令,包括清末颁行的《法院编制法》在内的一些前清法律均被暂行援用。与此同时,对大理院的重组也在陆续进行。民国四年(1915)六月二十日,《修正暂行法院编制法》颁行,其第33条明确规定"大理院为最高审判机关"。④ 从民国初年在晚清大理院之基础上稍做修整后被沿用,直至民国十七年(1928)年六月闭院,在北洋统治时期的这十六年多时间内,大理

---

① 参见陈顾远:《中国婚姻史》,商务印书馆1937年版,第52页、第73页注27。
② 参见"裁定奕劻等覆拟中央各衙门官制谕",收入故宫博物院明清档案部编:《清末筹备立宪档案史料》(上),中华书局1979年版,第471页。
③ 关于晚清大理院的更多史实,可参见黄源盛:《民初大理院与裁判》,元照出版公司2011年版,第1—30页;韩涛:"晚清大理院",北京大学法学院2009年博士学位论文。
④ 参见黄源盛:《民初大理院与裁判》,元照出版公司2011年版,第31—82页。

院发布了数以千计的判例和解释例①,实际上发挥着"司法兼行立法"的独特功能。②

这些对民初法制影响极大以至于当时实际上具有法源性的大理院判例和解释例,在陈顾远的《中国婚姻史》一书中也得到了大量引用。例如,在关于"同姓不婚"的部分中,他根据大理院的相关判决和解释,指出大理院实际上承认了清末修律后"只禁同宗为婚而不禁同姓婚"的做法,而民国《民法》第983条则"只以亲等为计,在其亲等之限制范围以外,虽同姓共宗仍可通婚矣",因此后者对同姓不婚的旧俗之突破显得更为彻底。③ 在论及婚书与私约之时,他引大理院二年上字第215号判决,以说明民初大理院"认为私约仍须经媒人写立,其报官立案者始称婚书"。④ 在论及传统中国时期妻之私产往往常为夫家所制的陋习直至民国初期才在司法

---

① 民国大理院所发布的判例和解释例之确切总数,至今尚无定论。朱勇认为,"北洋政府统治时期,大理院判例、解释例计达6000件左右",但他并未提供此说之依据,参见朱勇主编:《中国法制通史》(第九卷 清末·中华民国),法律出版社1999年版,第529页。黄源盛根据各种编辑印行的"判例要旨汇编"或"判决例汇编",推断出"自民国元年以迄十六年民事及刑事实体法的判例,已累积约2800则,其中,民事有1757则,刑事有1043则"。参见黄源盛:《民初大理院与裁判》,元照出版社2011年版,第97页。郭卫在1931年讲述其编辑《大理院判决例全书》一书之缘起时,认为编辑判例比编辑解释例要困难,"盖解释有号数可循,循号而辑,网罗可无遗。若判例,则自元二年以来,积十余年之久,不下若干万篇",并在凡例部分声称"本书将大理院自民国元年改组时起至民国十六年闭院时止之判决已著为例者,悉数集入,完全无缺",参见郭卫编:《大理院判决例全书》,上海会文堂书局1931年出版,"编辑缘起"和"凡例"部分。

② 参见张生:"民国初期的大理院:最高司法机关兼行民事立法职能",载《政法论坛》1998年第6期。

③ 参见陈顾远:《中国婚姻史》,商务印书馆1937年版,第133页、第167页注42。陈顾远并未写明此处所引的上字第1167号判例是大理院在何年作出。

④ 参见陈顾远:《中国婚姻史》,商务印书馆1937年版,第150页、第169页注78。

上获得较多纠正之时,他引大理院在 1910 年代所做出的五个判例以作说明。① 在论及离婚时财产方面的处理时,他举大理院六年上字第 1187 号判例为证,以说明直至当时才明认"离婚之妇女,无论由何原因,其妆奁应听携去",而不似先前那样视女方有无罪过而加以区别对待。② 在论述法律如何对待"兼祧双娶"之习俗时,他举大理院统字第 428 号解释及上字第 1167 号判例指出:"民国成立以后,习俗仍有'开门立户'之事,即一人藉兼祧为名,可娶多女,称曰'平妻'或'平处',亦即所谓'两头大'是。然在法律上则以有妻更娶既干例禁,兼祧并娶亦显违科条,故兼祧后娶之妻,仍视之为妾",并紧接着参酌当时法律而再写道,"现行民法已废宗祧继承之制,刑法对重婚罪之规定又详且尽,则兼祧也,双娶也,更无存在余地矣"。③ 在论及法律如何对待"姘度"之时,他举大理院上字

---

① 陈顾远认为,这五个判例(具体指大理院二年上字第 33 号判例、第 35 号判例、第 208 号判例以及七年上字第 147 号判例、第 665 号判例)从不同方面强调,"为人妻者,应有财产","嫁女妆奁应归女有","妻于婚前或婚后所得之赠与及遗赠,皆归妻有",但他也指出,即便是这些判例,也没有让妻子获得自由处分其私产的完全权利("惟其于其所有私产为行使权利之行为,而不属于日常家事者,仍应得夫之允许耳")。参见陈顾远:《中国婚姻史》,商务印书馆 1937 年版,第 197 页、第 218 页注 64。

② 参见陈顾远:《中国婚姻史》,商务印书馆 1937 年版,第 251 页、第 256 页注 67。附带说一句,在民初大理院的司法实践中,体现这一倾向的判例还有不少,而且很多在时间上还要早于陈顾远此处所引的这一判例。例如有学者指出,"即便是离婚原因由妻造成,夫对于妻也只得请求离婚,妻的财产仍应归妻(见院例三年上字 1085 号、四年上字 1407 号、六年上字 1187 号),而且结婚之前的聘财不能因离婚而追还(五年上字第 56 号)"。参见王新宇:《民国时期婚姻法近代化研究》,中国法制出版社 2006 年版,第 152—153 页。

③ 参见陈顾远:《中国婚姻史》,商务印书馆 1937 年版,第 58 页、第 74 页注 43。陈顾远并未写明此处所引的统字第 428 号解释和上字第 1167 号判例是大理院在何年作出。

第899号判例为证,以说明"今日,姘度仅视为非法律上之婚姻,仍视其为事实上之婚姻,故虽不受到婚姻法之保障,而亦不对其事之本身有所处罚"。①

除了北洋时期大理院的判例和解释例之外,南京国民政府时期最高法院的解释、复函等内容也曾被陈顾远所引用。例如,他曾举大理院上字第1167号判例和最高法院1936年7月解字第109号解释为证,以说明有妻娶妾、有妾娶妻等行为曾在民国前期不被视为归于重婚罪之范围②;举大理院上字第922号、第1691号判例以及最高法院1936年6月27日复浙江高院函为证,以说明不仅1914年颁布的《暂行新刑律补充条例》曾明文承认妾制,甚至"前大理院及数年前最高法院亦曾承认妾为家属之一员",直到后来法律才直接禁止纳妾。③

诸如此类引用民国法律、大理院判例及解释例和最高法院解释的地方,在《中国婚姻史》一书中相当常见。纵观民国时期研究中国婚姻史的其他同类论著,可以发现,其中一些也曾引用过上述法律文献中的某一类或几类。例如吕思勉在其初版于1929年并

---

① 参见陈顾远:《中国婚姻史》,商务印书馆1937年版,第114页、第120页注87。陈顾远并未写明此处所引的上字第899号判例是大理院在何年作出。另值得注意的是,陈顾远接着认为,中国习俗上对"姘"的称谓使用并不一致,而且社会上对某些不举行仪式即相结合的做法也未必一概以姘之名鄙称之,因此"学者以姘度两字译拉丁语Concubinatus,用以指示事实婚,与以妾字译英语Concubine,同非尽合"。

② 参见陈顾远:《中国婚姻史》,商务印书馆1937年版,第53页、第73页注28。陈顾远并未写明此处所引的上字第1093号判决和统字第1909号解释是大理院在何年作出。

③ 参见陈顾远:《中国婚姻史》,商务印书馆1937年版,第69页、第76页注68。陈顾远并未写明此处所引的上字第922号判例和第1691号判例是大理院在何年作出。

于1935年增订出版的《中国婚姻制度小史》一书中,在论及妾制之时,除了对元、明、清的法律有所援引外,亦曾引用过大理院判决例、解释以及上海临时法院的判决。① 在1928年出版的《中国妇女在法律上之地位》一书中,法学专家赵凤喈在论及现时妇女在民法上之问题时,对现行律②、大理院判例与解释例时常引用。例如在讲述女子承受户绝财产时,赵凤喈不仅指出现行律民事有效部分保留了清律的类似规定,而且大理院四年上字第1312号判例更是明确承认亲女对于绝产有争讼权,而在谈到当事人之合意在婚姻成立中所受重视的程度古今不同时,则举大理院四年统字第

---

① 吕思勉认为,民国大理院上字第1205号判决例在解释妾之身份时所称的"凡以永续同居,为家族一员之意思,与其家长发生夫妇类同之关系者,均可成立。法律不限何种形式",表明此时"娶妾愈自由矣",并接着对1927年9月至10月之间上海临时法院的一则判决表示异议:"近日上海临时法院判决九江路钱祥荣与其妾毛氏讼案,乃谓国民党党纲不许有妾,判令离异。其意诚善,然党纲是否可以据以决狱?则疑问也。"而在论及"兼祧双娶"之时,和陈顾远一样,也引用了大理院统字第428号解释来说明当时司法上系以后娶者为妾。参见吕思勉:《中国婚姻制度小史》,龙虎书店1935年版,第79页、第83页。《中国婚姻制度小史》一书,后来被收入吕思勉的《中国制度史》一书,作为其第七章的内容,但不知何故,在《中国制度史》一书中,《中国婚姻制度小史》一书中前引那些关于路钱祥荣与其妾毛氏讼案的文字,却不复再见,参见吕思勉:《中国制度史》,上海教育出版社2005年版,第206—207页、第213页。吕思勉所引的第1205号判决例,系大理院在1922年针对李永泰等人不服山东高等审判厅作出的二审判决所提起之上诉的第三审判决,但他从该则判决例中引用的上述文字,与其判决原文不尽相同,比如他将判决原文中的"家属"写为"家族",将判决原文中的"法律上并非限定其须具备何种方式"写成"法律不限何种形式"(判决原文参见《法律周刊》1923年第19期,第15—16页)。

② "现行律"即法律史学界通常所称的《现行律民事有效部分》。赵凤喈在书中对此亦有解释:"所谓现行律者,即指清末年所修订之现行刑律与民国国体及嗣后颁行之成文法无抵触者,经大总统明令(元年三月十日临时大总统令)及大理院判例(三年上字第三〇四号)认为有效之民事部分也。"参见赵凤喈:《中国妇女在法律上之地位》,商务印书馆1928年版,第12页。

371号解释例和五年统字第454号解释例说明民国以来的新变化。① 不过，在当时学者所写的中国婚姻史研究论著中，对这些法律文献有所关注和并加以援引的只是少数，例如在董家遵的系列论文中便未见提及，而在陈鹏的《中国婚姻史稿》中亦复阙如。因此，相形之下，陈顾远《中国婚姻史》一书在此方面的特色便显得尤为突出。而在民国时期少数几部有此写作风格的同主题论著中，《中国婚姻史》一书亦属出类拔萃。该书对民国法律类文献的大量引用，不仅远非吕思勉那样仅在其书中昙花一现式地予以使用（吕氏所著《中国婚姻制度小史》中所引用的大理院判决例、解释和上海临时法院判决均仅有一则），在此方面能够与此相媲美的，亦惟有同为法学专家的赵凤喈所撰的《中国妇女在法律上之地位》一书。

如果说陈顾远对传统文史资料的娴熟掌握，与其所处的旧学新学嬗替之时代背景有紧密关系，那么他对古今法律文献的谙然于胸和信手拈来，则得益于其接受过法科训练以及其后从事法律实务这些为一般的史学研究者所无的独特经历。

1896年出生于陕西三原县的陈顾远，幼读私塾，"受中国传统文化线装书之教育"，1916年考入北京大学预科，开始"接受西方文化洋装书之教育，但对固有之经史子集学问，虽浩如瀚海终身难详，则仍喜或有涉猎焉"。② 陈顾远与法律学科的最早接触，还在其入北大预科之前。他1913年在西北大学预科（系合并秦省第一

---

① 参见赵凤喈：《中国妇女在法律上之地位》，商务印书馆1928年版，第13—14页、第34页。
② 参见陈顾远："从中国文化本位上论中国法制及其形成发展并予以重新评价"，收入范忠信、尤陈俊、翟文喆编校：《中国文化与中国法系——陈顾远法律史论集》，中国政法大学出版社2006年版，第64页。

中学改组而来，以作为将来升入法科的预备阶段）之时，便曾上过郗朝俊的"法学通论"课程。不久，同遭解散的西北大学和三秦公学被合组成陕西省立第三中学，陈顾远就读于此之时，也曾上过一位王姓先生的"法制大意"课程。① 后来至北平就读北大预科期间，则至少上过郑天锡讲授的"法学通论"课程，据其回忆自承，"我对法律上多少基本概念从这门功课中得到的确是不少"。② 其间陈顾远还曾读过当时任教于北京大学法政专门学校和朝阳大学的康宝忠先生的中国法制史课程讲义，但未上过后者的课。③ 1919年五四运动爆发时，身为北大预科三年级学生的陈顾远，也参与其中。用其后来回忆的话来说，当时"虽然没有被推为学生代表，却也参加过开会，请愿游行，而是一个实际行动分子"。④ 后于同年入北京大学政治学科本科，接触更多的法律科目，例如上过黄右昌的"民法总则"、张孝移的"刑法总则"、林彬的"刑法分则"、周龙光的"商法"、钟赓言的"行政法"、陈启修的"宪法"等课程等⑤，其中在1922年"从程树德先生修习中国法制史，颇感兴趣"。⑥ 程树德

---

① 参见陈顾远：《双晴室余文存稿选录》，作者1963年自印，第186—187页。
② 参见同上书，第188页。
③ 参见陈顾远："'中国法制史'外话"，收入陈顾远：《陈顾远法律论文集》（上），联经出版事业公司1982年版，第573页；陈顾远："研究中国法制史之耕耘与收获概述"，收入范忠信、尤陈俊、翟文喆编校：《中国文化与中国法系——陈顾远法律史论集》，中国政法大学出版社2006年版，第551页。
④ 详见陈顾远："参加五四运动的回忆"，收入陈顾远：《杂货店》，联经出版事业公司1982年版，第347—353页。
⑤ 参见陈顾远：《双晴室余文存稿选录》，作者1963年自印，第188—189页。
⑥ 参见陈顾远："从中国文化本位上论中国法制及其形成发展并予以重新评价"，收入范忠信、尤陈俊、翟文喆编校：《中国文化与中国法系——陈顾远法律史论集》，中国政法大学出版社2006年版，第64页。

对其的学术影响,并不仅仅只在中国法制史方面,而是为其指明了更为宽广的法律学科之门。陈顾远曾满怀深情地回忆说:"我不特接受程先生中国法制史的教导,并且他教我们的国际私法,也是我在二十年前教书的主要课程"①,"程先生讲课极有风趣,每次上课要使同学笑几阵,所以我们不愿缺课,而且都能聚精会神地听,我以后在两门课程上略有表现,说句放肆的话,也就是'强将帐下无弱兵'罢了"。② 1920 年,"因家道中落,无法继续学业,与其求贷于他人,无宁求援于自己,并因双亲或老或病,为早日慰其'望子成龙'之念",陈顾远决定以北大预科毕业资格,报考该年徐世昌举行的普通文官考试,结果以"优等"成绩受录用,被分发到平政院为候补书记官。③ 设于北平丰盛胡同的平政院,为中国近代首个专门审理行政诉讼的机构,从 1914 年 3 月成立,至 1928 年退出历史舞台,前后存在了十四年之久。④ 在陈顾远任职于此之时,平政院由于每年收案不到十件而被视作清闲机构,又因经费短缺而遭时人讥为"贫症院",甚至于还拖欠职员薪水。陈顾远当时虽尚未从北大本科毕业,但因能办讼案而为平政院第三庭庭长所器重,数年间曾主办过五个案子。⑤ 不过,虽然任职于此官方机构,但从其后来

---

① 参见陈顾远:"'中国法制史'外话",收入陈顾远:《陈顾远法律论文集》(上),联经出版事业公司 1982 年版,第 573 页。
② 参见陈顾远:《双晴室余文存稿选录》,作者 1963 年自印,第 189 页。
③ 参见陈顾远:"回顾与远瞻——八十自述",收入范忠信、尤陈俊、翟文喆编校:《中国文化与中国法系——陈顾远法律史论集》,中国政法大学出版社 2006 年版,第 574 页;陈顾远:《双晴室余文存稿选录》,作者 1963 年自印,第 170 页。
④ 关于平政院的设置始末及其职权人事,可参见黄源盛:《民初大理院与裁判》,元照出版公司 2011 年版,第 353—398 页。
⑤ 参见陈顾远:《双晴室余文存稿选录》,作者 1963 年自印,第 170—171 页。

的回忆来看,陈顾远对当时的北洋政府颇多不满,以至于用"身在曹营心在汉"来描述这段经历。① 1923 年,陈顾远从北京大学毕业,获法学士学位,后留在北大政治学系担任助教。其间曾与同学邓鸿业、苏锡龄等十人组成北大政治考察团,前赴广州晋谒孙中山先生,"亲聆其讲授三民主义及五权宪法,深知中国固有文化并不因五四运动前后之新文化而即全部变为僵石,仍与西方文化有其互相参照者,尤以法制方面为甚"。② 在回忆此番经历之时,陈顾远自承:"余毕生决心为中国法制史之深入研究,实植因于此耳。"③在任教于北大的数年间,陈顾远还在中国大学和平民大学等私立学校兼课。④ 1926 年,奉系军队进入北平,而此前已经加入国民二军行列的陈顾远,由于为国民二军创办国民通信社而被认为反动,遭到张宗昌的通缉,于是不得不在而立之年携妻微服逃离北平,避难沪上,任教于上海法科大学(上海法学院),后为系主任。⑤ 1928 年,南京国民政府成立审计院,以于右任为院长,身为于氏同乡的陈顾远被派为机要秘书,但不久便随于右任之辞职而

---

① 参见陈顾远:"回顾与远瞻——八十自述",收入范忠信、尤陈俊、翟文喆编校:《中国文化与中国法系——陈顾远法律史论集》,中国政法大学出版社 2006 年版,第 574 页。
② 参见陈顾远:"从中国文化本位上论中国法制及其形成发展并予以重新评价",收入范忠信、尤陈俊、翟文喆编校:《中国文化与中国法系——陈顾远法律史论集》,中国政法大学出版社 2006 年版,第 64 页。
③ 同上。
④ 参见查良鉴:"陈顾远文集序",收入陈顾远:《陈顾远法律论文集》(上),联经出版事业公司 1982 年版,第 6 页。
⑤ 参见陈顾远:"回顾与远瞻——八十自述",收入范忠信、尤陈俊、翟文喆编校:《中国文化与中国法系——陈顾远法律史论集》,中国政法大学出版社 2006 年版,第 573 页。

重返上海任教。① 1930年6月,杨亮功接替王星拱出任安徽大学校长。为提高学校该校师资水平,杨亮功延揽国内数位著名学者赴皖任教,其中就聘请了陈顾远出任法律学系主任。② 不过在陈顾远所留下的回忆性文字中,他几乎全未提到其任职安徽大学之事,以至于我们对其这段经历所知甚少(或许当时实际上是挂名多于实任)。1932年,陈顾远任国民党中央党部民众运动指导委员会特种委员及办公室主任。三年之后的1935年,又以专家身份,"由党中央通过为训政时期立法院立法委员","为简任一级政务官",并因第四届立法委员任期届满后并未改选,而实际一直担任此职达十四年之久,其间曾被派为民法会召集人,并担任法案审查任务(最多时曾兼八个委员会的审查委员),亦曾随团赴川康各地考察司法作业。③ 1937年底,国民政府移驻重庆,陈顾远随迁入

---

① 参见陈顾远:"回顾与远瞻——八十自述",收入范忠信、尤陈俊、翟文喆编校:《中国文化与中国法系——陈顾远法律史论集》,中国政法大学出版社2006年版,第574页。

② 参见周乾:"杨亮功与民国时期的安徽大学",载《江淮文史》2005年第3期,第76—78页。需要指出的是,此文将当时被杨亮功聘为安徽大学法学院院长的"张慰慈"误为"刘英士"。1951年毕业于安徽大学法律系的王召棠,据说曾在回忆往事中提及,在他"1947年21岁时考入了安徽大学法学院读书,当时的法学院院长就是民国时期著名的法律史学家陈顾远",参见何勤华:"淡泊名利,甘当人梯——王召棠老师二三事",载《法制日报》2011年7月13日第9版。不过,经查《安徽大学校史溯源》(张珊著,安徽大学出版社2005年版),在1947年之时,担任安徽大学法学院院长的是韦从序,而担任法律系主任则为吴仲常,在该书所列的当时安徽大学师资名录之中,亦无陈顾远之名,倒是后来撰有《中国婚姻史稿》一书的陈鹏,当时系安徽大学法律系的正式教员。

③ 参见陈顾远:"回顾与远瞻——八十自述",收入范忠信、尤陈俊、翟文喆编校:《中国文化与中国法系——陈顾远法律史论集》,中国政法大学出版社2006年版,第573—575页。

渝，除担任立法院工作外，还在中央政治学校、高等警察学校、复旦大学、立信专科学校、朝阳学院和法官训练所等处任兼职教授。①1946年抗战胜利后，他作为国民党出席代表，参加制宪国民大会并发表意见，其间尤以关于首都问题的发言最为各界所重视。②1947年回原籍陕西参加竞选，后于1948年当选为宪政时期第一届立法院立法委员。1949年随国民党政府迁台，除继续担任立法委员外，还曾担任过立法院同志改造小组长、政策委员会委员、国民党第十一届和第十二届中央评议委员、立法委员党部考核纪律委员等职务。③在担任上述政务之外，陈顾远去台之后，还在台湾大学、政治大学、中国文化大学、铭传大学等校兼掌教席，指导学生。④陈顾远生前还曾回忆说，"余曾一度执行律师业务，薄有虚

---

① 参见陈顾远：“回顾与远瞻——八十自述”，收入范忠信、尤陈俊、翟文喆编校：《中国文化与中国法系——陈顾远法律史论集》，中国政法大学出版社2006年版，第572页。

② 参见查良鉴：“陈顾远文集序”，收入陈顾远：《陈顾远法律论文集》（上），联经出版事业公司1982年版，第8—9页。

③ 参见陈顾远：“回顾与远瞻——八十自述”，收入范忠信、尤陈俊、翟文喆编校：《中国文化与中国法系——陈顾远法律史论集》，中国政法大学出版社2006年版，第574页。

④ 参见同上文，第572页。根据黄源盛等人的统计，在1956年至1978年之间，陈顾远在中国文化大学和政治大学两校指导的中国法律史方向的硕士学位论文共有8篇（其中7篇出自中国文化大学；此外，陈顾远也在台湾大学兼上法史课程，但并未指导硕士学位论文），在该时期全台湾各校法学院所产出的以法史学为主题的30篇硕士论文和1篇博士论文中，在总数上仅次于戴炎辉指导的总共14篇。例如王文在1974年由嘉新水泥公司文化基金会出版的《中国典权制度之研究》一书，其底本便系其在陈顾远指导下完成并于1972年提交给政治大学的硕士学位论文《中国典权之研究》。参见黄源盛、黄琴唐、江存孝：“薪传五十年——台湾法学院法史学硕博士论文”，载（台湾）《法制史研究》第14期，第168—169页。

名,律务所在本系生财大道,惟余既以律师视同牧师,而有抱'取不伤廉'之旨,歇业后淡泊如故,终未因此而致富焉"。① 陈顾远在去台之前是否兼作过律师,囿于现有的资料,我们不得而知,但至少在他移居台湾后曾操此业,其间还发生过一件为时人褒贬不一的趣事。在李敖和胡秋原的那场长达十三年的著名官司中,陈顾远也曾涉身其中。据李敖事后回忆,"还有一次胡秋原加请法学家陈顾远做他律师,陈顾远不知是老糊涂了,还是装疯卖傻、两面做人,竟在法庭上说我好话,并代我辩护起来,气得胡秋原再也不请他了"。② 暂且先抛开律师职业伦理不谈,陈顾远前述"背叛"与其同为立法委员的该案当事人胡秋原的行为,未必如同李敖所说的那样是由于老糊涂或两面做人,恐怕与他"以律师视同牧师"的自我认知不无关系。1981年9月18日,陈顾远病逝于台北,享年85岁。

对于陈顾远颇具传奇色彩的一生,曾有多位学者进行了总结概括。范忠信认为:"综观陈先生一生,可知他以两种身份行世:为大学专任或兼任教师55年(陈先生自计受业弟子达三万人),为民意代表(立法委员)45年。这两种身份结合使他成为一个杰出的法学家。"③ 段秋关则指出:"纵观陈先生一生事业所为,可以用革

---

① 参见陈顾远:"回顾与远瞻——八十自述",收入范忠信、尤陈俊、翟文喆编校:《中国文化与中国法系——陈顾远法律史论集》,中国政法大学出版社2006年版,第578页。

② 参见李敖:《李敖回忆录》,中国友谊出版社2004年版,第146页。

③ 参见范忠信:"陈顾远先生对中国法律史学术的出色贡献(代序)",收入范忠信、尤陈俊、翟文喆编校:《中国文化与中国法系——陈顾远法律史论集》,中国政法大学出版社2006年版,第4页。

命志士、法律专家、法学大师作为简要概括。正是革命经历，法律实务和法学教学与研究，铸造了其学术成就与卓越贡献。"①而在《中国婚姻史》一书中，我们也可以看到陈顾远之丰富经历对此书风格的直接影响。如果说《中国婚姻史》对历史文献的广泛关注，得益于陈顾远自幼养成的"对固有之经史子集学问"的一贯兴趣，而对社会学、人类学等学科相关文献的重视，主要得益于其在北大求学时"接受西方文化洋装书之教育"，那么，该书对古今法律类文献的娴熟征引，以及一些以法言法语来精炼诠释相关问题的行文风格②，则与其所受的法科训练尤其是其后从事的法律实务密不可分。在《中国婚姻史》于1936年初版之前，陈顾远不仅曾在大学任教，而且早已有从事法律及相关实务的多年经历，例如为平政院候补秘书、为审计院机要秘书、为立法委员等。尤其是后一种经历，直接地促成了他对民国法律、大理院判例和解释例等内容的熟悉。而这种机缘，是同时代的其他大部分中国婚姻史研究者所不具备的。

四

陈顾远一生著述甚丰，根据曾受业于其门下的法学家潘维和

---

① 参见段秋关："不可不读的《中国法制史概要》"，收入陈顾远：《中国法制史概要》，商务印书馆2011年版，第392页。

② 例如陈顾远在论述中国古时夫妇的能力问题时指出："妇人有三从之义，无专制之道，古即以是为训，于是既嫁从夫，不特行为能力受夫权之限制，即在权利能力上亦不完全。反之，妻妾在刑法上所负之责任能力，则又超过于夫。斯皆夫妇不平等地位之所致也。"参见陈顾远：《中国婚姻史》，商务印书馆1937年版，第185页。此处所使用的"权利能力""行为能力"和"责任能力"，皆为现代法学中的专门法律名词，非通晓法学者所不能知。

之统计,截至1975年,仅其在两岸正式出版发行的政法类专书便有27种之多,其中出版时间最早的是1920年由上海泰东书局出版的《孟子政治哲学》一书,最晚的则为1969年由台湾三民书局出版的《中国文化与中国法系》一书。这27种法政类专书,所涉及的领域极为广泛,具体包括《孟子政治哲学》《墨子政治哲学》《中国政治思想史绪论》等政治思想史类专著,《中国国际法溯源》《中国法制史》《中国法制史概要》《中国文化与中国法系》等法史学类著作,《地方自治通论》《五权宪法论》等宪法学类著作,《国际私法总论》《国际私法本论》《国际私法商事篇》《国际私法要义》等国际私法学专著,《土地法实用》《保险法概论》《民法亲属实用》《海商法要义》《民法继承实用》《商事法》等今天可被归入民商经济法学类的著作,《立法要旨》《法律评估》《立法程序之研究》等广义上的立法学著作,《中国古代婚姻史》和《中国婚姻史》等婚姻史类专著,还有初版后又增订出版的《政治学概要》一书。① 尤其值得一提的是,其中的《孟子政治哲学》《墨子政治哲学》《地方自治通论》三书在

---

① 参见潘维和编:"陈顾远教授著作年表",收入陈顾远:《陈顾远法律论文集》(上),联经出版事业公司1982年版,第14—18页。需要说明的是,"27种"的统计结果系就当时已经出版的专书而言,其中将同一书名的上下册计为一种,例如《国际私法总论》和《国际私法本论》两书均各分两册,但增订本(如《政治学概要》;在潘维和所编的这份著作目录中,将该书写为《政治学》,遗漏了"概要"两字)则另计为新书。其中很多书籍都曾多次被重版发行,例如《中国文化与中国法系》一书自1969年出版以后,后来还曾在1970年和1977年推出再版和三版。另据该著作年表预告,尚有《陈顾远律师书状存稿》《陈顾远委员立法院四十年发言记录》等两种在编印或搜集中,但后两种我至今未闻其出版。除了27种法政类专书外,陈顾远另还撰有《秦腔脚本》《鞠(菊)部要略》《双晴室余文选录》《小小回忆录》等剧本和回忆录(均未正式出版),著作年表中甚至还列有《植物学表解》(但未注明是文章抑或书籍)。

1920年至1922年间由上海泰东书局先后出版之时，陈顾远尚在北京大学就读本科。①

在婚姻史研究方面，陈顾远一生出版有两本专著，即上海商务印书馆分别于1925年和1936年出版的《中国古代婚姻史》和《中国婚姻史》。

《中国古代婚姻史》一书的底本，乃是陈顾远此前在北大完成的本科毕业论文。在该书于1925年出版之前，虽然国内也有诸如《中华婚姻鉴》（殷勤道撰，武昌进化书社1920年发行）之类的婚俗指南和《专制婚姻史》（笑吾撰，中外书局1921年版）这样的社会改良白话小说，曾或实或虚地叙及中国历史上的婚姻形态和制度，但就中国古代婚姻制度做专题研究的现代学术著作，管见所及，陈顾远的《中国古代婚姻史》似是首部。此书共分九章，分别为"婚姻底观察""婚姻底形式""婚姻底制限""婚姻底停止""婚姻底组织""婚姻底仪注""婚姻底影响""婚姻底关系"和"婚姻底济救"，各章节并非按照时代递次加以分述，而是将"纵观"和"横观"相互结合以安排内容。用陈顾远的话来说，"本书因叙述的便利，先分为古代、中世、近期三编，是采用纵观的方法，而每编之中，便不依朝代强有所分，特就婚姻问题本身上分起类来，是采用横观的方法。但在横观之中，因有因变的关系，却仍按诸时代，详者详述，略者略述，阙者

---

① 陈顾远曾回忆说："当在学校毕业以前，曾有《孟子政治哲学》《墨子政治哲学》《地方自治通论》及《中国古代婚姻史》出版问世。"参见陈顾远："回顾与远瞻——八十自述"，收入范忠信、尤陈俊、翟文喆编校：《中国文化与中国法系——陈顾远法律史论集》，中国政法大学出版社2006年版，第571页。此一说法有不确之处，因为《中国古代婚姻史》一书是在1925年由上海商务印书馆出版，当时陈顾远已从北大毕业并留校任教约两年时间，并非出版于其毕业之前。

从阙,同者免重,而某地某方的有异,又是统属在其时代中说的,这更是采纵观和横观的方法了"。① 在他自己看来,此书并非纯为传统意义上的史学著作。陈顾远声称,"我们不是纯用历史学家底眼光来研究婚姻,是用社会学家底眼光来研究婚姻",至于为何对史料极为借重,乃是有鉴于"想用社会学的研究解决现有的问题,倘不明白这题底的起源和历史,便难寻出他的演进的原理和自身存在的所以然,也就无从下手了",而"社会学底研究虽然不像历史学那样具体的,却也不能白口说空话,总得要有例证方可显出他所说的是真确的道理",因此,"我向来就主张费一番工夫,卖一回力气,把中国历史上的社会现象整理出来,帮帮社会学家的忙,尽尽我个人想尽的义务,今天要写出的这部东西特是一种'嚆矢'罢了"。②

不过,相较于《中国古代婚姻史》一书,陈顾远在1936年同由商务印书馆出版的《中国婚姻史》更为学界所推崇。如果说《中国古代婚姻史》是陈顾远在而立之年以前就此主题所写的啼莺之作,那么《中国婚姻史》则可视为其中年之后的独树一帜的成熟作品。陈顾远曾就写作后一本书的缘由和经过有过如下说明:"愚于多年前,曾写《中国古代婚姻史》一稿,由商务印书馆出版,并归入万有文库。今次再承商务印书馆之约,写《中国婚姻史》一稿。初因搜集材料较夥,已成三十余万言,为编五,为章十五。继乃删烦去冗,存其要端,《中国古代婚姻史》所详者,兹亦从简,其结果仅占初稿三分之一,即此作也。"③在内容安排策略上,《中国婚姻史》一书延

---

① 参见陈顾远:《中国古代婚姻史》,商务印书馆1925年初版,"序言",第5页。
② 参见同上书,"序言",第1页、第2页、第5页。
③ 陈顾远:《中国婚姻史》,商务印书馆1937年版,"序",第1页。

续了《中国古代婚姻史》的风格,同样采"纵观"和"横观"相结合,亦即"此作惟就有关婚姻之各种主要问题,分别从其本身,考其因果变迁,以所谓纵断方法,供纯粹史实于读者之前而已!"①但在这种总体的写作策略类似之下,两书也有颇大差异。

仔细对比这两本相隔十余年出版的专著,可以发现,《中国婚姻史》较之《中国古代婚姻史》有很多非常值得注意的卓异之处。这些不同之处,并不仅仅表现于陈氏自承的《中国婚姻史》对于"《中国古代婚姻史》所详者,兹亦从简",还体现在其对某些问题的看法改变,具体论域的实际拓展,以及更为重要的,论述重心的微妙调整。

在写作《中国婚姻史》一书之时,陈顾远对其此前在《中国古代婚姻史》一书中的某些观点进行了修正。其中一个典型的例子是,在谈及中国早期婚娶方法之时,陈顾远在《中国婚姻史》中认为:"早期型之婚娶方法,以掠夺婚开其端,以有偿婚继其后。"②并特别就此一正文表述,以注释的方式标明自己对此问题的看法前后有变。他在相应的注释中如此写道:"愚在《中国古代婚姻史》中曾主张中国最古之婚姻方法为购买,非掠夺。然掠夺婚既见于各幼稚民族之习俗,纵非正当之结婚方法,要在买卖婚以前,或亦有此方法之过渡,故于此舍旧见焉。"③陈顾远此处所称的旧见,即指其先前在《中国古代婚姻史》一书第二章"婚姻底形式"中断定"中国

---

① 参见陈顾远:《中国婚姻史》,商务印书馆1937年版,"序",第2页。
② 同上书,第78页。
③ 同上书,第114页注2。

古代婚姻是'购买'底形式"的相关内容。①

就全书的实际论域而言,《中国婚姻史》较之《中国古代婚姻史》做了明显的拓展。《中国古代婚姻史》一书,主要利用的是汉代之前的文献,所论述的内容其实主要是先秦时代的婚俗婚制。这与陈顾远所称的"古代"与今人的通常理解不同有关。在该书序言中述及纵观之方法时,陈顾远曾经明确声称自己"现在采用古代、中世、近期的大分类"。② 而这种时段区分,应当结合清末以来中国史学界对中国历史分期的新划分加以理解。③ 陈顾远当时所谓的"古代",大致相当于其他一些学者所称的"上古"。从这个意义上讲,将《中国古代婚姻史》改称为《中国上古婚姻史》,或许更容易为今人所理解。④ 与此书相比,相隔十一年后出版的《中国婚姻史》一书,在实际论域方面大为扩展,其考察内容贯穿了陈顾远所称的古代、中世和近期,不仅上溯先秦乃至更为久远的远古时期,而且对当时民国的相关情形也颇多关注,真正称得上是一部中国婚姻史方面的通论性著作。

当然,更加值得注意的还有《中国婚姻史》在论述重心方面的微妙调整。尽管陈顾远在《中国古代婚姻史》一书中声称"不是纯用历史学家底眼光来研究婚姻,是用社会学家底眼光来研究婚

---

① 详见陈顾远:《中国古代婚姻史》,商务印书馆1925年初版,第16—26页。
② 参见陈顾远:《中国古代婚姻史》,商务印书馆1925年初版,"序言",第5页。
③ 参见刘超:"古代与近代的表述:中国历史分期研究——以清末民国时期中学历史教科书为中心",载《人文杂志》2009年第4期。
④ 陈顾远在《中国古代婚姻史》一书序言中,尝言"本书因叙述的便利,先分为古代、中世、近期三编",但纵观全书,涉及"中世"和"近期"的内容其实几乎阙如。

姻",但全书基本上只是从古书中梳理上古中国之婚俗婚制,对社会学文献的关注并不多见,即便有之,也多是诸如"美国有一个社会学家说'关于社会上男女底禁例,常和关于性欲的禁例相连'"之类对其出处语焉不详的一笔带过之论。① 因此,确切地讲,《中国古代婚姻史》或可被视为一本具有某些社会学问题意识关怀的传统史学著作。与之相比,《中国婚姻史》一书大不相同。我已经在前文详细展示,该书在广泛利用史学文献的基础上,又能对社会学、人类学等学科相关文献加以关注,并且重视利用中国古今的法律类文献,这些特点集合在一起,使其超越了传统意义上的史学作品,兹不赘述。在这里,我只想着重指出一点,那就是《中国婚姻史》中贯穿全书的双螺旋线背后所体现的论述重心调整。

不妨以《中国婚姻史》的各章节内容设置为切入点来展开考察。《中国婚姻史》一书共分六章,分别为"婚姻范围""婚姻人数""婚姻方法""婚姻成立""婚姻效力"和"婚姻消灭",各章之下再细分为若干节,其下又分为若干目。细察其内容,可以发现这些章节主要都是围绕"礼制"和"法制"这两条相互缠绕的双螺旋线而具体展开。以下一段陈顾远所写的文字,最可说明此特点:"中国最早之婚姻,或本自然之趋势渐次成俗,则在客观地位上殊与后世之礼法无异。即后世边族之俗,乡鄙之风,亦往往于礼法外另有婚姻习惯,依纯然社会现象观之,亦未可一律否认其为婚姻。然礼究系代表社会意识大量上之同,且或有现代民事法之作用。法则在昔用

---

① 陈顾远:《中国古代婚姻史》,商务印书馆1925年初版,第121页。

以辅礼,或济之以政,或齐之以律,不特将所视为正则之婚姻,纳入礼法范围之内,并予以各种保障。故礼也,法也,与所谓确定的婚制之关系甚为密也。愚依礼法根据,从婚姻语源及目的方面,证明中国数千年来婚制之中心观念既竟,再从礼法之本身方面而观察之。"①

对于这种紧紧围绕由"礼制"和"法制"双螺旋线所构成的"礼法"大主线进行谋篇布局的问题意识,陈顾远在该书自序中实际上便已有所交待。在其于1936年双十节之夜所写的序文中,他明确以"婚礼""婚律"为切入点,阐述了婚姻既为社会现象又为法律现象的特质:"婚姻为社会现象之一,而又法律现象之一,社会学家及法学家均甚重视其问题,详为探讨,求有所明。是故进而序其史实,即应兼备两义,不能依意甲乙而定取舍也。按我国向之所谓婚礼,无论在婚义或婚仪方面,除有类于现代民事法者,实即当时社会意识之结晶。此与社会现象为有关者。我国向之所谓婚律,虽于明刑弼教一大目的之下,为婚礼之辅,但婚姻之民事规定亦在其中。此与法律现象为有关者。他如涉及婚姻之政令学说,又多本此两种社会现象立义为说。而在婚礼婚律范围以外,其涉及婚姻之事实习惯等等,并恒见焉。"②

---

① 陈顾远:《中国婚姻史》,商务印书馆1937年版,第11—12页。
② 陈顾远:《中国婚姻史》,商务印书馆1937年版,"序",第1—2页。在陈顾远1964年由台湾三民书局出版的《中国法制史概要》一书中,也曾设置专章论述婚姻制度,并在《中国婚姻史》一书所借重的"婚礼"和"婚律"这两个概念之基础上又有新的拓展——以由"婚源"而"婚俗"而"婚礼"而"婚律"的渐进过程,来形容中国婚姻制度之发生进展亦即由自然现象而社会现象而法律现象之演变。参见陈顾远:《中国法制史概要》,商务印书馆2011年版,第251—273页。

陈顾远还特别强调，欲求对婚姻的全面认识，对其作为社会现象（受婚俗或婚制之支配）和法律现象（受婚律之支配）的两方面考察必须包罗并举，绝不可只重其一。他如此写道："盖社会现象上之婚制，不必皆可归纳而为具体之条文，则惟有让其习惯之自然存在。反之，虽在社会现象上不失为一种婚制，而法律或竟否认之，亦恒有也。故仅依法律现象观察一社会中之婚姻范围，殊不易窥其全豹，以其为义较狭耳。……然则两性关系中，欲确定其孰为婚姻，孰非婚姻，以及嫁娶之限度若何，择偶的对象若何，须兼从社会及法律两现象方面定其范围也可知。"①

而在关注婚律这一法制线索时，陈顾远不仅如前所述使用了帝制中国时期各朝和民国时期的大量法律类文献，为一般史家所不及，而且常常在展示这些婚姻法制之历史沿革时，在行文之中加以对照辨异，而不盲求其同乃至堕入以今论古之泥沼。他曾明言："即涉及法律方面之问题，其内容之分配，亦不能拘泥于现行法令之体例。盖就史言史，不得不然耳。譬诸现代民法以同居问题为婚姻及于夫妻身分方面之效力，以财产问题为就夫妻之财产制度而言。然在中国往昔，视婚姻为结两姓之好，而家之组织又较个人为重，此种种问题实为婚姻效力与家族方面之关系，殊难尽依今义求古之合也。此例在本文中屡见不一，用特明之于兹。"②

正是因为《中国婚姻史》一书的前述特点，其自出版以来便在学界赢得赞誉。在商务印书馆推出此书仅仅四年之后，1940年，

---

① 陈顾远：《中国婚姻史》，商务印书馆1937年版，第2页。
② 同上书，"序"，第203页。

该书被译为日文,由位于东京的大东出版社出版。①《中国婚姻史》一书日文版的译者藤泽卫彦,在写于昭和十五年(1940)三月的译者序当中,给予陈顾远此书以极高的评价。藤泽卫彦盛赞之辞的大意是,该书就中国五千年的婚姻史所做之论述,既明了简达,又遍及无余,且毫无偏颇。②《中国婚姻史》是陈顾远被译为日文出版的第二本专著,就在一年之前的1939年,他的另一本专著《中国法制史》便已由西冈弘译为日文,在著名的岩波书店出版。陈顾远晚年忆及此二事之时,曾如此写道:"《中国法制史》及《中国婚姻史》(商务印书馆版)皆被日本学人译为日文行世,以雪我国过去徒知译用日人著作之耻,宜其对余存有誉评,列为国际学人之一,愧不敢当。"③其自豪之意,溢于字里行间。马忆南在论述民国时期中国学者的婚姻家庭法研究状况时曾强调:"以胡长清、赵凤喈和陈顾远为代表的20至40年代的中国婚姻家庭法学的历史性贡献,是他们建立起了中国婚姻家庭法学的完整理

---

① 在潘维和所编的陈顾远著作年表之中,该书日译本的出版处所被写为"东京山本书店"[参见潘维和编:"陈顾远教授著作年表",收入陈顾远:《陈顾远法律论文集》(上),联经出版事业公司1982年版,第16页],但据我核查日译本原书所得的结果,其出版单位应为大东出版社。

② 参见陳顧遠:《支那婚姻史》,藤沢衞彦译,大東出版社1940年版,"譯者の序",第1—3页。

③ 参见陈顾远:"回顾与远瞻——八十自述",收入范忠信、尤陈俊、翟文喆编校:《中国文化与中国法系——陈顾远法律史论集》,中国政法大学出版社2006年版,第571页。另可参见陈顾远:"'中国法制史'外话",收入陈顾远:《陈顾远法律论文集》(上),联经出版事业公司1982年版,第574页。陈顾远称其曾在日本被列为国际学人,应该是指东京出版的《世界名人大辞典》日本版中收录有"陈顾远"一条,后者并在叙其法学发表著作时列有上述两书,参见陈顾远:《中国文化与中国法系》,三民书局1977年版,第217页。我未亲见《世界名人大辞典》日本版一书。

论体系。"①她在此处所说的陈顾远之历史性贡献,即是指《中国古代婚姻史》和《中国婚姻史》两书对中国婚姻家庭制度之历史沿革做出了极为重要的研究。

作为学界晚辈,距其初版之日七十多年之后,细读陈顾远所著的《中国婚姻史》一书,窃以为,此书依然不愧为中国婚姻史研究领域中的经典之作。这不仅体现为此书被后来的婚姻史及相关主题研究者所广泛引用②,而且数十年来那些以中国婚姻史为研究主题的论著,其中不少甚至在具体内容论述的框架设计上都实际未脱陈顾远之阴影。不过,这并不意味着该书就是后人绝无可能超越的终极之作;和很多当年的论著一样,该书同样受到了那一时代的很多局限性因素之影响。

其中最大的时代局限或许在于资料方面。《中国婚姻史》一书,虽然借助于《民商事习惯调查报告录》、大理院判例等现代资料,对民国以来的民间婚俗婚制有较细致的阐述,但对于帝制中国时期的婚俗婚制,则主要是依靠正史并辅以一些笔记述闻类史料进行说明。由于资料所限,该书的关注点实际上往往主要集中在各朝社会的中上层,而对帝制中国时期社会下层的情形则稍嫌叙述薄弱。而就婚律而言,陈顾远虽然对其搜罗甚详,但对这些法律规范的真实运作情形,则未能再利用更多的资料进行深入分析。

---

① 马忆南:"二十世纪的中国婚姻家庭法学",载李贵连主编:《二十世纪的中国法学》,北京大学出版社 1998 年版,第 198 页。

② 当然,也有一些当代的婚姻史研究者有意无意地置陈顾远的这些先行研究于不论,例如一本题为《中国婚姻家庭史》的著作,全书不曾提及陈顾远的作品,显然缺乏学术史的必要关注。

另从所关注的族群来看，陈顾远的眼光基本上集中于汉人社会，而对处于"边缘"（periphery，无论是地理意义还是文化意义）的少数族裔则相对论述较少。人们自然将上述几点视为后人的求全责备之辞，但不可否认的是，这些看似吹毛求疵的挑剌之语，其实也意味着陈顾远的先行研究并未穷尽这一学术领域的所有空间。事实上，一些后来的研究者，已经对陈顾远上述论著当年所留下的这些遗憾，从不同方面入手进行了程度不一的弥补，例如晚近以来郭松义、定宜庄、王跃生、张国刚、赖惠敏等人各自利用种类更为广泛的资料所作的细化研究。①

五

多年之前，我曾与业师范忠信教授共同编选陈顾远的法史论文成书出版，以使更多的学人能获益于这位鼎鼎大名的学界先贤

---

① 可参见定宜庄：《满族的妇女生活与婚姻制度研究》，北京大学出版社1999年版；王跃生：《十八世纪中国婚姻家庭研究：建立在1781—1791年个案基础上的分析》，法律出版社2000年版；郭松义：《伦理与生活：清代的婚姻关系》，商务印书馆2000年版；王跃生：《清代中期婚姻冲突透析》，社会科学文献出版社2003年版；郭松义、定宜庄：《清代民间婚书研究》，人民出版社2005年版；张国刚主编：《中国家庭史》（全五卷），广东人民出版社2007年版；以及赖惠敏的系列论文，如"清代旗人妇女财产权之浅析"（载《近代中国妇女史研究》第4期）、"情欲与刑罚：清前期犯奸案件的历史解读（1644—1795）"（载《近代中国妇女史研究》第6期）、"妇女、家庭与社会：雍乾时期拐逃案的分析"（载《近代中国妇女史研究》第8期）、"妇女无知？清内务旗妇的法律地位"（载《近代中国妇女史研究》第11期）、"从档案看性别——清代法律中的妇女"（载李贞德编：《中国史新论：性别史分册》，联经出版公司2009年版）、"法律与社会：论清代的犯奸案"（载邱澎生、陈熙远编：《明清法律运作中的权力与文化》，联经出版公司2009年版）等。

之大作。当年借此因缘,得以将陈顾远的所有论著几乎全部拜读,其中自然也包括《中国婚姻史》一书在内。只是由于那时只遴选文章进行汇编的编选原则所限,最终于2006年出版的《中国文化与中国法系:陈顾远法律史论集》一书并未将《中国婚姻史》一书收录在内。①

犹记2005年在上述文集初步编成后不久,我便赴台湾政治大学法学院访学研修,其间念兹在兹的一件事情,便是在台寻找到陈顾远的后人以取得其出版授权。当时我对陈氏后人一无所知,只是随身携带了先前觅得的1982年在台出版的《陈顾远法律论文集》之复印件。该书名义上由联经出版事业公司发行,其实是印数极少的"非卖品",好在书末版权页上写有一个名为"陈顾远文集出版委员会"的机构之通信地址和电话号码。然而当我按照其上所写的电话号码拨打过去时,却被语音告知此系空号。当时也曾多方询问台湾地区的多位法史学界前辈,但也无人知晓陈氏后人之具体联系方式。后来只得抱着碰运气的想法,写信一封邮寄给书末所写的"陈顾远文集出版委员会"之通信地址,并在信中留了自己当时在台的手机号码。信件寄出之后,多日杳无音讯,而随着自己在台研访学期满之日逐渐临近,心中自然不免有些焦急。所幸后来总算柳暗花明,就在返回大陆之日的前两天下午,接到一个陌生来电,对方自称是陈顾远之子陈大为。从电话中得知,陈大为先生已于近日收到我先前所寄之信,《陈顾远法律论文集》书后的所

---

① 范忠信、尤陈俊、翟文喆编校:《中国文化与中国法系——陈顾远法律史论集》,中国政法大学出版社2006年版。

谓"陈顾远文集出版委员会"之通信地址即其家址，但台北市先前早将电话号码升位（而我对此全然不知），原先所写的那个七位电话号码自然无法打通。陈大为先生在打过电话后的第二天，便携其妻专程驱车来到位于台北木栅的政治大学与我会面，不仅欣然同意我们出版所编之书，并手赠《陈顾远文集》一套三册（除了上下两册的《陈顾远法律文集》之外，还有汇集陈顾远所写杂文而编成的《杂货店》一书）和陈顾远生前所撰遗言及宗谱简介之复印件。

今承商务印书馆王兰萍博士之雅意，邀我为陈顾远《中国婚姻史》之简体版撰写导读一篇以附于书后。此番重排陈氏此书出版，乃嘉惠士林之举，得能助力其间，自应欣然受命。费时旬月成文，以三万余字之篇幅，详叙陈氏其人其书。搁笔遐思之际，前事历历在目，不禁感慨于今日之果即昨日之因，亦惟愿不致因吾学识浅陋而致前辈名作佛头着秽。是为记。

2012 年 6 月 14 日夜定稿于中国人民大学明德法学楼